U0592859

掌尚文化

Culture is Future

尚文化·掌天下

本著作为北京哲学社会科学首都商贸发展研究基金的研究成果，
由北京工商大学经济学院出版基金资助

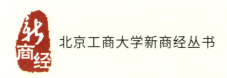

北京工商大学新商经丛书

新时代 新商经

理论溯源与创新

周清杰 等 著

New Commercial Economics
in New Era

Theoretical Review and Innovation

经济管理出版社

ECONOMY & MANAGEMENT PUBLISHING HOUSE

图书在版编目（CIP）数据

新时代新商经：理论溯源与创新 / 周清杰等著. —北京：经济管理出版社，2022. 11

ISBN 978-7-5096-8803-8

Ⅰ. ①新… Ⅱ. ①周… Ⅲ. ①商业经济—经济发展—研究—中国 Ⅳ. ①F722. 9

中国版本图书馆 CIP 数据核字（2022）第 206519 号

策划编辑：张鹤溶

责任编辑：张鹤溶

责任印制：黄章平

责任校对：张晓燕

出版发行：经济管理出版社

（北京市海淀区北蜂窝 8 号中雅大厦 A 座 11 层　100038）

网　　址：www. E-mp. com. cn

电　　话：（010）51915602

印　　刷：唐山昊达印刷有限公司

经　　销：新华书店

开　　本：720mm×1000mm /16

印　　张：18

字　　数：240 千字

版　　次：2022 年 11 月第 1 版　　2022 年 11 月第 1 次印刷

书　　号：ISBN 978-7-5096-8803-8

定　　价：88. 00 元

序

郑观应在《盛世危言·商务》中有言："商务者，国家之元气也；通商者，疏畅其血脉也。"中华人民共和国成立 70 多年来，在商业领域经历了波澜壮阔的变革，取得了举世瞩目的成就，成为人类商业文明璀璨星河中光彩夺目的新星。

作为中华人民共和国创立的第一所商科院校，北京工商大学在商业经济的理论研究和人才培养方面一直走在前列。北京商学院商业经济（现为"贸易经济"）专业的本科招生始于 1960 年，1981 年北京商学院成为全国首批"商业经济"（现为"产业经济学"）硕士学位授权点，目前拥有纵贯本、硕、博和博士后的全链条人才培养体系。学校涌现出了周明星、贺明仑、潘大均、黄国雄等一批商经专家，培养了朱光耀、卢彦、孟扬、陈和平等政界精英，纪宝成、苏志平、李飞、纪良纲等学界专家，以及刘晓光、汪林鹏、施炳丰等商界翘楚。

然而，我们必须看到，进入新世纪以来，随着数字技术与商业经济的加速融合以及平台经济、共享经济的蓬勃发展，传统商业经济的学术研究和人才培养都遭遇了系统性挑战。仅从学术研究的角度看，商业经济的创新发展亟须以现代主流经济学的相关理论为基础，回应数字时代提出的新命题，对传统商业经济研究的内容、范式进行全方位创新。

系统性挑战需要系统性应对。2021 年，根据北京市委、市政府对北京工商大学的学科发展定位，我们将成立于 1983 年的北京商学院商业经济研究所更名为北京工商大学新商业经济研究院，并将发展目标确立为：赓续商业经济研究传统，重新擦亮北京工商大学商业经济的金字招牌。这本《新时代新商经：理论溯源与创新》是新商经研究院研究团队的一次宝贵尝试，创作目的在于推动数字时代商业经济理论的创新发展，为新商业经济理论研究提供一个全新的分析框架。

本书的创作团队以马克思主义经济学为基础，更多地融入了消费经济学、产业经济学、规制经济学的相关理论成果，并将电子商务、平台经济、反垄断等新模式、新业态、新议题纳入商业经济的研究范畴。我们在书稿的选题和主要研究思路的确定方面，听取了商业经济领域资深专家和新经济领域青年学者的宝贵意见，内容体系完整，研究思路清晰。相信这本著作的出版将会有力推动新时代商业经济的理论创新，为未来的学术探讨做出奠基性贡献。

2022 年 10 月

目录

第一章　导　论

第一节　从"商"到"新商经"

商业是现代城市的灵魂。"内为之城，外为之廓"。城廓之间，以市为魂。城市创造了就业，聚集了人口，繁荣了交易，便利了生活。唐朝长安城的东市、西市，"清明上河图"所描述的北宋都城汴梁（现名开封），都是我国古代商业文明的标志。我国明朝已有"通商利民裕国"的政策理念，降税负以推动国内商品交易。清末民初，西方列强对华战争改变了国人以农立国的观念，以"重商"为特点的近代商业思想萌发。郑观应在《盛世危言·商务》中指出："商务者，国之元气也，通商者，舒畅其血脉也。"他认为，"商贾具生财之大道，而握四民之纲领"。康有为在《上清帝第二书》中向朝廷明确提出把"以商立国"作为经济改革的目标，指出，"古之灭国以兵，今之灭国以商""并争之世，必以商立国"。

中华人民共和国成立后，现实中的商业也发生了天翻地覆的变化。在计划经济时期，商业部门的角色是按照二元经济的划分，依照配给制的基本要求，把各种消费品从生产部门"转移"到城市居民手中。经过40多年的改革开放，计划经济时期的传统商业已经完全退出历史舞台，但通过市场手段，与现代物流、信息通信技术相结合的现代商业，仍在扮演着把消费品分销到千家万户的角色。

从现代市场经济的运行看，商业与市场经济深度交融。从经济学的视角观察商业的产生、演进，剖析商业发展的内在逻辑和运行规律，是一项极为有意义的工作。为了更加清晰、更加准确地勾勒出"新商经"的画像，本书写作的第一步，就是对"商""商业"以及"商学"等基础概念的内涵和外延进行界定。

一、从活动属性看"商"

"商"字是汉语中的常见字。历史学家徐中舒先生在《殷周文化之蠡测》一文中指出："殷亡以后，商人土田为周人所夺，故多转而为商贾，商贾名称当由此起。"古代货物交易大都采取以物易物的交换方式，实物交换须对双方的物品价值做出评估，所以"商"又有估量、商量之意。①

汉语词语中与本书主题"商"字相关的概念有很多。例如：描述从业者的商人、商贩、行商、商贾、徽商、晋商；刻画行当的商业、商行、商界、商帮、商会；界定中介组织的批发商、零售商、电商、微商；与交易对象相关的商品、商标；与交易场所关联的商店、商场、商城、商埠；与交易事务相关的商号、商务、商法、商战、商事、商情、商旅、商船、通商；与学术和人才培养相关的商学、商科、商业经济、法商；衍生出来的商业模式、商业银行、商业地产、商业保险、商演、经商、招商、营商环境、工商等。以上词语的涵盖面之广，内容之丰富，反映出"商"在社会活动中的重要性，这也是我们研究商学的价值之所在。

从以上的相关词语中，我们也可以看出"商"的含义是有细微差别

---

① 资料来源：https：//baike. baidu. com/item/%E5%95%86/4729? forcehttps = 1%3Ffr%3Dkg_hanyu。

的。在此，本书将从经济学科的一般逻辑进行简单分析。

第一类含义中的"商"大致等同于广义或宏观意义的经济（Economy），泛指在市场发生的盈利性活动，包括种植养殖、生产制造、商品交易、服务提供等。20 世纪 90 年代初，一批在政府机关和国有企事业单位工作的人员下海经商，其中不少成为商界名流。此处的"商"就是做生意、做买卖，包括建厂、开矿、盖楼、倒物资、做餐饮等多种经济行为，与英文中的"business"或"doing business"接近。在 20 世纪末 21 世纪初的一些经济类著作或教材中，词组 business cycle 最早是被翻译成"商业周期"的，但后来的版本基本都译作"经济周期"。目前新古典宏观经济学中的"实际经济周期"理论对应的英文也是 Real Business Cycle（简称 RBC）。① 以上事实基本印证宏观意义的"商"的含义大致就是"经济"的判断。

第二类含义是从微观角度看的，"商"是指营利性经济组织（主要是公司制企业）的经营与管理（Business or/and Management）。国内不少高校设置了专门的"商学院""管理学院"或"工商管理学院"，其实质是企业经营相关人才的培养②。无论是叫"商学院"，还是冠名"管理学院"，其专业设置基本上都是企业经营相关的人才培养，包括企业管理、营销、人力资源、会计、财务等③。经济学家霍恩比曾著有一部名为 *Business Economics* 的著作，国内学者将其译为《企业经济学》④，大致就是这种逻辑。有时，基于经营管理的"商"也经常与"经济学"进行融合，很多院校设置了"经济管理学院"。⑤ 从这一意义上讲，北京师范大学的"经济与工商

---

① 把"商"泛化为所有的市场活动或经济活动，实际上是一种不太严谨的解释，但无论是经济学界、管理学界，还是我们的生活中，这种用法确实屡见不鲜。

② 也有一些著名高校采用了与众不同的命名方法，如吉林大学下设有"商学与管理学院"。

③ 我们以为，把 business 翻译为"经营"似乎更为准确。

④ 霍恩比. 企业经济学 [M]. 戚自科，汪凌译. 北京：华夏出版社，2003.

⑤ 按照英美的学科体系，经济学（Economics）专业一般是和语言、数学、物理、化学、生物、统计等以素质教育为主的专业在一起。这些专业往往设在文理学院，与"商科"有着较为明显的区别。这一点与国内大学的专业设置是有明显不同的。当然，美国也有一些著名大学的经济学专业设置在商学院（可能是以 business economics 为特色的），或者同属于文理学院与商学院。

管理学院"之名更符合学理。

第三类含义是本书最关注的，是指与农、工并列的"商"，即在种植养殖、加工制造等生产性经济活动之外，以媒介商品交易为主的服务性经济活动。这一定义与英文单词 commerce 或 trade 大致对应，反映了最狭义的"商"字的本质。作为行业的"商业"也是以这一定义产生的。因此，商业不是第一产业的种植养殖业，也不是第二产业的加工制造业或建筑业，而是从属于第三产业的服务业。传统商业（如百货店、专卖店、农产品批发市场、集贸市场等）和现代商业（如超市、购物中心、电视购物等），以及信息技术革命后出现的数字商业（如电购、购物平台、直播带货等），它们在媒介商品交易方面的本质功能是一致的。商业的本质在于"做买卖"，即"买"入货物，而后加价"卖"出。作为行当的商业，其角色在于媒介买卖，专司商品交易，连接生产和消费，在实现所有权在主体之间易手的同时，也实现商品客体在空间上的流通。《现代汉语词典》对"商业"的定义为"以买卖方式使商品流通的经济活动，也指组织商品流通的国民经济部门"①。按照这一定义，商业的本质就是商品市场交易。

对照现实可以发现，无论是美国的商务部（Department of Commerce），还是我国的商务部（Ministry of Commerce），使用的都是最后一个维度的定义。中国工商银行（ICBC）以及原国家工商行政管理总局（SAIC）则是用"商业"指代服务业②。按照美国通行的 JEL 分类，经济学中的"商"字，从属于产业组织中的服务业（Industrial Organization：Services）。具体而言，"商"是指 L81 的"零售交易与批发交易，电子商务"（Retail and Wholesale Trade，e-Commerce）以及 L82 的"邮政与快递"、L83 的"政府政策"。在这一分类标准中，线下的零售、批发和线上的电商都属于狭义

---

① 中国社科院语言研究所词典编辑室. 现代汉语词典（第 6 版）[M]. 北京：商务印书馆，2012.

② 中国工商银行：Industrial and Commercial Bank of China；原中华人民共和国国家工商行政管理总局：State Administration of Industry and Commerce of the People's Republic of China。

的"商",即商人对商品的转售。改革开放前,我国商业、供销以及粮食系统所涉及的大部分商品交易属于这一领域①。互联网时代的购物在本质上属于基于线上的零售和批发,因此也属于"商"的范畴②。

二、从职业属性或身份属性看"商"

我国古代有"士农工商"一说,现代也有类似的"工农兵学商"说法。这些都是从职业或身份的属性所做的区分,也就是"做……的人"。因此,上文讲的"商人""商贾"主要是从事商品贩卖的人,即古语中买货出卖的"负贩"。在农田从事种植、养殖的人为"农",在作坊里从事加工的人为"工"。

在以农耕为主的自给自足的社会,很少有专门为交易挣钱而进行的种植养殖活动,市场上的交易大多是富余农副产品的互惠性交换。除了少数贵族,平民百姓没有高收入,自然也就难有成体量的消费需求,商业并不发达。与住宿、餐饮相关的生活服务业也仅停留在城邑里的酒肆、客栈、茶楼等少数业态③。盐、铁等重要商品的交易多为官办,私商难以从中分利。丝绸、瓷器、茶叶等商品多属于上层社会群体的消费范畴,下层社会的百姓少有购买。

相对于农耕和作坊的劳苦,过去社会多认为商人只是倒卖物品,易获

---

① 计划经济时期,我国国内的商品交易主要由物资部门(负责国营经济领域生产资料的交易)、商业部门(负责城市的生活资料交易)、供销系统(负责农村的生活资料和生产资料)以及粮食部门组成。后三个部门曾经历多次合并、分拆甚至取消,一方面说明三个部门业务的高度类似,另一方面也折射出政府管理体制乃至理论体系的不成熟、不规范。从某种意义上说,目前我国的商务部、中华全国供销合作总社以及设在国家发改委的国家粮食和物资储备局还在扮演着与计划经济时期其前身类似的角色。

② 从"电子商务"以及"商务部"的命名特点看,本书中所说的"新商经"也可以理解为"新商务经济"。

③ "清明上河图"所描述的繁华都市,只是巅峰时期的宋代京城服务业,并非其他地方或时代可以比拟。

利。那些头脑灵光的专职从事商品贩运、交易的商贾，经常被社会看作是唯利是图的俗人。"商人重利轻别离"甚至"无商不奸"的说法在部分国人心中根深蒂固，古代甚至有对商人服饰的歧视性规定。例如：刘邦即位之初曾下令，"贾人不得衣丝乘车"；前秦王苻坚曾下令，"金银锦绣，工商皂隶妇女不得服之，犯者弃市"；明朝洪武十二年规定，"农家许着绸纱绢布，商贾之家，止许着绢布"。这些都体现了官方对商人的极度鄙视。

然而，"天下熙熙，皆为利来；天下攘攘，皆为利往"。人性本私，避害逐利是人的天性。商人们根植于内心的逐利动机造就了传统商业的兴起，商品贩运也给商帮带来了可观的财富。应该说，从事商品交易的人或行当是顺应社会需求和生产力发展而产生的。历史上成功的商人有很多，例如：陶朱公范蠡深谙商业规律，"贵出如粪土，贱取如珠玉"，商以致富，成名天下，被后世尊为商圣、商祖；徽商、粤商等商帮中的著名家族均富甲天下，亦成为商界的楷模；山西票号不仅开创了我国近代金融的先河，也为我国对外贸易的发展做出了突出的贡献。近年来，"一带一路"倡议的推进，也让国人重温了古代商帮在茶马古道、丝绸之路留下的历史传奇。

三、从产业地位看"商"

商鞅把农业比作"本"，把商业比作"末"，直言"能事本而禁末者，富"。从某种程度上讲，商鞅的"重本抑末""重农抑商"以及《盐铁论》中的"进本退末，广利农业"之逻辑，远远领先于 18 世纪的法国重农学派。在生产力高度不发达的农耕社会，努力增加粮食产量是执政者的迫切需求。与农业相比，只是帮助社会完成现有产品的所有权转换、地域转移的商业，其重要性就要低很多。《盐铁论》中称"商所以通郁滞，工所以备器械，非治国之本务也"。在此思想的影响下，重农抑商的政策也就成为众多朝代执政者的共同选择。

"土地是财富之母",这是重农政策的现实基础。在生产力不发达的时代,商人不是物品的创造者,而只是这些物品的搬运者、分销者。生产者才是稀缺物品的缔造者,他们提供了食物、衣服等生活必需品,商人只是帮助生产者更好地完成了交易。从这一意义上讲,我国古代缺乏重商主义的文化基础、思想支撑和生产力支持,商人的社会地位和商业的经济地位自然也不高。

随着西方资本主义世界兴起工业革命,各种技术创新纷至沓来,工业生产效率日益提升,大规模生产渐成经济主流。这种经济发展模式在创造就业、增加市场供给、丰富百姓生活的同时,也面临着市场销售瓶颈的约束问题。因而,基于社会分工和专业化的批发、零售、物流等分销业(Distribution Sector)成为市场的"破局者"。与此同时,生产者必须重视销售渠道建设,注重研究终端需求,加大广告投放力度,开展各种市场营销(Marketing)活动。

从市场演进的历史看,基于明晰产权和社会分工的市场交换是商业产生的制度基础,而生产规模的扩大和消费需求的多元化则是商业发展的起点,交通运输、通信、互联网等则是商业走向发达的基本条件。

四、从"商经"到"新商经"

(一) 本书创作理念的缘起

从学理上讲,"商业经济"应该是指有关经济主体如何组织商品交易的经济研究,包括交易活动本身的内在规律(如交易价格的形成)。作为交易主体的商业组织形式,这些经济组织所组成的行业内部的竞争、合作,从业人员的行为,商业主体与上下游之间的经济互动,以及作为交易客体的商品的价格、品牌、质量、安全，均在研究的视野之内。鉴于居民户或个人为消费品的买方，所以与消费经济相关的研究内容，尤其是消费者的收入与支出、购买行为等也应被囊括在"商业经济"的研究范围中。

然而，出于历史原因，当前相当一部分学者受自身经历所限，倾向于认为"商业经济"只是计划经济时期的部门经济。其实，这是一种误解。从人类的历史长河看，计划经济时期只是短暂的一瞬。以媒介商品买卖为特征的商业活动自古有之，在市场经济不断发展壮大的今天，随着商品种类的增多、商品供求量的增大，以及生产者和消费者地理范围的扩大、交易方式的多样化，市场交易变得更加丰富多彩，商业在提高商品交易效率、助推产业链专业化程度提升方面的作用日益明显。比照现实会发现，现代商业体系已经进入全民皆可"商"的状态，早已没有了国有商业或公有制商业一统天下的局面，也就没有了所谓的部门经济。进入 21 世纪后，基于网络的商品交易出现了爆发式增长，让更多的主体可以从事商业活动，平台经济中融入技术、商业、金融、信息安全等多种行业元素。在线上、线下交融发展的商业体系里，完全不再有过去的纵向管理的部门经济特征。

改革开放后，随着国家放开市场，消费品领域的竞争开始加剧。1990年以后，随着国有商业企业纷纷改制，民营商业主体诸如国美电器、苏宁电器、大中电器、居然之家、永辉超市等一批知名企业如雨后春笋般涌现，迅速成为行业的主力军。1992 年，我国零售业开始确立对外开放试点，外资商业尤其是一些国际零售巨头（沃尔玛、家乐福、麦德龙、伊藤洋华堂等）开始进入国内市场。1992 年 10 月，党的十四大确定了中国经济体制改革的目标，即建立社会主义市场经济体制，自由买卖、价格随行就市的消费品市场发展新模式也从此扬帆起航。

新旧世纪交替之时，信息通信技术（ICT）所带来的互联网革命悄然而至，我国商业模式开始进入互联网时代。从 1999 年阿里巴巴、8848、携程、当当网等最早涉足电子商务网站开始，互联网经济成为时代的新宠，一批又一批的商界精英投身于 B2B 和 B2C 的商业模式创新。天猫、淘宝、京东、拼多多、美团、滴滴、小红书、抖音、B 站等电商平台成为一代新生力量的消费乐园。近些年来，淘宝的"双十一"、京东的"618"等购物节几乎成为全社会的购物狂欢节。与此同时，网络直播带货、社交电商等新业态亦如雨后春笋，层出不穷。

时代洪流浩浩荡荡，滚滚向前，根植于实践的学术研究也要与时俱进。新的时代，商业经济理论研究自然需要创新。本书认为，现行的商业经济学必须顺应经济学理论发展的趋势，回应数字经济背景下消费品市场快速迭代的新特点，并对网络零售领域的新问题、新规律进行系统研究，从而构建新的理论架构体系。

（二）新商经的研究范畴

本书倾向于把中华人民共和国成立后的计划经济时期和改革开放后至互联网经济兴起前的"商业经济"统称为"传统商业经济"。一方面，是因为这一阶段的商业经济研究有较为浓厚的部门经济色彩和计划经济的痕迹。早期根植于本土的商业经济教材主要是从商业政策中挑选一些重要专题（如主要的商品类别）进行讲解。另一方面，这些研究主要是基于马克思政治经济学的基本理论展开，以社会再生产的"生产、分配、交换、消费"四环节为基石，将商品交换环节即流通环节作为研究对象，探究消费品是如何从生产部门到达居民户手中的。

传统的商业经济研究在研究对象上界定模糊，研究重点漂移不定，不同年龄段的学者对此也莫衷一是。例如：商业经济的研究对象从早期的生活资料（即消费品）的交易、流通，逐渐扩大为生产资料的大宗贸易，进而又延展至各种生产要素（如劳动力、土地、资本、技术）的流通，甚至涵盖以企业所有权为交易对象的产权并购；从研究单纯的商品交易，扩展到所有的生活性服务业（如餐饮、住宿、洗浴、修配等），及基于互联网的数字消费，最后将部分生产性服务业（如银行）也囊括其中；从以国内市场交易为主，逐步转向国内市场、国际市场并重；该领域最核心的专业术语从"商业"，转变到"贸易"和"流通"，始终无法凝聚学界共识，形成统一的名称。这种局面对学术研究产生了一定的负面影响，不利于学科凝练和专业人才培养。

本书认为，商业经济的学术研究、学科建议需要从底层逻辑重新梳理和创新。按照国内经济学类学科、专业设置的历史与现状，参照现代经济学界主流的分类标准，为更好地开展学术研究，本书将新商经的主要研究领域定义为：在市场经济条件下，由营利性商业组织媒介完成的，以满足家庭或个人生活需求的商品和服务的市场交易活动，以及与之相关的各种市场制度的形成、演进。

具体而言，新商经的研究领域可以区分为以下三个层次：

第一，核心层。这是新商经研究的内核，主要包括线上、线下的消费品零售交易，以及由此衍生出来的快递和物流。换言之，商家与消费者的交易是本书研究的焦点。新商经主要研究商业如何更好地满足家庭生活需求的各类实物消费，包含交易的客体——商品（质量、价格、品牌等），交易的主体——商业组织和家庭、个人（收入、偏好、行为特征等），以及主体之间的买卖交易（所有权转移）、客体的空间位移（即商品流通）、交易方式（如线上、线下、拍卖等）。传统的商业经济是以商业组织为出发点，服务于商业企业的经济利益目标。从这一角度讲，消费品在企业之间的批发交易也可以视为核心层。

第二，扩展层。扩展层代表着新商经研究领域的扩大和丰富。从交易活动所涉及的行业看，扩展层主要包括消费者在享受生活性服务的过程中，经常涉及的实物消费的业态，如餐饮、旅游等服务业。在这些服务业的经营中，服务和实物消费掺杂在一起，具有消费品交易的基本特征。从

与买卖交易相关的活动看，扩展层还包括买卖双方之间的竞争行为、普通
商品的质量监管、特殊商品（如食品、药品、化妆品等）的安全监管、消
费者权益保护、分销商之间的竞争合并、平台反垄断以及传统商业经济中
关注的商圈、商业规划等。从买卖交易的时间维度和文化维度看，商业
史、商业文化、商业伦理也属于新商经扩展层的研究范畴。

第三，泛化层。泛化层把商品的概念延伸至以企业为买方的交易行为
（即 To B），涵盖工业原材料、粮食等大宗商品交易、商品期货、物流产
业、供应链、农资交易等领域。这些交易中的货物不再是消费品，交易的
目的是满足企业的生产经营需求，而非满足家庭或个人的消费需求。

按照以上分类，可以把新商经研究的三个层次总结如表 1-1 所示。

表 1-1　新商经的研究范畴

层次	研究范畴
核心层	消费品零售交易（线上/线下、跨境电商、平台、直播带货等）、交易方式（如拍卖、期货、直销等）、零供关系、消费经济学、商业企业行为（连锁、并购、创新、品牌、广告）、快递、消费品批发、专业市场、消费升级、CPI 等
扩展层	生活服务交易（线上/线下、数字消费等）、服务分销、商业史、商业文化、商业伦理、商业信用、市场秩序（质量安全监管、价格监管、反垄断、反不正当竞争、平台治理、营商环境等）、消费者权益保护、商业政策、商业统计、商圈、商业规划、零售商业地产、物流、旅游、消费城市、社区商业等
泛化层	大宗商品交易、资本品交易、物流产业发展、供应链管理、供应链金融、农资交易、冷链、港口码头机场建设、货运等

新商经以商业主体与家庭的商品交易为原点展开。从这一角度看，新
商经与消费经济学、零售经济学、产业经济学等有着极为密切的关系。从
商品买卖，到数字消费，从商业企业与生产商的纵向关系，到商业企业之
间的横向竞争、合作，都在其中。扩展层是在核心层的基础上，叠加了
"生活性服务""市场监管""商业史""商业文化"等内容，体现了商业

经济研究当前所面临的新议题和新挑战。核心层和扩展层的共同点在于两者都是以消费者作为买方的市场行为。泛化层则是把研究视野延伸至企业生产，把原材料、半成品、资本品交易纳入商业经济的范畴。因此，泛化层关注的是以企业作为买方的商品交易行为。

以上分类和概念界定更多地照顾了我国商业经济或贸易经济的传统学科，具有非常鲜明的中国特色和深深的历史印记。从 JEL 分类看，新商经的研究范畴主要在 L（产业组织）、D（微观经济学）、P（经济制度）、M（工商企业管理）等部分（见表 1-2）。另外，其他部分也包含了新商经所涉及的内容。例如，N（经济史）中有各国运输、贸易等服务业历史的研究。

表 1-2　从 JEL 分类看新商经的研究范畴

JEL	类别	主要议题
L	L8 服务产业经济学： 产业研究之服务业	L81 零售与批发；电子商务 L87 邮政服务与快递服务 L88 政府政策
	L4 反竞争行为议题与政策	L41 垄断；横向反竞争行为 L42 纵向约束；零售价格维持；数量折扣
	L5 规制与产业政策	L51 经济规制 L52 产业政策 L53 政府对企业的促进
D	D1 家户行为与家庭经济学	D11 消费经济：理论 D12 消费经济：实证分析 D18 消费者保护
P	P3 社会主义制度及其转轨	P36 消费经济
M	M3 市场营销与广告	M31 市场营销 M37 广告 M38 政府政策与规制

通过以上分析，本书倾向于认为，随着市场交易的不断演进、创新和经济理论的发展、融合，需要我们重新审视现有的商业经济理论体系。本书提出的"新商经"中的"新"字，一方面表现在其研究基础主要是基于现代西方主流经济学、管理学、法学的相关理论，如产业经济学、消费经济学、规制经济学、零售经济学以及市场营销学等；另一方面表现在研究对象不仅包括互联网时代商业领域的新行业、新业态、新模式，还包括与商品交易相关的市场秩序、质量安全监管、绿色商业以及商业文化等新内容。①

第二节　商业、交易与市场经济

第一节从学术的角度界定了"新商经"的研究范畴，本节期望通过一些基本逻辑的梳理，让互联网时代的商业经济研究能在市场的喧嚣中不忘初心，回归本质。

一、商业的逻辑

市场经济体系的核心功能在于，通过某种自发演进的机制或秩序实现买主和卖主基于自愿的交易活动。西方经济学鼻祖亚当·斯密在《国富论》中指出，"互通有无，物物交换，互相交易"是人类的本性，也是人类区别于动物界的特性。在通货没有产生之前的以物易物时代，所谓的

---

① "新商经"是相对于1949年至改革开放初期的"商业经济学"而言的。这一用法类似于经济学中的"新古典经济学"与"古典经济学"，"新凯恩斯主义"与"凯恩斯主义"，"新自由主义"与"自由主义"或"新制度经济学"与"制度学派"的关系，暗含着理论体系的演进或迭代。

"交易"就是"因双方彼此需要所进行的物品交换和易主"。当金银或现代的纸币成为一般等价物后，以通货作为媒介的交易并没有改变市场的实质。在易货贸易或厂家直销活动之间直接进行交易的情形中，有商业活动，但却不存在商业行当或商业组织。除此之外的交易活动中，商品生产者和最终使用者之间的经济关系，一般需要经由商业组织才能最终实现。

古文中"市"是指商品交易的地方，或者说是做买卖的地方。狭义的商业就是"做买卖"，更准确地讲，就是组织商品买卖。由此可见，二者之间的关系有多密切。因资源禀赋和生产能力的差异所形成的社会分工及私有制，是商品交易的前提。传统商人的社会价值在于，他们利用自己的知识和经验，发现不同地区和人群之间的生产优势、交易需求，扬长避短、互通有无，实时组织货源，运输至目的地，在满足消费者需求、协助生产者达到其目的的同时，也完成自身的财富积累。正如《晋书·食货志》所言，"贸迁有无，各得其所"。无论行商，还是坐贾，其经济职能都是媒介商品的交易。从现代经济体系的角度看，商人的贩运和交易是各地之间互通有无、丰富市场的重要手段，其历史地位不容置疑。

在线上进行的交易，依然代表买和卖两种力量的对接，是交易发生的"地方"。网络购物改变了商品交易的形式，但并未改变其本质。电商利用基于信息通信技术的互联网或智能终端，高效匹配市场供求的对接、交易，并依赖自建或第三方的快递或物流将物品送至消费者手中。电商借助自己的网站或平台提供的虚拟空间，通过网络交易、直播带货等形式，实现了产权易主、商品跨地。在元宇宙世界中，数字技术所构建出的虚拟现实的网络商业场景，会给消费者购物、娱乐带来沉浸式体验，更接近真实的消费环境。

在以上新技术催生的商业新场景、新业态中，数字商业改变的只是人、货、场交互的场景和媒介，生产者、商家和消费者的经济关系并未有实质性改变。例如，网络购物平台的主要功能大致与商场或批发市场相似，网红直播相当于广告代言人与百货商场、超市的售货员、导购和促销员的某种结合。

二、商业与现代市场经济

在理工科的专家、学者看来，商品是基于科学的技术、工艺、材料等进行生产的。然而，市场经济中的生产都是为了出售进行的生产。因此，当产品变成商品时，能否卖出，能以什么样的价格卖出以及多久能够卖出，就变成了至关重要的几个问题。把商品变成货币就是马克思所说的"惊险的跳跃"，商业可以说是这一过程中的一个重要角色，甚至是"主角"。

遗憾的是，在西方主流经济学中，商品的生产者直接面对消费者，并没有给零售商的媒介交易、便利流通的功能留下存在的理由和分析的空间。在新古典经济学占据主导性地位的资本主义市场经济发展的初期，坚持"供给自动创造自己的需求"的萨伊定律被奉为圭臬。有了要素、技术以及将它们组合在一起的组织或企业家，就会生产出市场所需要的产品。不仅企业是一个"黑箱"，市场也是一个"黑箱"。市场在"看不见的手"的引导下，供给自动对接需求，生产者直接面对消费者，买卖成交，货物易主。在这种被科斯嘲讽为"黑板经济学"的理论分析中，没有商业组织做媒介，无须物流来实现商品在空间上的移动。

在现实世界的经济运行中，不仅产业链上节点林立，主体众多，而且市场经济规模非常之大，商品的种类琳琅满目，买方来自全球各地。来自生产商的消费品，往往需要厂家和商家采取一系列市场营销活动，通过制定合适的价格，选择便利的渠道，最终才能抵达消费者手中。在生产普遍过剩的今天，生产商如何识别并了解目标客户是一件极为重要但又较为困难的一件事。从产业链专业分工的角度看，术业有专攻，生产商往往会把货物分销交给专业的商业组织去做，这是现代市场经济的特征事实①。所以，商业组织是社会化分工合作的产物，是发达商品经济的产物。

媒介商品交易的批发商和零售商，一方面是商品市场的"放大器"，可以为商品在更大的市场上找到更多的买家，让生产者实现规模经济；另一方面是商品交易的"加速器"，有利于加快商品的周转，提高生产者的资金周转率，缩短消费者获得商品的时间。生产者希望加快资金周转，提高经济效益；商品也需要尽快流通，防止变质、腐蚀和贬值。

从某种意义上讲，商业是市场经济的有机组成部分。所谓的市场就是商品买卖的地方，是供给和需求两种力量对接的场所或节点。在消费品市场，作为商品买卖媒介的中间商是市场交易的实际组织者，是帮助消费品生产者实现经济目标的主要工具，也是协助消费者获得吃、穿、用等物品的助力者。现代市场经济是陌生人之间进行交易的经济，分销功能绝非可有可无，高效运转的市场离不开这些中间商在买卖匹配、货物流通、信息交互中所扮演的角色。

第三节　经济学经典中的商人与商业

尽管新商经理论看起来似乎实践性很强，但其背后的底层逻辑与市场经济的本质是非常吻合的。从现代主流经济学的相关理论中，可以看到商人或商业组织在市场经济中的作用或地位。下面本书将选取其中的四个著名理论进行介绍，让读者能从理论层面看清商业的本质。

---

① 当然，也有一些特殊消费品的企业选择直销模式，直接面对终端的消费者。选择直销模式的一般是保健品和化妆品企业。直销模式与实行等级制、会员制、高返利的传销行为有着本质的区别。

一、斯密的劳动分工理论

现代经济学创始人亚当·斯密在其专著《国富论》中提出了劳动分工促进专业化，进而提升生产效率、增加社会财富的原理。劳动分工包括同一企业内部不同工种的分工，一个产业链内部不同企业间的分工，以及整个社会不同产业之间的分工或称之为社会分工。

在这本经典著作中，斯密认为，劳动分工受到市场规模大小的限制，这一观点被称为"斯密定理"。[①] 按此定理，市场规模扩大能够促进分工和专业化，进而能够促进效率的提升和财富的增加。

如果从本书写作的逻辑看，专门从事商品交易的商业组织的出现，无疑可以从地理空间上拓展市场的边界（从本地到外地，从国内到国外），从市场容量上挖掘更多的需求（如潜在客户的发现），甚至通过自身的仓储功能延展商品消费的持续时间（如时令性商品的跨季消费）。这些都会带来市场规模的扩大，从而促使生产者提高产量。即使是农业生产者，更多的富余产品也是其提升商品化的前提。有了"神通广大"的粮贩子、菜贩子、猪贩子等，农产品才会走向更远的市场。

二、瓦尔拉斯的拍卖人理论

如何刻画市场通过供求双方的竞争机制形成均衡价格，从而实现市场出清，是主流经济学演进过程中的一个重要任务。从斯密的"看不见的手"到瓦尔拉斯的拍卖人，再到阿罗-德布鲁模型，都是在某一历史阶段对这一机制的最高水平的演绎。

---

① 阿林·杨格（Allyn Abbott Young, 1876-1929），经济学家。1928 年，他在英国科学促进协会 F 分部主席的就职演说《报酬递增与经济进步》中，将斯密的劳动分工与市场规模大小关系的论断命名为"斯密定理"。

瓦尔拉斯的拍卖人理论，不仅可以帮助我们理解市场的运行机理，也有助于我们从另一侧面诠释商人或商业组织在市场经济中的作用。瓦尔拉斯认为，市场的运行或交易价格的达成，实际上是厂商和消费者之间的试探过程（Tâtonnement Process 或 Groping）。就像在商品交易所内，由一个拍卖人组织商品的买卖，卖方和买方在任一价格下报出自己愿意出售和愿意购买的数量。拍卖人拥有强大的计算能力，可以快速比对出市场供求情况。如果意愿供给大于意愿需求，拍卖人就会降低报价，反之，则提高报价。当在某一价格下，意愿供给的数量恰好等于意愿需求的数量时，买卖双方再真正进行交易，此时市场出清。

从本书的写作逻辑看，拍卖是商品交易的一种特殊方式。尽管交易对象有一定的特殊性，但拍卖行就是媒介商品买卖的一种商业组织。通过特殊的拍卖机制设计，拍卖者能最大限度地发现某种商品的市场价格，并促成交易。瓦尔拉斯的拍卖人理论曾经只是一种理论的设想，适用于那些均质、大量的货物交易，而现实中拍卖行虽然更适用于一些参与者数量不多、商品数量少而独特的所谓"薄市场"（Thin Market），但从本质上讲，拍卖行的商业模式的的确确是在扮演着发现价格、促成交易的市场组织者角色。

直至今天，拍卖仍是非常活跃的市场交易形式。无论是从苏富比、佳士得、嘉德、保利四大顶级拍卖行的发展状况来看，还是从随着互联网兴起而出现的一批新兴拍卖商的发展情况来看，拍卖行业都将保持稳定发展的基本格局。拍卖的标的，从常见的古董、邮品、字画、珠宝、花卉、汽车、房产，到土地、矿产、天然气、企业产权、有价证券、无线频谱等，甚至可以拍卖与全球富豪巴菲特共进午餐的机会，种类五花八门。现代的拍卖行在这些特殊市场中扮演的交易组织者角色，是与西方经济学的基本逻辑完全一致的，即商业组织的功能在于精准匹配交易对象，高效组织交易。事实上，拍卖机制设计是经济学研究的一个前沿领域，如经济学家威廉·维克里在 20 世纪 60 年代设计出了次价密封拍卖（即维克里拍卖）的形式，可用于解释交易者的心理动机，而这一领域的著名学者保罗·米尔格罗姆、罗伯特·威尔逊等曾获得 2020 年的诺贝尔经济学奖。

三、熊彼特的创新理论

著名经济学家熊彼特被誉为"创新理论"的先知，他用"创造性破坏"（Creative Destruction）来解释创新的本质和企业家的角色。他认为，企业家是市场创新的主体，是创新行为的组织者、实施者。他提出的创新，既包括使用新技术、引入新产品、实现新组合，也包括发现新市场。

显然，熊彼特创新理论中的"发现新市场"与本书论证的商业经济高度相关。熊彼特认为，"寻求新的市场，以销售某种既为该市场所不熟悉，同时又是该市场从未生产过的物品，乃是企业家利润的一个非常丰富的来源"。他以商人将玻璃珠卖给黑人部落为例，揭示了市场经济早期的贸易利益，认为这是一个非常持久的企业家利润来源。因为新市场的消费者并不了解自己没有见过的商品，因此这种商品定价的依据不是生产成本，而是潜在买主的主观评价。此时，商家的介绍或广告就变成市场价格形成中的一个决定性因素。

熊彼特所研究的商贸型企业家是基于工业革命之前的历史背景，当时生产领域的技术不发达，市场交换的主要产品是农产品和简单加工品，互通有无是商贸活动的主要特点。例如，汉唐时期，欧洲的贵族没有见过我国的丝绸、陶瓷、茶叶，商人也从西域带来了珍珠、香料、农产品种子，贵族基于自身主观评价的定价机制让商人获利丰厚，积累了大量财富。

现代市场经济中的商贸发展，互通有无的情形越来越少，更多的是基于比较优势的国际贸易、基于社会分工的城乡商品流通，以及在互联网经济之上的共享式商品交易。一般商业的利润率虽然已经没有了熊彼特书中所论述的暴利，但也能给投资于批发、零售、物流等领域的企业家带来可观的回报。

四、新制度经济学的交易成本理论

以马歇尔为代表的新古典经济学家运用一套完整的知识体系论证了以生产商品为主要任务的厂商，如何在技术既定的情况下，完美配置资源，实现各种生产要素的最优组合，从而获得最大的经济利益。但他们并没有解释一个基本的问题，即作为一种科层制组织的厂商和扁平化运作的市场之间是何关系？二者之间是互补关系还是替代关系？

新制度经济学家科斯（Coase）的企业理论对于以上问题进行了开创性研究。科斯继承了康芒斯提出的以交易（Transaction）作为经济研究对象的传统，把企业和市场作为组织相同交易的可替代模式。作为生产者的企业组织之所以出现，是因为市场交易成本的存在。威廉姆森把市场交易成本分为两类：一是市场机制发现价格的成本，包括事前的交易成本，如签约、谈判、保障契约等成本；二是事后的交易成本，如契约不能适应所导致的成本、讨价还价的成本、为解决双方的纠纷与争执而必须设置的相关成本，以及约束成本。

尽管新制度经济学是以交易成本来解释生产型的企业缘何产生的，但与此同时，该理论也有助于我们理解企业的对立面——市场。作为科层制的企业组织，权威和命令是资源配置的主要手段。企业之间的货物交易，以及企业与居民之间的消费品交易，是企业得以存活的"土壤"。市场向企业提供原材料、资本品，将企业的产品变成货币，进而实现利润。市场机制不是虚无缥缈的，而是由商人组织起来的有机体系。如果用新制度经济学的术语来说，商人或商业组织的存在，实际上是降低了直接型市场（生产商与消费者直接交易）的交易成本。换言之，有专业的商业组织存在的发达市场交易，在交易效率上应该是优于没有中间商，完全由生产商与消费者随机匹配的直接型市场的。这是市场演化的基本规律，也符合通过专业分工提升效率的内在逻辑。正是因为千万个生产商与千万个消费者的市场匹配存在高昂的交易成本，专业型的商业企业才有存在的必要。商业企业利用自己的信息优势和专业技能，提高了匹配的精准度，提升了交易效率，直接降低了市场交易成本。

交易成本理论也可以解释期货市场的发展。期货市场在价格形成和引导机制等方面的作用，远非现货市场所能企及。期货市场的特殊制度设计，不仅可以帮助市场形成权威的价格信号，引导产品生产者和需求者的市场活动，还可以帮助生产商和客户规避风险。对于在期货市场扮演重要角色的投机者而言，市场特有的保证金机制的杠杆效用和双向对冲机制，避免了货物交割所产生的交易成本。

"货畅其流，人取所需"，是发达商品市场的基本特征，也是从事专业媒介商品买卖的商业组织的使命所在。

第四节　本书的结构安排

按照对新商经的研究定位，本书后面的内容（不含本章）大致分为三部分共十章来展开：

第一部分是相关研究的准备，包括第二章、第三章、第四章共三章的内容。第二章简要回顾了商学教育中遇到的几个困惑，厘清了商业经济、贸易经济、流通经济三者之间的区别，为恢复正统的商学教育提供了理论支持。第三章回顾了商经理论的溯源与演进，系统梳理了马恩经典中的流通理论，源自苏联的传统贸易经济理论，国内学者对商业经济理论的探索和研究，并尝试分析了商业经济理论的发展困境与根源。第四章基于现代西方经济学论述了新商经的经济学基础，主要涉及产业组织理论、消费经济学、规制经济学与反垄断经济学、数字经济理论、共享经济理论。

第二部分是书稿的主体，这一部分围绕新商经的主题展开，包括第五章、第六章、第七章、第八章、第九章共五章的内容。第五章对新商经理论进行了概述，界定了理论研究的基本范畴和重要议题。第六章至第九章则是按照第五章设定的分析框架，分别从现代经济学视角下的分销商、零售市场中的消费者行为、网络经济与商业的融合发展、消费市场的政府规制四方面进行了探讨。

第三部分是新商经理论的拓展部分，包括第十章和第十一章共两章的内容。这两章分别研究了双循环和绿色发展这两大新战略对新商经理论的影响，从更广阔的视阈中梳理了新商经理论面临的新挑战。

第二章 商学教育的演进

　　以新商经为特色的理论研究与商学专业人才的培育息息相关。本书的"商学"教育，是指我国大学本科的贸易经济专业，研究生产业经济学专业中的流通经济或贸易经济方向，或者单设的商业经济专业。商学的基础是经济学，其研究目标是揭示商品交易的规律和市场制度。商学专业人才授经济学学位，国内一些高校称为"商科"的"企业管理学"是研究企业内部的经营管理，其培养的人才授管理学学位[①]。此二者的差异是非常显著的。

　　本书认为，商学研究的中坚力量在大学。一方面，高校的研究者系统掌握了经济学的前沿理论，并且了解管理学、法学等相关学科在本领域的交叉应用，是理论创新的主要力量。另一方面，大学不仅能为商业领域源源不断地提供高素质的从业者，推动商业实践的创新，而且还能为商务部门、市场监管部门等政府机构提供专业人才。因此，商学教育研究将是本书内容的一个重要组成部分。

---

① 一些高校设置了零售业管理专业，该专业应该是与本书所指的商学教育关系最为密切的管理学科。

第一节　商学的专业名称之惑

与商学相关的大学专业设置深受教育部门和行业主管部门变迁的影响。20世纪90年代，教育部将本科的"商业经济"专业更名为"贸易经济"专业，将研究生的"商业经济"专业整合进入"产业经济"专业。同一时期，流通领域两大主管部门——商业部与物资部合并，新部门名称确定为国内贸易部，之后降格为国内贸易局①。以上政策变化和机构调整，使得"商业"一词开始让位于"贸易"。与此同时，深受马克思主义政治经济学影响的商学领域的学者，偏爱使用"商品流通""流通费用"等词语，流通经济也成为商学领域的核心专业术语。

"贸易经济"和"流通经济"是否应该取代原来的"商业经济"？或者这是历史的误会，应该回归本源，将前两者统一于"商业经济"？抑或是三者可以融合创新？在第三章的内容中将会看到，学界对以上问题的思考有很多，从早年呼吁将部门特征的商业经济改造为贸易经济（林文益，1995），到近二十年来贸易经济、流通经济两大概念主导学界。有学者认为，这种认识上的莫衷一是，导致了不同背景的学者自说自话、交流不畅的尴尬局面（黄国雄，2014；荆林波，2021）。显然，这种混乱的状况，在一定程度上阻碍了学科发展和专业人才的培养。下面将尝试对这些内容

---

　　① 20世纪90年代初，计划经济时期商品流通的两大行业主管部门——商业部与物资部合二为一，不仅意味着国内生活资料、生产资料流通体制的变革，也直接影响了该领域的专业术语迭代。形象地说，部门合并时，新部门的命名如果不能出现 A+B＝AB 的局面，那么 A+B＝C 就成为可能。"贸易"一词是商业和物资两大部门主管业务的共同特征，在内外贸依然独立管理的背景下，国家国内贸易部遂横空出世。然而，当2003年对外经济贸易合作部与国家经贸委负责内贸的相关司局（主要是原国家国内贸易局的班底）合并时，没有被命名成两者交集的"贸易部"（即原有名称的交集 AC+BC＝C），而是出现"返祖"现象，再现"商"字。遗憾的是，此时相关大学的专业名称已固定为贸易经济，短期内无法改回商业经济。

进行简单梳理。

一、商业与贸易

"商业"一词的含义和演变在前文已经论述过了,那么它与"贸易"一词有何区别?正如《说文解字》当中的定义,"贸"者"易财也",即"贸"本意为财物之交换,强调的是商品买卖行为或活动的本身。相比之下,"商"以商品交易为切入点,但更偏重从事商品买卖活动的人、组织和行业。

在英文语境中,与中文里的"商业""贸易"关联度最高的三个单词包括:commerce、trade 和 merchant,其中前两个词语意思最接近(见表 2-1)。

表 2-1 commerce 与 trade 词义辨析

词义来源	commerce	trade
《朗文中阶英汉双解词典》	The buying and selling of goods and services	The activity of buying, selling, or exchanging goods, especially between countries
《牛津中阶英汉双解词典》	The business of buying and selling of things	The buying or selling goods or services between people or countries
《牛津高阶英汉双解词典》	The buying and selling of goods	Exchange of goods or services for money or other goods
INvestopedia	The exchange of goods, services, or something of value, between businesses or entities①	The action of buying and selling goods and services, most often in return for money②

从表 2-1 可以看出,commerce 和 trade 的意思都是通过货物与服务的

---

① 资料来源:https://www.investopedia.com/terms/c/commerce.asp。
② 资料来源:https://www.investopedia.com/terms/t/trade.asp。

买入、卖出获得经济利益的。在使用习惯上，中文里"商业"一词多用commerce，国家之间的货物买卖或服务贸易则更多用trade。与"商业"密切相关的另一单词merchant多指进出口批发商，其交易对象是商品或货物merchandise，单词mercantile（商业的、贸易的）以及mercantilism（重商主义）均源自于此。

按照JEL的分类标准，零售为retail trade（B2C），批发为wholesale trade（B2B）①，电子商务为e-commerce。根据《现代汉语词典》的解释，"贸易"一词的含义是"商业活动"②。"商业"与"贸易"虽为同义词，但也有细微差别，因为"商业"也可以是国民经济的一个组成部门，而"贸易"则偏重于商品买卖的经济活动。按照学界的使用习惯，"商业"侧重行业主体，而"贸易"侧重交易方式或交易形式（黄国雄，2014）；国内的商品买卖多用"商业"，而"贸易"一词则多用于国际货物和服务的交易（徐振宇，2021）。

参照以上分析，"商业经济"和"贸易经济"应该被视为同义词。本书通过梳理1949年以来的商学教育史发现，"商业经济"和"贸易经济"的专业名称在我国商学教育中经历了"贸易经济—商业经济—贸易经济—贸易经济与商业经济共存"的发展历程。从相关高校的专业名称变化看，以上演进历程清晰可见。以原北京商学院为例，据《北京商学院志：1950—1998》记载，1960年本科专业最早定名为"贸易经济"，1961年招生专业变为"商业经济"，1991年，专业名称恢复"贸易经济"；1979年研究生招生之初专业名称为"商业经济"，1997年，随着全国研究生学科和专业目录调整，"商业经济"专业名称变更为"产业经济学"，并且使用至今。

---

① 在英语语境中，retail强调的是商业组织以小批量卖给居民，wholesale强调的是生产企业卖给分销商，后者的目的是"转售"给消费者。

② 中国社科院语言研究所词典编辑室. 现代汉语词典（第6版）［M］. 北京：商务印书馆，2012.

二、本科专业名称与研究生专业研究方向不统一的困惑

当前我国商学教育中，存在本科专业名称与研究生专业研究方向不统一的问题。按照教育部的政策，大学本科专业为贸易经济，研究生专业为产业经济学，其中可以设置流通经济方向。在此需要指出的是，也有几个高校自主设立了与产业经济学并行的专业。例如，中南财经政法大学设置了贸易经济专业，西南财经大学和重庆工商大学设置了流通经济专业，中国人民大学设置了商业经济学专业。

根据检索的信息，在本科设置贸易经济专业的国内高校主要是原内贸系统的行业高校①，以及中国人民大学、中南财经政法大学、中央财经大学等部分教育部所属的高校，合计约 50 所。部分高校贸易经济专业的相关信息如表 2-2 所示。

表 2-2　设置贸易经济专业的部分高校及相关信息

学校	设立年份	主干专业课
北京工商大学（北京商学院）	1950	流通经济学、市场价格学、流通实践、商务策划、中国商业史、电子商务、中外商业比较、期货市场、物流与供应链管理、消费经济学、商业信息分析、期货交易实践、服务经济、管制经济学
中国人民大学	1950	贸易经济学、消费经济学、服务经济与服务贸易、贸易政策、市场管理、物流学、期货市场运作、电子商务与网络贸易

①　20 世纪八九十年代，除了外贸领域的对外经济贸易大学、广州对外贸易学院、上海对外贸易学院和天津对外贸易学院以外，内贸领域的高校有原商业系统的北京商学院、天津商学院、杭州商学院、黑龙江商学院、兰州商学院、重庆商学院、广东商学院、湖南商学院，物资部门的北京物资学院，供销社系统的山西财经学院、安徽财贸学院，粮食系统的郑州粮食学院、武汉粮食工程学院、南京粮食经济学院。随着政府管理体制和教育体制的变革，这些高校基本上都更换了主管部门。除了对外经济贸易大学、北京物资学院外，绝大部分学校在世纪更迭的高校合并潮中，东并西合，改名重生。

续表

学校	设立年份	主干专业课
中南财经政法大学	1949	贸易经济学、国际贸易学、市场价格学、零售学、现代商业技术概论、中外商业史、市场营销学、商业规划学、流通产业组织学
重庆工商大学（重庆商学院）	1994	贸易经济学、零售学、市场营销学、国际贸易实务、物流经济分析
中央财经大学	2012	贸易经济学、消费经济学、市场营销学、现代物流与供应链管理
哈尔滨商业大学（黑龙江商学院）	1993	贸易经济学、流通经济学、消费经济学、物流学、零售管理、新零售理论与实践、网络贸易、现代商品流通实务、商务智能
湖南工商大学（湖南商学院）	1994	贸易经济学、消费经济学、服务经济与服务贸易、贸易政策、市场管理学、物流学、期货市场运作、电子商务与网络贸易
兰州财经大学（兰州商学院）	1981	贸易经济学、产业经济学、消费经济学、物流学、电子商务
安徽财经大学（安徽财贸学院）	1959	贸易经济学、消费经济学、服务经济与服务贸易、贸易政策、市场管理、物流学、期货市场运作、电子商务与网络贸易
河北经贸大学	1978	贸易经济理论、贸易制度理论与实践、商贸公司运作原理、商品流通规程、市场预测与决策、商贸企业发展战略、电子商务
郑州航空工业管理学院	1978	消费者行为学、零售学、商贸企业战略管理、商品学、国际贸易实务、贸易经济、市场营销学
首都经济贸易大学	1977	商业经济学、消费经济学、品牌学、零售学、物流学、期货贸易、商业伦理学、现代商业技术、消费者行为学
西安交通大学	1960	流通经济学、电子商务、消费经济学、现代物流管理、数字营销、价格学、期货理论与实务、拍卖理论与实务
山西财经大学（山西财经学院）	1958	流通经济学、批发学、零售学、物流学、电子商务、现代商业技术、价格理论与实务、市场营销、商务谈判、消费经济学、市场调查与预测等
南京财经大学（南京粮食经济学院）	1993	贸易经济、消费经济、服务经济与服务贸易、贸易政策、市场管理、物流学、期货市场运作、电子商务与网络贸易等

学校	设立年份	主干专业课
云南财经大学	1951	贸易经济学、消费经济学、电子商务与网络贸易、贸易政策、流通经济学、服务经济与服务贸易、供应链管理
河南财经政法大学	1983	贸易经济学、零售学、消费经济学、商业心理学、商业伦理学、中国贸易史、物流与供应链管理、采购与供应商管理、拍卖与典当、批发与专业市场、期货投资、零售促销与管理、零售业法规
西安财经大学	1952	电子商务、贸易经济学、消费经济学、市场营销学、零售管理学、物流学、市场营销调研
南京审计大学	2015	贸易经济学、贸易史、消费经济、服务经济与贸易、零售管理学、批发管理学、物流与供应链管理、电子商务、市场预测与决策
内蒙古财经大学	1983	贸易经济学、流通经济学、消费经济学、服务经济与贸易、网络贸易、期货贸易、价格理论与实务、零售学、商业伦理学

注：括号内为旧称。

从表2-2可以看出，我国高校的本科贸易经济专业培养的人才，要掌握专门从事商品交换的、独立的商业部门的运作以及其中各方面的相互关系和客观规律。学习这个专业的学生不仅要学习政治经济学、微观经济学、宏观经济学等专业基础课，还要学习贸易经济、消费经济、零售、商业史、流通政策、商业伦理、期货市场、电子商务、物流、市场管理、市场预测等专业主干课。但毋庸置疑的是，与经济学等成熟专业相比，贸易经济专业的课程体系较乱，逻辑性较弱。

从研究生层次看，1997年以后，部门经济学被整合为"产业经济学"后，原来设置"商业经济"的高校都开始在产业经济学专业下设置流通产业方向（见表2-3）。

表2-3 部分高校产业经济学硕士点研究方向设置情况

序号	学校	研究方向
1	北京工商大学	流通产业理论与实践
2	浙江工商大学	流通产业与政策管理
3	哈尔滨商业大学	现代流通理论与运行实践研究
4	湖南工商大学	商贸流通产业理论与实践
5	兰州财经大学	流通创新与贸易经济发展
6	安徽财经大学	流通经济理论与政策
7	河南工业大学	流通经济理论研究
8	河北经贸大学	商品流通与市场组织
9	北京物资学院	流通聚集与产业布局
10	首都经济贸易大学	流通经济
11	山西财经大学	流通理论创新及发展战略研究
12	南京财经大学	流通经济理论与政策 流通现代化与网络经济
13	云南财经大学	现代商品流通与实践
14	西安财经大学	流通经济理论
15	江西财经大学	流通产业理论与实践
16	上海大学	流通产业研究

　　将表2-3与表2-2进行对比我们发现，这些高校研究生层次的人才培养几乎都被冠以"流通"经济之名。为何本科是"贸易经济"，研究生却变成了"流通经济"？这种混乱现象会让非专业人士无法理解，甚至造成误会。我们还注意到，在相关高校设立的研究机构中，绝大部分使用的都是"流通"一词，如东北财经大学的流通研究院，首都经济贸易大学的中国流通研究院，以及湖南工商大学的湖南省现代流通理论研究基地；部分高校直接使用了"商贸"一词，如浙江工商大学的现代商贸研究中心；还有一些学校态度模糊，如广东财经大学的商贸流通研究院是折中型的，北京工商大学的首都商贸发展研究基地则是由首都流通业基地更名而来。

通过以上分析，我们可以得到这样一个结论：贸易经济一词主要是大学专业名词，这一命名直接由教育部的相关规定而来，没有自主设定的自由①；"流通"为高校马克思主义经济背景的研究者所偏爱，教育部规定了研究生专业的统一名称，但研究方向可以自主设定，这些高校研究机构名称的规律印证了这一推测。

三、关于商品流通

从学术渊源看，"流通"一词应该源自马克思主义经济学。从社会再生产的角度看，生产资料和生活资料的流通只是表象，其背后是货币资本的循环，包括剩余价值在内的商品价值的实现。如果流通经济学撇开资本循环和价值实现，仅考察商品的流通或连续交换，实际上是丢掉了马克思主义经济学的内核。然而，如果过多强调资本循环，则会进入政治经济学的研究范畴。②

从我国的实际情况看，"商品流通"一词与"商业""贸易"的使用范围是高度重合的。进一步讲，目前我国学术界和实务部门在使用"流通"一词时，既强调商品的所有权"流通"，也强调商品从卖方到买方在物理空间上的转移过程，或商品在国民经济部门之间的流动。根据官方信息，商务部的职责包括研究"现代流通方式的发展趋势和流通体制改革并提出建议"，负责"推进流通产业结构调整，指导流通企业改革、商贸服务业和社区商业发展，提出促进商贸中小企业发展的政策建议，推动流通标准化和连锁经营、商业特许经营、物流配送、电子商务等现代流通方式的发展"。从这一信息可以看出，"流通"一词是被官方认可的，但它又与"商贸"交叉使用。

---

① 在大学贸易经济教学的学者队伍里，有一个权威组织——全国高校贸易经济教学研究会。
② 目前学界的处理方法倾向于较少涉及资本流动或循环，而仅研究与商品流通相关的议题。

图 2-1 是本书参照马克思主义经济学绘出的商品流通和货币流通示意图①。图 2-1 中虚线的粗箭头用以指代各种生产要素的交易，包括土地买卖、资金借贷、劳动力雇佣、股权交易、专利技术转让以及数据服务等，细箭头代表货币流通。货币流通与商品流通、生产要素的交易呈现反向运行，蕴含了市场交换的底层逻辑。

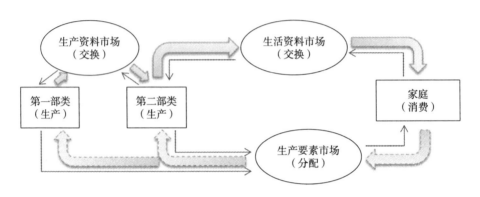

图 2-1　经济体系中的商品流通与货币流通

资料来源：笔者自行绘制。

一般而言，商品流通是指生活资料和生产资料两个市场一系列商品连续不断的交易，其中批发交易发生在企业与企业之间，零售交易发生在企业与消费者之间。生产资料市场（即原材料、半成品及资本品市场）的商品交易多为批发交易，生活资料市场（即消费品市场）中从生产者到商户的交易为批发②，由企业到消费者的交易为零售。

显然，所有的市场交易都必然是商品与货币的所有权交换和易手，这种法律关系的变化或社会关系的变换是"商品买卖"的题中之义。因此，

---

① 图 2-1 中的经济体系忽略了第一部类内部的交换和第二部类内部的交换。该图与西方经济学中 GDP 核算的基本逻辑是非常相似的，主要差别在于图 2-1 中是将企业部门细分成了生产资料生产企业和生活资料生产企业。西方经济学的 GDP 核算逻辑参考的是 2020 年北京大学出版社出版的、曼昆著的《经济学原理（宏观经济学分册）》当中第 5 页的"循环流量图"。

② 在一般意义上，批发和零售两个概念的出发点都是"卖"。我们关注的批发是商业企业从供应商（生产企业）处的批量商品购买行为。

从流通的第一层意义看，市场中持续进行的各种交易活动，就构成了商品与货币反向流动的流通体系。第二层意义的流通是与所有权易手相伴的、经由交通运输工具完成的、表象意义上的商品位移。因此，传统商业的本质在于媒介"商品买卖交易"，商品流通则是买卖交易的伴生物。"流通"体现在表象上就是商品流转及其背后的资金流动、所有权流转。从字面意思讲，服务行业与消费者之间的服务交易只有"买"和"卖"，而并无空间上的位移，算不上"流通"。至于一些学者把土地、资本等生产要素的交易活动也看作"流通"，似乎并非流通经济学界的共识。①

业界权威黄国雄教授（2014）认为，"流通"是从客体出发，旨在刻画商品从生产部门到消费者的全过程，而"商业"是从主体出发，研究商业组织的结构、行为、政策、效益等。如果把商品或服务的交易看作是法律意义上的所有权"流通"，那么，流通经济学就基本可以涵盖所有的市场交易活动。中国商业经济学会会长马龙龙教授（2005）把流通视为商品从生产者到消费者的转移（包括所有权的流转和空间的位移），他发现美国、日本的研究人员也持类似的观点。但若果真如此，"流通"一词则不如"交易"一词更加准确，更符合现代经济学的逻辑。因为交易意味着卖方对商品的所有权与买方对货币的所有权的易手，强调的是市场经济中的买与卖。

在国家发改委 2022 年初发布的《"十四五"现代流通体系建设规划》中，现代流通体系包括流通网络、流通市场、流通企业，以及商贸、物流、交通、金融、信用等的有机衔接。由此可见，我国官方对流通的定义是包含了商贸的。在 2021 年底有关部门发布的《"十四五"国内贸易发展规划》中，则是把国内贸易行业界定为批发和零售业、住宿和餐饮业以及居民服务、修理和其他服务业。

---

① 知名学者陈文玲提出的现代流通理论囊括了资本流通、货币流通、劳动力流通等诸多议题。

英文中有关市场交易活动的分销和配送即 distribution 与"商品流通"一词的意义非常接近，而商品市场中的"流通部门"或狭义的"商业"与英文中的分销业即 distribution sector 高度契合，二者都很关注商品或服务如何从生产者分发、配送到终端用户手中。在此需要指出的是，日文中的"流通"一词对应的即是 distribution。通过进一步考察我们还发现，distribution sector 的含义其实更接近"分销服务业"，它既包括商品的批发、零售、物流、快递，也包括相关服务的分销（如票务代理）。从本领域的指导性手册 *Handbook on the economics of retailing and distribution* 以及著名学者罗格·贝当古的著作 *The economics of retailing and distribution* 可以看出，"零售"一词主要强调商品交易本身，"分销"则突出批发零售业务所提供的分发、配送、物流等服务（Berancourt，2004）。

第二节　商学教育发展道路：本土化还是国际化

一、中华人民共和国成立初期的商学教育实践

中华人民共和国成立初期的商业经济高等教育，在"本土化"与"拿来主义"这两条道路上都有过探索。

相关资料显示，中国人民大学贸易经济系在学习《苏维埃贸易经济学》的过程中，将俄文版翻译成中文，并在增加部分中国的内容后编成《贸易经济学讲义》。该教材在 1962 年被改编成《中国社会主义商业经济》，成为国内部分商业院校的指定教材。以上可以称为第一条道路，即"拿来主义"的探索。第二条道路是本土化的尝试。原北京商学院等部属院

校按照原商业部主要领导的指示，以培养商业干部为目标，将当时国内重要的商业政策作为讲述对象，按照专题进行讲解。改革开放之初由原商业部教育司教材处与原北京商学院商业经济系合编的《商业经济教学参考资料》就是在这一条发展路径上形成的成果。整体而言，第一条发展路径形成的成果偏理论，更偏向于"拿来主义"，主要是介绍有关苏联商业经济组织、技术和政策的内容。后一条发展路径的成果则根植于中国商业经济实践，实践性强但理论性相对较弱，是本土化的"商业经济政策与实践"。[①]

一些曾经设置商业经济或贸易经济专业的高校，选择了彻底转向西方经济学。例如，原杭州商学院在 20 世纪末将贸易经济和价格学两个带有传统体制色彩的专业合并为经济学专业，实现了与西方经济学的接轨，只是在培养方案里保留了现代商贸流通方向相关课程。相比之下，前文提到的中国人民大学目前的研究生专业名称更加本土化。

就当前而言，马克思主义经济学仍然是贸易经济或流通经济的理论基础，但消费经济学、产业经济学、市场营销学等西方经济管理等领域的知识点已经深度融入其中。客观而言，在马克思主义经济学和西方经济学之间"摇摆"的贸易经济或流通经济，必须处理好在秉承马克思主义经济的前提下，尽可能与西方主流经济学接轨的问题。与此同时，也要思考根植于我国传统的商业文化和历史，根植于我国社会主义市场经济体系的商业实践，如何更好地实现本土化。学界的有识之士（荆林波，2021）认识到了流通经济研究领域面临的这个挑战，呼吁同行付诸实践，尽快改变流通经济教学研究的不利局面。

二、商学教育的国际经验

为了更好地梳理商学教育的规律和趋势，我们先来关注权威组织制定

---

① 姜德波（1996）曾详细介绍中华人民共和国成立初期商业经济学的建设之路。

的有关商学教育的国际标准。

我们注意到，《国际教育标准分类法》的旧版本中，商学是与经营管理并列的（Commercial and Business Administration）。这意味着企业对内的经营管理和对外的商品买卖是高度相近、同等重要的，且是并列关系。

然而，在 2011 年出版的《国际教育标准分类法》中，commercial 一词消失，business 和 administration 成为并列关系。按照新标准，商学成为"经营与管理"的一部分（见表 2-4）。换言之，制造业企业与上游供应商、下游客户之间的原材料采购、产成品销售是从属于企业经营的，批发零售企业的商品买卖可以看作是这类企业的全部经营活动。

表 2-4 《国际教育标准分类法（2011）》

business and administration	经营与管理
retailing, marketing, sales, public relations, real estate; finance, banking, insurance, investment analysis; accounting, auditing, bookkeeping; management, public administration, institutional administration, personnel administration; secretarial and office work	零售、市场营销、销售、公共关系、房地产；投融资、银行、保险、投资分析；会计、审计、簿记；管理、公共管理、机构管理、人事管理；秘书及办公室工作

在这份旨在对由课程及资格证书所界定的教育活动进行分类的国际教育标准中，能与本书定义的"新商经"对接的只有零售、销售与营销三类。在美国大学的专业里，其实也没有与此相对应的专业，仅在商学院的一些专业中设置有电子商务、零售、供应链管理等相关的课程。

加拿大、澳大利亚、新西兰、爱尔兰、中国澳门等国家和地区的高校设置有商学士（Bachelor of Commerce），但与它对应的专业基本上包括会计、银行、财务、商务分析、商务信息系统等专业。加拿大的著名学府英属哥伦比亚大学（UBC）在研究生院设置了商务与经营管理系（Faculty of Commercial and Business Administration），培养会计、金融、管理科学、市场营销、组织行为、战略与管理经济学、交通与物流等方向的研究生。加拿大的道格拉斯学院（Douglas College）也有商务与经营管理系。澳门科技大学的商学士要修的课程包括：管理导论、微观经济学、宏观经济学、商业伦理与企业社会责任、财务会计、管理会计、财务学、组织行为学、商业传意①、商务统计、市场营销、品牌管理、供应链管理、消费者行为、电子商务、销售管理等，类似于国内的工商管理或企业管理专业。

日本的高等教育中有专门的商业类大学。例如，创建于1965年的流通经济大学（Ryutsu Keizai University），其办学目标是解决大生产和大消费时代下的分销和物流（Distribution and Logistics）问题。②尽管日文用的是"流通经济大学"，但其本质是基于经济视角研究商品分销、配送的大学。

通过以上分析，大致可以得出这样一个结论：我们现在所讨论的所谓新型商业经济的专业教育问题，基本上属于一个极具中国特色的问题，较难与国外教育体系相对接。当然，英国、美国、澳大利亚等国的大学对零售、分销、电子商务、供应链等议题的课程设置和学术研究可以为本书的研究提供一些参考和借鉴。

第三节　来自我国近代"商学"教育史的启示

从教育史的角度看，我国的商学教育是近代才有的事（刘秀生，1994）。其基本历史背景是1840年的鸦片战争，《南京条约》等一系列不平等条约签订后，上海、广州、福州、厦门、宁波等通商口岸被迫打开，大量洋货开始进入国内市场。彼时，政界开明人士对富国养民道路的探

---

① 这是指向学生讲授商业信函和报告中（口语和书写）的理论和实践的一门课程。
② 在该校网站的介绍中，与英文版中 distribution 对应的日文词语和中文词语均为"流通"二字。

索，商界先达对开设通商院、传播商智的渴求，共同推动了我国近代的商学教育。历史学者杨艳萍博士的《近代中国商学兴起研究》曾对我国商学的产生、历史演进进行了系统、详尽的梳理。本书在此基于该著作中的内容对相关的重要节点进行简单回顾。

1896 年，清朝在筹备京师大学堂时，最初计划所设十科中就包括商学科，其与天文、地学、文学、农学、医学等并列。铁路、轮船、电报等与商业贸易密切相关的新生事物被列入商学科的课程范畴。1902 年的《钦定京师大学堂章程》中规定，大学分七科，其中商务科的细目有六个：簿记学、产业制造学、商业语言学、商法学、商业史学和商业地理学。

在学界酝酿商务学科的同时，清政府在机构设置上也有相应的创新。1903 年 9 月 7 日，清政府专门成立了掌管通商及运输等事务的部门——商部①。商部置尚书、侍郎、左右丞、参议等官，分保惠、平均、通艺、会计四司，奕劻亲王的长子载振任商部尚书。

1904 年公布的《奏定学堂章程》（也称癸卯学制）中规定，商科大学设 3 门：银行和保险学门、贸易和贩运学门、关税学门。其中，"贸易和贩运学门"基本上等同于当下的贸易经济专业，其主修课程包括商业学、商业地理、商业历史、各国商法及比较、商业政策、各国度量衡制度、商业理财学等关键核心课程，以及贸易业要义、商业实事演习、铁路贩运业要义、船舶贩运业要义、关税论、铁路章程、船舶章程、邮政电信章程等核心课程。②

民国初年的《大学令》规定了文、理、农、工、商、医、法七大学

---

① 我们注意到，美国商务与劳工部（the US Department of Commerce and Labor）也是 1903 年成立，只是比清朝的商部早半年多（2 月 14 日）。1913 年 3 月 4 日，劳工部单立，美国商务与劳工部正式更名为商务部。

② 从《奏定学堂章程》看，贸易和贩运学门属于广义的商科，而这一学门的核心课程又是商业类和运输类课程，商业与贸易两个词语基本可以互换。

科①。商科又细分为银行学、保险学、外国贸易学、领事学、税关仓库学和交通学六门。商科的课程除了经济学理论课程外，主要是商业学理论课程（如商业经济学、商业通论、商品学、商业地理、商业历史、商业政策、商业簿记学等通用课程，以及运输、贸易关税、银行学、保险学等与现代商业相关的新兴分支学科）、法律类课程、外语类课程。

1917 年，北京大学法科本科分为法律、政治、经济、商业四门，其中商业学科的课程设置为：第一学年，经济学总论、商业史、经济地理、商品学、簿记学等；第二学年，经济史、会计学、统计学、货币论、公司理财论、国际公法等；第三学年，商业政策、工业政策、近世商业组织、银行及国际金融、交易所论、水运论、中国通商史及通商条约、商法等；第四学年，保险学、铁路经济、社会政策等。从课程设置可以看出，此时的商业学门已经涵盖国内商业和对外贸易，尤其关注对外贸易。

通过以上对中国近代商学教育简史的梳理可以看出，近代教育体系中的商学、商科都是把商号作为研究对象，并关注为货物运转服务的运输、银行、保险等行业。教育史中成体系的商学，主要聚焦于洋货进入国内市场和国货走向全球。这一点虽然与中国古代文化中的"商"字含义有所不同，但都是以"商"统领内外贸，并由此确定了商学教育的学科地位。值得注意的是，《大学令》中出现过一次"贸易"二字。由于彼时马克思主义尚未传入中国，所以这一时期的"商学"体系中并无"流通"二字，但会涉及与货物运输相关的铁路海运、与信息传递相关的电报等课程内容。

---

① 经济学在法科，以经济理论为主，涵盖农业、工业、商业、交通等社会经济部门。

第四节　为何要回归"商"

在我国当下的商学教育中，"商业经济"一词由于更多地被认为是不合时宜的部门经济，已经被内涵更广的"贸易经济"和"流通经济"两个概念所替代。然而，正如以上分析中所看到的，造成这种局面的原因包含两个方面：一方面，学界过多关注了 1949~1993 年的政府机构设置，并主要参照了马克思主义经济学的研究逻辑。这一观点没有用更长远的眼光审视中国经济史中的商业发展及其演进，以及与之相关的诸多深邃思想。另一方面，当前作为官方和众多学者所偏爱的"流通"一词带有极其浓厚的马克思主义经济学色彩，在与欧美市场经济国家的经济学进行交流、沟通时，面临研究范式的迥异和沟通的困难。另外，"贸易经济"一词的使用，似乎更多地被限制在大学本科教育的范畴内，对行业决策者和从业者影响甚微。①

当然，商学教育领域仍在一定范围内使用"商业"这一概念。例如，中国人民大学在 2012 年将其在研究生专业中自主设立的"流通经济学"专业更名为"商业经济学"专业。作为国内财经类大学实力最强的高校和商业经济研究的引领者，中国人民大学的这一做法令人刮目相看。另外，我们注意到，本领域的两个全国性学术组织——中国商业经济学会（The Commerce Economy Association of China）和中国商业史学会（Society of Chinese Commercial History）均一直使用"商业"即 commerce 之名。中国商业经济学会于 1982 年经中央书记处批准正式成立，中国商业史学会于 1985

---

① 21 世纪初，随着我国加入世贸组织，流通领域开始主张内外贸一体化，生产企业和商业企业的业务不再有严格的内外贸之分。

年成立，两者均为国家一级学会。从某种意义上讲，以上事实的客观存在是促使本书坚持回归"商"字的一个缘由。

本书认为，我国的商学教育在坚持马克思主义经济学基本原理的前提下，一方面，应当坚守我国的商业历史、商学传统、商业文化和商业文明之根基，着力打造具有鲜明中国特色的商学教育，坚守"商"字，突出中国经济文化的历史传承；另一方面，应当顺应数字经济、绿色科技等时代潮流，主动汲取西方主流经济学中的有益成分，与时俱进，构建新商经理论体系。

正如前文所言，在学术概念的确定上，本书倾向于回归"商"字，把"新商经"作为新时代的"商学"。这样做主要是基于两个方面的原因：一方面，我国拥有深厚的商业文化、商业历史、商业传统，"商"字可以理解为"商务""商品""商人"等多重含义，可以指代国民经济组成部分的"商业"——批发业与零售业①，并与西方经济学分支"产业经济学"中的"产业"之概念相衔接，与行业主管部门——商务部相呼应，同时也顺应了互联网时代基于网络的电子商务发展潮流。相比之下，"贸"字不具备此功能。因为贸易偏重于描述交易的形式或方式，很难指代一个行业，且经济类专业设置中已经存在国际经济与贸易专业，行业主管部门的名称也已经形成，内贸和外贸最终统一于"商务"二字。②另一方面，"流通"一词在教育史上根基不厚，现实中定义不甚严谨，容易被表面化和泛化，也容易与资金流通或货币流通相混淆③，弱化了商品市场的关键环节——买卖交易行为，且在年青一代学者中影响力有限，难以与西方主流

---

① 如果按照西方经济学的供求模型，所谓的批发与零售似乎没有必要区分，因为成交价格与数量之间的关系由需求定律、供给定律、需求弹性、供给弹性等共同作用。另外，不同的商品因使用周期、单品价值的不同，其批发和零售的分界线也不尽相同。

② 目前，我国商品流通领域的全国性组织是中国商业联合会。

③ 即使撤开货币以及土地、劳动力等生产要素，商业经济也不应该把广义"流通"中的物流、供应链管理等纳入，因为它们属于管理学科，且已经有独立的专业；铁路、港口、码头、机场等属于整个社会的基础设施，更不应成为商业经济的专业范畴。

经济学进行学术交流。另外，英文中的 circulation 一词是医学及其他学科的专业术语，如果经济学科继续使用"流通"一词不仅识别度不高，而且还会弱化其社会科学的特点。①

对于隶属于经济学科的产业经济学而言，那些源自"商业经济"的高校即使不能改回原名，也应坚持自己的行业属性。② 因此，在兼顾本土化与国际化的背景下，用"商业经济"替代"贸易经济"和"流通经济"，不仅可以减少研究中的术语混乱现象，重新凝练研究重点，推动核心理论模块的发展，提升本领域的学术影响，也可以避免高校本科、研究生两个层次的专业、方向名称相互"打架"，让"商业"这一传统名词在现代市场经济和数字技术时代重新绽放光彩。

新时代的"商学"或"新商经"，既是构建中国特色现代市场经济理论体系的应有之义，也是数字经济与传统商业融合发展的时代要求。一方面，"新商经"应坚持原有的研究领域，以媒介、组织商品交易的市场主体为原点，聚焦消费市场不同经济主体之间的交易行为，挖掘消费品市场和居民服务市场的运行规律，在实体商业、商业文化、商业史等方面深耕细作。另一方面，"新商经"应以推动新商业的健康发展为己任，紧扣互联网经济下的零售新业态、平台经济与反垄断、消费市场政府规制、绿色供应链等新领域，研究新问题，为新商业的发展夯实理论基础，为行业主管部门和市场监管部门制定政策出谋划策。

以这种理念作为定位，商学体系培育出来的专业人才不仅需要掌握现代经济学、管理学、法学知识体系，对互联网、大数据、区块链、元宇宙

---

① 例如，英文杂志 *Circulation Research* 以及 *Circulation* 是心血管类（Cardiac and Cardiovascular Systems）的两本著名国际期刊，血液循环是其研究的重点。

② 从表 2-2 中我们也可以看出，原内贸系统（即商、粮、供）的高校，在合并、调整潮中，其更名有一定的规律。原粮食系统、供销系统的高校和商业系统的部分高校基本上更名为某某财经大学，目前仅留下三所"工商大学"和两所"商业大学"。另外，类似长江商学院、中欧国际工商学院、上海商学院、贵州商学院、郑州商学院等新生代大学均为企业管理类学校，定位于微观的 business，而非中观的 commerce。

等数字技术有所了解，还需要熟悉数字经济时代商业组织所面临的政策环境，年轻消费者的心理、行为等情况。

本书认为，广义的商业首先是指一个产业，属于中观领域的研究范畴。其次，从商品交易的地域特征看，商业应涵盖内贸和外贸。由于国内一般习惯上把涉及跨境（国境或关境）的货物交易或服务提供称为国际贸易或对外贸易，国内高校已经有单独的国际经济与贸易专业，所以，本书认为适宜继续沿用"商业"一词，其研究对象应聚焦于国内产品在国内市场的交易活动。另外，管理学类设置有培养企业运营、营销、人力资源、会计、财务、物流等专业人才的一系列专业，甚至有零售企业管理专业。因此，把商业经济与以上这些专业区别开来，既符合学界现状，也有利于学术研究的开展。本书认为，新形势下的商学教育，应该关注国内市场的消费端，从现代商业体系出发，专注于消费市场运行、商业领域的产业发展、消费市场监管等重要议题，在商业专业人才培养体系的构建中秉承传统，实现错位发展。

第三章 商经理论溯源与演进

第一节　马恩经典中的流通理论

一、马克思主义流通理论的基本范畴

（一）流通概念

流通概念的理论渊源是马克思主义经济学。如果脱离了这个理论基础，就无法得出流通的科学定义。尽管马克思所处的时代距今已有一两百年之久，经济社会已发生了巨大的变迁——社会结构要素大幅提升，科学技术飞速发展，社会矛盾空前复杂，但其所处时代的社会与我们当前时代的社会本质上并无太大差别，有的也只是层次和程度上的差异。只要存在资本运作的地方，马克思主义经济学就会起作用。因此，其原理依然对当今世界发展具有指导意义，具有普遍性和超越性。

马克思主义流通理论研究则是马克思主义经济学在流通领域的深入，《资本论》为这一理论提供了巨大的思想宝库。马克思在力图揭示社会再生产的一般原理和规律的过程中，形成了独特的流通理论，蕴含着分析流通问题的丰富方法论。任何基于分工的社会化大生产都是由两个并列的经济过程组成的，是社会产品生产过程和交换过程的统一。正如凯恩斯所说："生产和交换是两种不同的职能……这两种职能在每一瞬间都互相制约，并且相互影响，以致它们可以叫作经济曲线的横坐标和纵坐标。①"在马克思看来，商品流通是从总体上看的商品交换，"流通本身只是交换的一定要素，或者也是从交换总体上看的交换"。进一步地，流通是以货币为媒介的交换过程，是"以货币的存在为前提的②"，是交换过程"连续进行的……整体③"。

在商品经济条件下，生产者所创造出来的物质产品进入到流通领域，以商品的形式融入到社会交换的过程，经历着从商品到货币（W—G，商品的第一形态变化或卖）和从货币复归为商品（G—W，商品的第二形态变化或买）两个相互对立、互为补充的商品形态变化。这就是马克思所描述的由"两个相反的运动阶段组成一个循环：商品形式，商品形式的抛弃，商品形式的复归④"。在这个过程中，一种商品的形态变化，不可避免地与另一种商品的形态变化交织在一起。"每个商品的形态变化系列所形成的循环，同其他商品的循环不可分割地交错在一起。这全部过程就表现为商品流通。"⑤ 具体来说，一种商品的第一或第二形态变化与另一种商品相反方向的局部形态变化彼此发生联系。在现实商业活动中则表现为，一个人的买（或卖）对应的就是另一个人的卖（或买）。市场上由这些在"时间"上继起和"空间"上并存的众多商品形态变化所组成的循环即形成了商品流通全局。"如果单个商品的形态变化全程不仅表现为一个无始

---

① 马克思恩格斯选集：第3卷（第2版）[M]．北京：人民出版社，1995：489.
② 马克思恩格斯全集：第36卷（第1版）[M]．北京：人民出版社，1975：195.
③ 马克思恩格斯全集：第31卷（第2版）[M]．北京：人民出版社，1998：445.
④ 资本论：第1卷（第2版）[M]．北京：人民出版社，2004：133.
⑤ 资本论：第1卷（第2版）[M]．北京：人民出版社，2004：133-134.

无终的形态变化锁链的一个环节，而且表现为许多个这样的锁链的一个环节"，那么，商品流通即为马克思所形容的"无数不同地点不断结束又不断重新开始的这种运动的无限错综的一团锁链①"。因此，马克思分析流通是从交换开始的，随着交换的扩大，商品经济的出现使得在简单商品流通之外出现了货币流通和资本流通，进而演化出发达商品流通形式即商业。

贯穿于马克思主义经济学的流通概念至少涵盖三个层次的流通，即商品流通、货币流通以及资本流通。马克思所说的商品流通即是先卖后买的简单商品流通。描述的是一种以货币为中介，同一货币两次换位，换位前后货币质量不变且分属不同所有者，起点和终点都是商品的运动过程。马克思将其抽象为 W—G—W，他认为："从物质内容来说，这个运动是 W—W，是商品换商品，是社会劳动的物质变换。这种物质变换的结果一经达到，过程本身也就结束。②"货币流通也不过只是商品流通的另一种表现形式，伴随着商品流通的产生（或结束）而产生（或结束）——"商品流通直接赋予货币的运动形式，就是货币不断地离开起点，就是货币从一个商品占有者手里转到另一个商品占有者手里③"。在商品流通中，"商品的第一形态变化表现出来的不仅是货币的运动，而且是商品本身的运动；而商品的第二形态变化表现出来的只是货币的运动④"。因此，货币运动的单方面形式实质上是来源于商品运动的两方面形式。资本流通则是与发达商品流通形式相联系，以货币作为起点和终点，商品为中介，同一商品两次换位的运动过程，可以用资本流通公式 G—W—G' 来表示。运动的目的与简单商品流通不同的是，当事人购买商品不是为了满足自己的消费，预付一定的货币是为了获取更多的货币，即为卖而买。正如马克思指出："这个 G—W—G'，作为商人资本的具有特征的运动，不同于 W—G—W，

---

① 马克思恩格斯全集：第 31 卷（第 2 版）[M]. 北京：人民出版社，1998：488.
② 资本论：第 1 卷（第 2 版）[M]. 北京：人民出版社，2004：127.
③④ 资本论：第 1 卷（第 2 版）[M]. 北京：人民出版社，2004：137.

即生产者本身之间的商品贸易。①"这意味着随着商业资本性质的出现，发达商品流通形式不再只涉及生产者和消费者二者之间直接的经济利益，而是反映其中有流通当事人——商人介入后的间接利益。同时，商业从生产中分离出来后，产生了 $\Delta G = G' - G$ 的商业利润，人与人之间的经济关系在这样一种商品货币关系的背景下变得更加复杂。

（二）流通时间

按照马克思所述，"资本是按照时间顺序通过生产领域和流通领域两个阶段完成运动的②"，生产时间和流通时间之和即为资本完成循环的全部时间。因此，商品流通时间即为商品在流通领域所停留的时间。它包括"商品转化为货币所需要的时间和货币转化为商品所需要的时间③"，分别对应的是商品购进时间和出售时间。其总体上涵盖商品从生产领域进入到流通领域，在最终进入到消费领域之前，耗费在仓储、保管、运输、配送等一系列流通活动中的时间。由于商品转化为货币是"资本形态变化的最困难的部分，因此，在通常情况下，也占流通时间较大的部分④"，可以说商品出售时间是流通时间中"相对地说最有决定意义的部分⑤"。在此期间，商品由商品经营者（一般是批发商和零售商）从生产者手中转卖到消费者手中，一般来说"商品的惊险的跳跃⑥"完成得越顺利，出售时间的占比则越小，从而在更大程度上节约商品在流通领域停留的时间。

在马克思所处的时代，他认为，"商品的销售市场和生产地点之间的距离，是使出售时间，从而导致整个周转时间产生差别的一个经常性的原因⑦"，随着生产力的发展，"交通运输工具的发展会缩短一定量商品的流

---

① 马克思恩格斯全集：第46卷（第2版）[M]. 北京：人民出版社，2003：364.
② 资本论：第2卷（第2版）[M]. 北京：人民出版社，2004：138.
③④ 资本论：第2卷（第2版）[M]. 北京：人民出版社，2004：143.
⑤ 资本论：第2卷（第2版）[M]. 北京：人民出版社，2004：276.
⑥ 资本论：第1卷（第2版）[M]. 北京：人民出版社，2004：127.
⑦ 资本论：第2卷（第2版）[M]. 北京：人民出版社，2004：277.

通时间①"。在如今以买方市场为主的经济条件下，市场需求、商品价格、商品的购买条件和销售条件、买卖双方的相互影响、产品质量、消费者心理状况、信息传播状况等都成为影响流通时间的经济因素。

从社会再生产的角度看，"流通时间和生产时间是相互排斥的②"，商品流通时间的节约将有利于资本的价值增值，缩短流通时间可以减少资本周转时间并提高资本周转的频率。马克思将其进一步解读为"流通时间的延长和缩短，对于生产时间的缩短或延长，或者说，对于一定量资本作为生产资本执行职能的规模的缩小或扩大，起了一种消极限制的作用③"，这意味着"流通时间越等于零或近于零，资本的职能就越大，资本的生产效率就越高，它的自行增殖就越大④"。因此，在充分发挥流通职能的前提下，削减不必要的流通环节，减少不必要的流通时间将使产业资本循环与周转中的价值创造和增值最大化（晏维龙，2009）。

时间价值在现代社会当中体现得越发明显，从某种意义上来说，商品流通最重要的生产力资源之一即为时间资源（徐从才，2012）。这是因为完成任何一种商品的流通过程，都需要耗费一定的时间或劳动时间，甚至时间量在特定条件下对某些商品流通过程的资源配置情况起决定性作用。例如，在农产品流通过程中，农产品的易腐性决定了其价值与其在流通领域停留的时间成反比。由于时间在某种维度上具有劳动量尺度的职能，产品被生产出来后，耗费在仓储、保管、运输、配送过程的流通时间越长，在其他影响周转的条件都相同的情况下，商品周转的效率就越低。在实践中，重复、对流和迂回运输等增加流通环节的做法，都会导致流通时间的延长。因此，随着经济社会的发展，生产力也不断提高，这些都对减少流通环节、缩短不必要的流通时间提出了更高的要求。

---

① 资本论：第2卷（第2版）[M].北京：人民出版社，2004：279.
② 资本论：第2卷（第2版）[M].北京：人民出版社，2004：141.
③④ 资本论：第2卷（第2版）[M].北京：人民出版社，2004：142.

（三）流通费用（生产性流通费用和纯粹流通费用）

在商品经济条件下，流通部门为顺利开展商品购销活动，必然会占用和耗费一定的物力、财力和人力等社会经济资源。从一般规定性而言，流通费用即为流通领域内所耗费的活劳动和物化劳动的货币表现。根据马克思主义流通理论，流通费用可以划分为与商品和使用价值本身运动有关的生产性流通费用和由商品价值形式变化而引起的那部分纯粹流通费用。

马克思在《资本论：第2卷》"流通费用"一章，在纯粹流通费用之外划分了保管费用和运输费用。生产性流通费用"可以产生于生产过程，这种生产过程只是在流通中继续进行，因此，它的生产性质只是被流通的形式掩盖起来了①"，因此，保管费用和运输费用是生产费用在流通领域的追加，其劳动是生产性劳动。其中，保管费用是由商品储备而引发的费用。马克思认为，"在产品作为商品资本存在或停留在市场上时，也就是，在产品处在它从中出来的生产过程和它进入的消费过程之间的间隔时间，产品形成商品储备"，这一过程不仅对库房、货架等物质资料提出要求，还需要耗费一定的活劳动。保管费用源于对使用价值的保管，能在一定程度上追加商品价值。商品在流通中的保管不形成使用价值却使"它的减少受到了限制②"，新加入的劳动需要按比例分摊到商品价值中去，"因此使商品变贵③"。这正是马克思所说的"它们可以起创造价值的作用，成为他的商品出售价格的一种加价④"。所以，尽管从社会的观点来看，这一部分费用是"活劳动或对象化劳动的非生产耗费⑤"，属于生产上的"非生产费用⑥"，但由于储备形成的费用同时包含"维持储备所需的对象化劳动和活劳动⑦"，学者们过去通常将其归为流通费用中的生产性费用。此外，运

①④⑤　资本论：第2卷（第2版）［M］. 北京：人民出版社，2004：154.
②　资本论：第2卷（第2版）［M］. 北京：人民出版社，2004：157.
③⑥　资本论：第2卷（第2版）［M］. 北京：人民出版社，2004：156.
⑦　资本论：第2卷（第2版）［M］. 北京：人民出版社，2004：166.

输费用也是生产性流通费用的一种。马克思认为，"物品的使用价值只是在物品的消费中实现，而物品的消费可以使物品的位置变化成为必要，从而使运输业的追加生产过程成为必要[①]"，耗费在"商品在空间上的流通[②]"即商品运输上的那部分社会劳动即构成了运输费用。这一部分费用表现为"生产过程在流通过程内的继续，并且为了流通过程而继续[③]"。

纯粹流通费用是舍弃掉与商品使用价值有关的流通活动，单纯考察价值在货币和商品间相互形式转化的费用，具体包括用于买卖、簿记、货币上的费用。正如马克思所说："由价值的单纯形式变换，由观念地考察的流通产生的流通费用，不加入商品价值。就资本家来考察，耗费在这种费用上的资本部分，只是耗费在生产上的资本的一种扣除。"过去部分观点认为，这一结论随着第三产业发展和流通业在国民经济中的地位上升不再成立，但其实马克思对此有着非常严密的解释，他把买卖行为所耗费的劳动比作燃烧一种生热用的材料时花费的劳动，即"燃烧劳动"，其"虽然是燃烧过程的一个必要的因素，但并不生热[④]"，以此说明这类不创造价值的劳动和生产劳动相比，各有各的必要性（谢莉娟、王晓东，2021）。这种费用是商品流通发挥其职能的一个必要部分，"如果商品所有者不是资本家，而是独立的直接生产者，那么，买卖所费的时间，就是他们的劳动时间的一种扣除[⑤]"。由此可以看出，纯粹流通费用的存在是"社会财富中必须为流通过程牺牲的部分[⑥]"，可以由产业资本家作为流通当事人来承担，也可以转移给"由他们付酬的第三者的专业[⑦]"，这是由商品社会化大生产的分工性质所决定的。劳动时间除了耗费在实际的买卖时间上以外，还耗费在簿记和货币上。这都属于"劳动时间的非生产耗费[⑧]"，耗费的是

---

① 资本论：第 2 卷（第 2 版）[M]. 北京：人民出版社，2004：167-168.
②③ 资本论：第 2 卷（第 2 版）[M]. 北京：人民出版社，2004：170.
④⑤⑦ 资本论：第 2 卷（第 2 版）[M]. 北京：人民出版社，2004：147.
⑥ 资本论：第 2 卷（第 2 版）[M]. 北京：人民出版社，2004：153.
⑧ 资本论：第 2 卷（第 2 版）[M]. 北京：人民出版社，2004：152.

"固定在充当单纯的流通机器的形式上的社会劳动①"，具有"由单纯形式上的形态变化所产生的流通费用的一般性质②"。

二、马克思主义流通理论的分析方法

（一）辩证分析商品及其内在矛盾

商品是资本主义经济下的"细胞"，马克思研究资本主义经济首先从分析商品——"用来交换、能够满足某种需要的劳动产品③"开始。一方面，商品具有使用价值和价值这两个因素或二重属性，是价值实体和价值量的统一。另一方面，商品的使用价值与价值之间又存在着矛盾。对于商品生产者而言，他生产某种商品并不是为了取得这种商品的使用价值，而是为了取得它的价值；而要取得这种商品的价值，他就必须将商品的使用价值让渡给商品购买者。反过来说，商品的购买者要获得商品的使用价值，就必须支付商品的价值。在交换过程中，使用价值和价值进行着相反的运动。可见，正是因为存在着使用价值与价值的对立或矛盾，才产生了商品交换，由此形成社会再生产中的流通过程。与此同时，也只有通过交换，商品内在的使用价值与价值的矛盾才能得到解决。一旦交换失败，商品价值不能实现，使用价值不能进入消费，商品的内在矛盾就不能得到解决，商品生产者则会陷入困境。马克思在不止一处提到过："……是商品的惊险的跳跃。这个跳跃如果不成功，摔坏的不是商品，但一定是商品占有者。④"由此可见，流通环节的畅通是解决商品的使用价值和价值内在矛盾的关键。这要求生产者全面考虑购买者的消费需求，以生产适销对路的

---

① 资本论：第 2 卷（第 2 版）[M]. 北京：人民出版社，2004：153.
② 资本论：第 2 卷（第 2 版）[M]. 北京：人民出版社，2004：152.
③ 中国大百科全书·经济学（Ⅱ）[M]. 北京：中国大百科全书出版社，1988：779.
④ 资本论：第 1 卷（第 2 版）[M]. 北京：人民出版社，2004：127.

商品。

在此基础上，马克思进一步指出，商品的使用价值和价值的矛盾，实质上根源于私人劳动和社会劳动的矛盾——私人劳动和社会劳动的矛盾是商品经济的基本矛盾。马克思从商品的二重属性推出了劳动二重性。私人劳动想要实现向社会劳动的转化，必须撇开具体劳动的差异，转化为抽象劳动。商品进入市场并被市场所接受，对商品生产者来说，具有决定性的意义。因为这使私人劳动获得了社会承认，成为社会劳动的一部分。如果私人劳动的产品全部，或者部分不被市场所接受，那么商品生产者的劳动就不能或不能全部为社会所承认，商品的使用价值就不能让渡出去，私人劳动就无法转化为社会劳动，由此产生私人劳动和社会劳动的矛盾。如果出现这种情况，商品生产者的劳动耗费就得不到补偿，再生产过程就无法继续进行，商品生产者可能会因此而陷入困境。

（二）动态考察流通在社会再生产中的地位

在马克思主义流通理论中，流通在社会再生产中的地位是以社会再生产过程的四个环节及其相互关系为起点来讨论的。马克思把纷繁复杂的社会经济活动概括为社会再生产过程，由生产、分配、交换、消费四个环节或称四个要素构成。马克思流通理论为考察流通在社会再生产中的地位提供了动态视角——先从总体上明确了四个环节之间的关系，再以交换为重点，深入剖析了交换与生产、交换与分配、交换与消费的相互作用关系。马克思指出："一定的生产决定一定的消费、分配、交换和这些不同要素相互间的一定关系。当然，生产就其单方面形式来说也决定于其他要素。"这区别于过去的静态分析方法，这种方法不再孤立地研究四个要素或割裂社会再生产的内在联系，而是从社会再生产互为媒介的生产过程和流通过程来对流通的作用加以动态考察。在《1857—1858年经济学手稿》开头部分的"政治经济学批判导言"当中，马克思从历史和逻辑相结合的角度论述了商品流通的形成，并阐明了流通在社会再生产过程中的特殊地位。

可以说，商品流通与社会再生产的四个要素有着密不可分的关系。对于社会再生产过程中生产、分配、交换与消费这四个要素，马克思将其划分为相互制约并相互影响的生产过程与流通过程。其中，流通过程即为社会劳动产品由生产领域到消费领域的运动过程与实现过程的统一，是商品在生产者与消费者之间的社会性和经济性转移。每一次具体的交换活动是建立在社会分工之上，直接为了消费行为而进行的产品交换，其所反映的物质内容即是不同劳动产品或使用价值的位置变换，而流通实则是由许许多多具体的交换所联结成的连续集合，也是商品交换过程连续进行的整体。从这个意义上来说，商品流通就是从总体角度来看的交换。随着社会生产力的发展，经济活动衍生出了以交换为目的的商品生产，货币的出现使得交换不再表现为手持商品的生产者之间的物物交换，使商品流通成为以货币为媒介的商品交换活动。货币媒介将商品流通划分为两个互相对立、互为补充的商品形态变化过程：W—G 和 G—W，这两个阶段包含着商品在商品形态与货币形态之间的形态变换，在不同时间、不同地点发生的商品的这些形态变化所组成的循环将彼此交错为"在……的无限错综的一团锁链①"。

（三）从流通的一般规定性到流通的特殊规定性

马克思对流通的研究，实质上是对商品经济条件下流通一般的研究。《资本论：第2卷》在描述"社会总资本的再生产和流通部分"时提到："总括起来成为社会资本的各个单个资本的循环，也就是说，就社会资本的总体来考察的循环，不仅包括资本的流通，而且也包括一般的商品流通。②"

---

① 马克思恩格斯全集：第31卷（第2版）[M]. 北京：人民出版社，1998：488.

② 资本论：第2卷（第2版）[M]. 北京：人民出版社，2004：390.

可以看出，在马克思把流通作为研究社会经济运行的主线中，资本一般是流通一般中最重要的问题之一（徐从才，2012）。在资本的生产过程之外，马克思还重点阐释了资本从离开生产过程到它再次回到生产过程的整个时期的运动过程，即真正流通过程。当今学术界惯用的"流通经济"这一表达，作为一个特定研究领域，也就重点聚焦于全社会商品交换关系的大流通范畴或真正流通过程（谢莉娟、王晓东，2021）。马克思关于商品、劳动过程、价值增值、社会平均利润率、世界市场等观点的提出，在不同程度上反映了流通一般中的关键问题，具有"一般的抽象的规定，因此它们或多或少属于一切社会形式①"。我国著名经济学家孙冶方认为，流通一般即为社会化大生产条件下所采取的必然联系。只要有社会分工的存在，就会有商品交换，流通过程在社会化大生产中就必然会出现。因此，流通一般如同生产一般一样，是一个抽象概念。只有在研究某种特定社会形态中的具体流通形式之前，进行流通一般的理论抽象，才能把握流通的本质。从这个角度来讲，马克思主义经济学为流通理论提供了最为系统的一般性思考框架。

相对于流通一般而言，流通特殊是指流通在不同经济形式或不同社会形态下所表现出来的特殊形式，包括自然经济条件下的流通、商品经济条件下的流通、建立在私有制基础上的资本主义流通以及建立在公有制基础上的社会主义流通等。尽管马克思是在揭示资本主义生产和再生产内部相互依赖、相互制约的关系中，形成了独特的流通一般的理论，但将流通一般与流通特殊有机结合起来，有助于我们分析特定条件下的流通。作为一个独立的客观经济过程，流通能将社会经济的各个部门、各个区域、各个经济主体紧密联结起来，使得社会经济日益成为一个有机整体。马克思的流通理论可以在流通一般性的视域下，为不同社会经济条件下的流通特殊规定性实践提供理论指导。

---

① 马克思恩格斯全集：第46卷（第1版）[M]. 北京：人民出版社，1979：46.

三、马克思主义流通理论的贡献与意义

（一）揭示社会经济运动的客观规律

马克思批判地吸收了古典政治经济学家把社会再生产分为生产、分配、交换和消费四要素的方法，并把社会再生产的全过程分为互为媒介的生产过程和流通过程。在此基础上，马克思运用了动态分析的方法，以克服四要素分析法静态分析所带来的弊病，全面把握了社会再生产中生产、分配、交换、消费之间的相互关系及其实现形式，揭示了生产关系发展的历史性。总体来说，马克思主义流通理论的内核始终服务于其再生产理论、剩余价值理论等，为科学研究社会经济运动的客观规律奠定了最为坚实的基础。

首先，马克思主义经济学所体现出的最基本特征在于联系生产关系研究生产力，在生产力与生产关系的对立统一关系中把握经济的发展与制度的变迁。其次，研究生产的社会性是马克思主义经济学的出发点和归属点。但研究生产的社会性，即生产关系，决不是仅仅研究狭义的生产，广义的生产关系包括狭义的生产关系、交换关系、分配关系、消费关系。从《资本论》中可以看出，分析交换和流通能否实现是马克思主义经济学分析社会经济，特别是商品经济社会能否运行的基本方法。马克思主义经济学在揭示生产力与生产关系的相互关系原理的同时，从商品交换或商品流通的角度对商品经济进行了全面剖析。正是由于在资本主义条件下流通无法实现，才从根本上产生了对资本主义经济制度的质疑。因此，流通理论是马克思主义经济学分析社会经济运行的基本分析方法。

（二）提供研究流通问题的丰富的方法论

西方经济学中最早由古典政治经济学家托马斯·孟、亚当·斯密等对分工和交换问题进行了相关阐释，但自主流西方经济学转向市场均衡的一般性研究后，"流通"的概念逐渐被淡化和抽象，通常从交换的实现等实用性视角侧面反映流通问题，缺乏一定的系统性和理论高度。因此可以认为，马克思和恩格斯的商品流通理论恰恰为流通问题的研究提供了丰富的方法论。

西方欧美国家的学者很少关注专门研究商品流通的理论，是因为他们把更多的关注点放在了研究交换的双方，即供求。马克思主义流通理论则贡献了不同的研究视角，即研究生产和消费的中间环节——交换及其总体——流通。一方面，供求研究没有引入时空差异，仅针对的是数量和价格的问题。马克思主义流通理论不仅有数量和价格的问题，他还加上了时空差异性的"第三维"对交换问题进行深入研究。另一方面，供求研究是在市场均衡假定的基础上横向地研究交换关系，而马克思主义流通理论反映的则是所有的卖者、买者之间的相互关系，除横向关系外还涉及纵向的交易链关系。除此之外，交换的具体实现过程也在马克思主义流通理论中得以阐明。可以看出，西方经济学的有关理论和马克思主义流通理论是对交换问题不同角度的抽象，二者有一致性，但也存在差别。总体而言，马克思主义经济学提供了研究流通问题的丰富的方法论，涵盖流通问题研究的重要特征及方法。

（三）指导建设中国特色社会主义市场经济

随着商品经济或市场经济的确立，我国在 1978 年后进入到改革开放的新的历史发展阶段。在社会主义市场经济体制改革的进程中，计划体制下的产品调拨逐渐被商品流通所取代，在理论和实践上真正解决好流通领域的问题是建设中国特色社会主义市场经济的前提。这一过程离不开马克思主义流通理论的指导。

我国改革开放以来经济总量的倍增和经济发展速度的提升，无不以国内外市场的扩展亦即流通深度和广度的扩大为条件。流通就像是经济循环中的一根锁链，将社会再生产过程环环相扣地连接在一起。因此，流通作为社会化大生产中必不可少的环节，是保证整根链条正常运转的客观要素，也是维持经济活动得以正常开展和顺利循环的前提条件。

在不断推进市场化改革的进程中，"搞活"流通是建设现代流通体系、畅通国民经济循环和扩大内需的重要发力点。商品经济条件下，商品自由流通和自由竞争能够推动社会生产发展，促进商品价值的形成与实现。根据流通经济理论，作为流通运行的基础，价值规律衍生出商品等价交换、商品自愿让渡、商品自由竞争、商品供求自动趋于平衡等一系列市场规律，围绕这些规律所形成的以微观经济利益为基础的、开放的流通体制是构建社会主义市场经济体系的重要内容。这在西方经济学语境下体现出来的即为以价格为传导信号的市场机制的作用。在市场规律或市场机制的作用下，一切商品流通和市场经营主体的运行将只接受"竞争的强制"，在开放的市场环境中让市场交换自发地形成价格，打破一切人为的封锁与分割，允许各种经济成分或所有制类型的企业进入批发和零售领域共同参与竞争。

第二节　当代西方经济学对流通理论的抽象和扩展

一、主流西方经济学对流通理论的抽象与淡化

（一）古典政治经济学

当代西方经济学源自于古典政治经济学，而古典政治经济学正是始于

对流通的研究。17 世纪 20 年代初，英国经济学家托马斯·孟出版了《英国得自对外贸易的财富》一书，将流通视为"财富的源泉"，成为重商主义的代表。重商主义重视金银货币的积累，把金银看作财富的唯一形式，认为对外贸易是财富的真正源泉，只有通过出超才能获取更多的金银财富。因此，他主张在国家的支持下发展对外贸易。亚当·斯密是古典政治经济学的奠基人，他在《国民财富的性质和原因的研究》一书中，将生产与交换联系起来，指出社会分工可以提高劳动生产率，而生产分工的前提是交换，交换使各种专业化生产成为可能。在此基础上，斯密深入分析了分工与交换的内在规律和本质要求，并提出了劳动价值论，成为后来马克思主义政治经济学的主要来源。为了说明分工与交换的原理，斯密还提出了绝对比较优势理论，继斯密之后，大卫·李嘉图又提出了相对比较优势理论，为后来的国际贸易理论研究奠定了基础。

（二）新古典经济学

自古典微观经济学产生后，西方经济学理论开始脱离古典政治经济学的研究方向，而转向对市场均衡的一般性研究。流通的概念在西方经济学中逐渐淡化，不再作为一个单独的研究领域对该问题进行探讨。尤其是从 19 世纪 70 年代开始，随着西方经济学边际革命的兴起，新古典经济学脱离了古典政治经济学的基本轨道，开始转向一般生产均衡研究。新古典经济学的主要代表人物马歇尔在 1890 年出版的《经济学原理》一书中，以折衷主义的方式把供求论、生产费用论、边际效用论、边际生产力论等融合在一起，建立了一种以完全竞争为前提、以均衡价格论为核心的经济学体系。在此之后，流通不再作为一个单独的研究内容，不断被抽象和淡化，并且逐渐从西方主流经济学中消失。此后，无论马歇尔还是凯恩斯、萨缪尔森或者斯蒂格利茨，这些大师的著作中都很少提到"流通"一词，也不再有关于流通理论的专门论述。主流经济学的研究方法是导致流通理论缺失的关键原因。西方经济学假设—推理两阶段的公理性研究方法，决定了其理论研究基于对现实的抽象，而抽象难免会导致某些经济现象的剥离。为了分析市场对资源配置的有效性，新古典经济学假设生产者和消费者直接见面、市场完全竞争、供求自动均衡、市场自动出清，从而舍弃了客观上存在于两者之间的媒介要素——流通，这是理论研究的一个既定前提。基于这一前提，西方经济学理论只研究生产者行为和消费者行为，有系统的生产理论、消费理论、市场理论等，但始终没有专门的流通理论。

（三）国际贸易问题研究

新古典经济学关于市场自动实现均衡的理论假设在一个国家内还是有可能成立的，因为要素可以自由流动，市场机制可以自动调节资源的使用，使之达到优化配置。但是，如果扩大到国与国之间，由于要素不能自由流动，因此，供给与需求难以相互作用，流通或者贸易的问题也就凸显出来，成为经济学研究不可回避的一个问题。为此，西方学者在西方经济学中专门构建了一个分支国际经济学，将有关国际贸易的问题集中放到国际经济学中进行研究。国际经济学的体系继承和发展了古典政治经济学有关分工和交换的原理，阐述了流通在国际经济关系中的本质及内在规律。从传统贸易理论的绝对比较优势、相对比较优势和要素禀赋学说，到新贸易理论的规模经济、知识外溢和"干中学"学说，都试图从理论上说明流通或贸易对经济增长的作用机理。实际上，这些理论不仅适用于国与国之间的贸易，而且也适用于一个国家不同地区间的贸易，从中可以总结出流通和贸易的一般规律。西方学者对流通问题的研究主要集中在国际贸易方面，从古典经济学到现代经济学，国际贸易始终是论述的主要对象之一。

二、非主流西方经济学对流通理论的补充与扩展

（一）新制度经济学

新制度经济学将市场与企业均视为一种制度，并将交易费用作为这两种制度相互替代的原因。因此，新制度经济学的核心理论就是交易费用理论。交易费用理论研究社会交易过程，从制度安排的角度分析如何降低交易费用，从而增进社会福利，提高经济运行的效率。当然，这里的"交易"与我们理解的"流通"在含义上有很大的差异，但一般的交换和流通也包含在新制度经济学的交易之中，而交易费用理论同样也能在一定程度上对流通过程及其制度安排做出解释。

（二）新兴古典经济学

20 世纪 80 年代以后，以杨小凯为代表的一批经济学家，用非线性规划和其他非古典数学规划方法，将被新古典经济学遗弃的古典经济学中关于分工和专业化的精彩的经济思想变成了决策和均衡模型，掀起了一股用现代分析工具复活古典经济学的思潮。比如，他们以个人专业化水平的决策以及均衡分工水平的演进为基础，重新阐述了斯密的分工理论及其对国际贸易原因的论述。他们的研究旨在重新科学地寻求经济增长的微观机制，以建立起宏观经济增长的微观模型；他们将经济学定义为"研究经济活动中的各种两难冲突的学问"，其主要任务是对技术与经济组织的互动关系及其演进过程进行研究。杨小凯等人提出的新学说得到了越来越广泛的认可，逐渐形成一个新的经济学流派，这个流派被称为新兴古典经济学，以区别于新古典经济学。在新兴古典经济学中，分工与专业化重新被纳入经济学视野，而与之相关联的交换和流通也就成为新兴古典经济学研

究中的一项重要内容。在新兴古典经济学的理论框架中，交换的产生、贸易的形成、批发与零售的分工、流通渠道的演化等流通经济学中的一些重要问题都能以规范的形式进行阐述，这为流通理论的研究提供了新的分析工具和理论依据。

（三）区位理论与城市经济学

19 世纪 20 年代至 20 世纪初，农业区位理论和工业区位理论被相继提出，为城市的产生与发展提供了理论基础。在此之后，不少学者从贸易角度提出用中心区位理论来解释城市增长的原因，认为城市实际上起到的是一种中心市场的功能。相关理论假说不仅被广泛用于分析工业的聚集，而且也被用于对商业聚集的分析。这一理论把城市化与流通业的发展联系起来，为流通业在城市的聚集提供了理论依据。对于城市内部和城市间的商品流通，所谓"商圈"理论即成为流通经济学研究商业规模和布局的重要理论基础。

三、日本经济学界的流通理论研究

流通问题在日本学术界一直备受关注，有关流通理论的大量研究成果不断涌现。例如，林周二著的《流通革命：产品、路径及消费者》、石原武政和加藤司合著的《商品流通》、宫泽永光主编的《基本流通用语词典》等。这些研究成果对我们进行现代流通理论研究，特别是在社会主义市场经济条件下开展流通理论研究，具有很大的参考价值。同时，日本的有些大学还设置了与流通相关的专业，开设了有关流通的课程。日本的经济产业省还设有流通经济研究所，用以专门研究流通经济问题。

第三节　国内学者对商业经济理论的初步探索：
1980～1999 年

一、从"无流通论"到"有流通论"

作为一门专门研究商品流通过程中各种经济活动、经济关系及运动规律的学问，流通研究在中华人民共和国成立之初即作为政治经济学的一个分支领域而兴起。当时，关于社会主义与商品交换是否具有相容关系，即社会主义有无商品流通的问题，引发了政治经济学领域的重大争论。在对商品生产和价值规律大讨论的基础上，孙冶方率先提倡要重视流通过程的研究。他批判了现实存在的"无流通论"，较早揭示出这种认识实质上是自然经济观点，并强调应把资本主义带有破坏性的自发流通过程变为社会主义的自觉流通过程。

回顾中国市场经济的发展历程，学术界对于流通或流通业的认识依次经历了"流通无用论""流通依附论"到"流通一般"，再到"流通先导论""流通支柱论"和"流通基础论"的过程（黄国雄，2011），初步形成了当前基于中国特色社会主义市场经济的流通理论体系。在社会主义发展初期的计划经济体制下，计划调拨取代了市场上的商品自由交换，在这一市场仅发挥有限作用的背景下，"流通无用论"得到了一定的支持。"流通无用论"认为，在社会主义经济体制下，社会分工属于内部分工的范畴，因而并不需要商品流通作为经济运行的独立过程。这种观点在一定程度上是基于以小农经济为主的自然经济，脱离了社会经济发展水平而否定商品经济的发展，是一种混淆技术分工和社会分工的错误理论。

随着经济体制改革的深化，越来越多的学者开始意识到商品流通在社会主义经济运行和发展中的重要性，这是因为社会再生产过程是生产过程和流通过程的统一。目前理论界已充分认识到流通业同时具备基础性和先导性的双重功能定位，这与流通领域的两种属性的劳动相呼应。从"劳动的物质规定性"来看，商品流通过程对生产和消费起中介联系作用的劳动可以分为两类。一方面，流通领域的生产性劳动即生产在流通领域的延续，这部分劳动"在一定程度上加入商品价值，使商品变贵"，因而体现了流通业的基础产业特性；另一方面，纯粹流通劳动完成的则是其商业职能——媒介精确匹配生产和消费，从这一角度来说，流通处于社会再生产各环节的先导地位。

理论界早已指出了流通在经济社会发展和国民经济运行中的基础性、关键性作用。对于商业时代中流通产业的基础产业地位，不少学者提出了自己的观点。黄国雄（2005）最早从社会化、贡献率、就业比、关联度和不可替代性的角度分别论述了流通产业具有基础产业的全部特征。在当前构建新发展格局的新时代背景下，完善的现代流通体系是形成强大国内市场的必要前提，其在满足人民美好生活需要方面具有基础性作用。对于流通产业的先导性地位，也有不少学者提出了自己的观点。不少学者指出，流通产业作为沟通生产和消费的纽带，不仅承担商品价值实现的功能，还由于直接面对最终消费需求而起到了引导生产的作用，由此流通产业从社会经济运行中的末端行业跃升为先导性产业，基础性和先导性都是流通产业的功能定位。晏维龙（2009）曾提出，流通的先导性力量除了反映在其引导生产、消费以及经济运行的功能方面之外，还体现在分销渠道的控制权和主导权逐渐从上游的生产商向下游的流通商转移等方面。高铁生（2011）则认为，应在价格形成、价格校正和政策传递方面让流通先行。王晓东和谢莉娟（2020）通过研究流通业效率对制造业绩效的影响，提出流通产业对有效媒介供需匹配、调节上游生产以及反馈市场信息具有先导性作用。

2012 年，《国务院关于深化流通体制改革加快流通产业发展的意见》首次对流通产业的功能定位作出概括，将其明确界定为"基础性和先导性产业"。2014 年，《国务院办公厅关于促进内贸流通健康发展的若干意见》再次对流通产业的基础性和先导性作用进行了强调。2015 年，《国务院关于推进国内贸易流通现代化建设法治化营商环境的意见》进一步提到，流通领域对于国民经济的基础性支撑作用和先导性引领作用日益增强。由此流通产业在我国社会主义市场经济体系中的基本定性和重要地位得以明确。

二、社会主义制度下的商品流通规律

流通处于产业链的中间环节，分别连接着上游"生产"一端和下游"消费"一端，商品在流通领域依次经历不同层级的批发商业和零售商业从生产领域到达生活消费领域，生产力水平对流通所有制的决定作用顺着产业链条逐渐衰减，消费力状况对其的影响作用则逆向逐级弱化。这就意味着越靠近生产端的流通主体（如批发商业）的所有制形式受生产力水平决定的程度越高，上游批发商的所有制形式受到生产力发展水平作用的强度高于下游批发商，而越靠近终端消费者的流通主体（如零售商业）的所有制形式受消费力分布状况和发展水平影响的程度则越高。

一方面，对一切社会经济形态而言，作为生产关系的基础，生产资料的所有制形式取决于社会生产力的发展水平，这是生产关系要适应生产力规律所决定的客观必然。这一原理亦适用于流通领域，即流通所有制的决定要适合生产力的发展状况。我国在很长一段时期内，社会生产力发展水平呈现出不充分、不平衡等特点，多种所有制形式并存、多种经济成分共同发展是与多种生产力发展水平相对应的。曾经受"左"倾错误思想的影响，我国流通业的发展曾经一度忽略了先进生产力是公有制高级形态上层建筑建立的基础的客观要求，盲目地在低层次生产力水平时就超前国有化了相当一部分的流通企业，由于分散、落后的流通体系中并没有发达的生产力与之相适应，此时的国有经济形式就只能是一种"徒有虚名"的高级所有制形式，而生产关系的制约又会进一步阻碍生产力发展，这种不适配的所有制形式往往造成这些经济单位经常处于亏损状态。

另一方面，由于流通在社会再生产过程中处于衔接生产与消费的媒介环节，流通所有制形式还会受到一定消费需求形式的影响和制约。马克思在论述生产和消费的关系时强调，人类一天也不能停止生产，一天也不能停止消费，"没有需要，就没有生产，而消费则把需要再生产出来"。这里明确了消费在生产乃至经济增长中的拉动作用。基于对生产和消费之间同一性的认识，马克思提出了生产力的对等概念——消费力，即一定时期内消费者的消费能力，同时指出提高消费力是发展生产力的途径之一。他还指出："真正的经济……而是发展生产力，发展生产的能力，因而既是发展消费的能力，又是发展消费的资料。消费的能力是消费的条件，因而是消费的首要手段，而这种能力是一种个人才能的发展，一种生产力的发展。"因此，消费力是由作为消费者的人和作为消费资料的物结合而成的。作为生产领域与消费领域的"纽带"，流通渠道是将商品联结至消费者的直接载体。个人消费或家庭消费作为最基本的消费单位，其购买行为通常表现出少量多次购买的特征，对应的消费力也总是零散布局的，这就要求有灵活多样且小型分散的购销形式以满足消费者多层次、多元化和异质性的消费需求。消费力的这种状况使得接近最终消费领域的流通业，特别是与人们日常消费活动紧密联系的零售网点，大多呈现出小型、多样、分散等布局特点，以更好地为满足消费者的需要而服务。这样的商品流通形式往往适合低层次形式的集体商业或个体商业来经营。这种情况不但不会随着社会生产和商品经济的发展而减弱，反而会不断强化。

批发是发生在生产者之间、经营者之间或生产者与经营者之间的一种商业活动，不涉及满足最终消费者的直接生活消费需要，而是在满足生产消费需要、集散商品和媒介流通等方面发挥作用。批发商从上游生产厂商或其他经营者处采购生活消费品、生产资料等商品，再将其供应给再销售者（次级批发商或零售商）、生产者以及其他生产资料消费者。批发职能的发挥在很大程度上受到生产部门供给侧因素的制约，包括产品范围、地理分布、专业分工化程度和生产者的规模、结构等。因此，越是靠近生产领域的批发商业，其所有制形式越受到生产力状况的决定性影响。然而与商品生产者和批发商业相比，零售商业人员的劳动内容有着明显差别，其销售商品仅限于不得投入生产或转卖的消费品，并且销售对象是需求各异的最终消费者。这就使得零售商业总体来说更侧重于服务，是一个劳动密集型的"人性化"行业，零售商业人员不仅与各式各样的商品打交道，还直接服务于形形色色的消费者。相对于批发商业来说，个体经济、集体经济等所有制形式在零售领域的存在更为普遍也更有必要。因此，消费力方面的因素，包括消费群体的地理分布、需求的规模和结构、需求者的需求结构等，对零售环节所有制结构的影响较批发商业而言要大得多。总的来说，流通是为人民群众多样且多变的消费服务的，因而不同规模层次、多种购销功能并且灵活分散的流通形式为异质性需求的消费者所需要。这种服务于消费的商业变革和流通创新将随着社会生产的发展和消费能力的提升而进一步加强。因此，不同经济成分在流通中所占的比重往往是在响应不同经济发展阶段的消费需求结构而做出的动态调整。

三、关于流通体制改革若干重要问题的学术争鸣

（一）所有制结构

流通产业具有竞争性和公益性双重属性，国有流通企业在参与市场竞

争的同时还在不同程度上履行着自身的宏观职能。过去大多数从事流通经济研究的学者认为，国有企业应在多种经济成分并存的流通所有制结构中占主导地位。20世纪90年代初就有学者曾指出，大规模集散商品的批发环节及重要商品的流通规划中，应主要由国有商业或国有经济控股的股份制商业来承担。针对流通领域国有企业的社会目标与经济目标，不少学者从国有流通企业的宏观职能和微观效率双重维度针对这一命题加以讨论。李智（2012）认为，国有流通体系在区分自身的商业性功能和政策性功能的前提下，可以发挥在流通领域推进国家产业和市场政策、执行国家利益导向的作用。基于国有流通企业"超市发"的案例研究，王晓东等（2020）提出了"国有体制+民营机制"的流通效率实现模式，认为产权民营化对国有流通企业并非必须，良好的政企关系和优秀的国有企业家才是国有流通企业兼顾宏观职能和微观效率的关键。

（二）批发体系

零售是最古老的商业形式，但正如恩格斯所说："当贸易只限于零售交易的时候，贸易的形式是原始的、粗糙的。①"随着商品生产和交换关系的发展、商品流通规模和市场的空间地域的不断扩大，特别是远方市场出现以后，商品的生产与消费、供给与需求、买与卖的关系在时间和空间层面客观地发生了种种脱节或背离，这时就需要有专门的人来从事商品的长途贩运或转卖活动，于是从零售贸易中就逐渐分离出一个专门的商人群体，专门从事商品的批量交易，以此为媒介促成地区之间的商品交换，一批专门从事地区间转运贸易的独立批发商便应运而生。这就是说，商品生产的发展、贸易空间范围的扩大，直接推动了批发贸易的产生和发展，批发商和零售商的分工也就同时出现。批零分工乃是社会分工在商品流通领域的一种延续。

---

① 马克思恩格斯全集：第5卷（第1版）[M]．北京：人民出版社，1958：373．

关于"批发商业无用论"的争论始于 20 世纪初。20 世纪初的德国和美国、20 世纪 60 年代的日本，曾一度认为批发商业没有效率。而后，这些国家的现实经济发展却证明了批发商业的经济价值。20 世纪 80 年代末，在交易费用理论的基础上，有学者认为信息技术的发展和普及使交易方式从兼并或特定企业间合作等组织内部的交易方式向市场交易转变，交易费用在理论上可降低至最小范围内，生产者与消费者直接交易的流通路径最具经济合理性，批发商业最终将被挤出产业链。不少学者认为，批发商业增加了流通环节，并扩大了流通费用支出。由于批发商业投机性的存在，他们认为在现代商品流通中，批发商业的积极作用十分有限。此外，还有观点提出，厂商理论和零售商业的发展使批发商业失去了存在的意义。许多学者对此论点进行了批驳，提出批发商业不是衰退，反而是使其机能变得更加充实，总体上可以认为"批发商业无用论"在理论上是错误的，在实践上是有害的（马龙龙，2005）。批发商业的存在，实际上是商业内部分工深化的表现，虽然增加了流通环节，但却对降低流通费用有益，批发的职能无法被厂商和零售商业所完全取代。

（三）流通渠道

我国流通体制改革的方向是多种经济成分、多种经营方式、多条流通渠道、力求减少流通环节"三多一少"的流通体制。改革开放之初，就有不少学者强调指出"多条商品流通渠道"和"多种经济成分并存"各自不同的含义和要求，认为应注重多渠道流通局面的形成。纪宝成（1991）指出，商品流通渠道是商品向消费运动的载体，是商品在其形态交换中由生产领域进入消费领域的流通环节的组织序列，应协调各渠道经济利益，以实现流通环节的协调运转。改革开放以前，流通渠道曾多次被错误地单一化调整。历史进程中的两次"急于过渡"使得流通所有制结构中曾经仅留存国有商业独家经营的单一流通渠道，私有制商业的经营数量与规模被严加限制，导致我国商品流通体系一度经历了曲折发展。1978 年，党的十一届三中全会深刻总结了历史经验教训，社会主义市场经济的确立对流通体制改革提出了新的要求，多条并存的流通渠道相继回归市场并开始发挥其职能。

第四节　新世纪国内商业经济理论研究的新进展：2000 年至今

一、商业对外开放与内外贸研究融合

我国改革开放以来市场经济发展的重要特点之一是外资商业开始参与国内市场竞争。随着零售业从 1992 年试点开放到 2004 年全面开放，外资商业逐步加快了其进入中国市场的并购和扩张步伐，外资自此成为我国流通业中多种经济成分的重要组成部分。在《国务院关于商业零售领域利用外资问题的批复》的政策指导下，外资可获批以中外合资或合作经营的方式进入全国试点城市或经济特区的商业市场，由此揭开了我国零售业引入外资的序幕。随着中国成功加入 WTO 和商务部《外商投资商业领域管理办法》的出台，外商投资在企业和门店数量、股权比例、经营区域等方面的限制被逐步取消，外国资本大规模地通过绿地投资、参股、并购等方式进入中国流通业。仅 2005 年一年商务部新批准设立的外资零售企业就达187 家，是开放之前批准数量的 6 倍之多，而设立的外商投资商业企业则高达 1027 家，为 2004 年之前批准总数的 3.27 倍，也是在这一年有 40 家全球 50 强零售商在中国陆续登陆[①]。由于外资流通企业的大规模引入对国内市场结构产生了较大的影响，不少学者开始从外资进入和产业安全的角度探讨流通领域的竞争命题，认为地方政府的引资竞争助长了外资流通企业的"超国民待遇"，尤其是外资商业对缺乏竞争力的商品流通系统（如农村商品流通）易形成区域性垄断，从而对我国流通产业安全产生威胁。

随着外资在华投资的广度和深度的不断强化，国内流通市场的竞争日益白热化，外资进入会在某些业态上出现外资垄断的可能性，从而与本土流通企业形成非正常竞争，挤占当地市场份额并对社会福利产生负面影响。还有观点则指出，随着外资商业进入步伐的持续加快，对民族商业的发展构成了新的挑战，从而引发了对流通产业安全问题的思考。他们认为，流通业的竞争并不意味着不需要政府规制，并且流通产业安全的度量指标不能只局限于外资商业在华的总体市场份额，而要充分考虑各类指标的科学含义、外资商业在华分布的地域非均衡性以及外资商业的母国结构等其他微观层面的因素。

二、"互联网+"流通背景下的商业经济理论创新

进入 21 世纪之后，电子商务开始引起学术界的关注，特别是《财贸经济》较早地发表了两篇论文，引领了我国电子商务模式 B2B 和 B2C 的探讨（电子商务课题组，2000a，2000b）。随后，电子商务的研究成为一个热门话题，主要集中在电子商务发展、电子商务环境、电子商务模式、电子商务系统、电子商务平台、网络营销等方面。2010 年后，随着互联网平台的崛起和移动互联网的普及，我国电子商务进入加速发展时期。这一时期，网络零售、线上线下全渠道零售、数字化零售、新零售等一系列流通创新活动不断涌现，受到了大批学者的关注。"互联网+"一词在 2015

---

① 资料来源：联商网，www. linkshop. com/web/Article_News. apx？ ArticleId＝66874。

年"两会"中被写入国家战略。2015 年 5 月 15 日，商务部研究制定了《"互联网+流通"行动计划》，明确提出了力争在近两年内实现五个方面的目标、六个方面的重点任务，并且提出要利用互联网打通流通渠道，把上下游企业以及消费者紧密联系在一起，以提高整个产业链协同运作效率。

从近年来的相关研究主题可以看出，流通经济领域的学者们也开始从不同角度关注商业经济理论创新。例如：李飞（2013）最早引入并描述了"全渠道"零售，它是为了满足消费者购物、娱乐和社交的需求，采取有形店铺、无形店铺（电话购物、网店）和信息媒体（网站、社交媒体等）等渠道类型进行组合和整合销售的行为；李飞（2014）提出了全渠道营销的概念与方法，紧接着有文献开始对"全渠道"零售作实证研究，由于全渠道零售实践在 2012 年、2013 年左右才开始，目前国内外较多的文献还集中在研究多渠道、实证分析实体零售商引入线上渠道对绩效的影响等方面；刘向东等（2021）整合了营销视角和供应链管理视角对全渠道研究各自孤立的讨论，构建了一个综合性、多维度的全渠道零售系统概念框架。此外，学者们也开始尝试在流通理论研究中采用多层次的分析视角及分析方法，对互联网和数字化情境中的零售机制展开研究。

三、新时代统筹推进现代流通体系建设的政策思考

"十四五"规划中进一步将健全现代流通体系作为扩大内需、畅通国内大循环的重要发力点，由此市场流通体系的构建和完善就必须上升到我国新发展格局中战略任务的高度（王晓东、谢莉娟，2020）。继续深化商品流通体制改革仍然是我国社会主义市场经济体制改革的一项重要内容。

关于如何推进我国现代流通体系建设，黄国雄（2011）从建立与完善以市场机制为核心的流通产业运行机制、多层次的社会商品需求体系，以

城市市场为主体建立双向开拓的商品市场体系、城乡一体化的商品流通渠道，以横向流通为主要形式的商品批发体系等角度提出了相关建议。完善的现代流通体系是形成强大国内市场的必要前提，应充分发挥其在满足人民美好生活需要方面的基础性作用。王晓东和谢莉娟（2020）指出，市场流通体系应兼具"开放"和"可控"的双重特性，应正确处理好二者的关系。在不断推进市场化改革的进程中，"搞活"流通是建设现代流通体系、畅通国民经济循环和扩大内需的重要发力点。根据马克思主义流通理论，作为流通运行的基础，价值规律衍生出商品等价交换、商品自愿让渡、商品自由竞争、商品供求自动趋于平衡等一系列市场规律，围绕这些规律所形成的以微观经济利益为基础的、开放的流通体制是社会主义市场经济体系的重要内容。

第五节　当前商业经济研究的发展困境与根源

一、发展困境

正如本书在第二章中所描述的那样，商业经济或贸易经济、流通经济在发展中遇到了非常大的困境。例如，因根植于马克思主义经济学而难以与西方主流经济学对话交流，因有浓重的部门经济学色彩而难以解读广义商品市场的交易、运行等机理，囿于研究的历史传统而忽略了商品交易中的一些新问题，包括市场秩序、消费者行为、平台经济等。

（一）边缘化

中华人民共和国成立后的商业经济理论一方面来自"拿来主义"，将苏联的一套理论视为圭臬，另一方面聚焦商业政策，强调中国特色和实践性。这就导致商业经济理论的研究与英美流行的主流经济学关联度低，在当下的经济学生态中，商业经济理论研究被边缘化就难以避免。

荆林波（2021）指出，我国学术界对商业经济的研究长期以来都处于被动与摇摆的境地。国内贸易研究被国际贸易研究所"压制"，其根源在于我国的商业经济学研究缺乏独立的学科体系，没有一脉相承的知识体系，更无法与国际同行之间进行有效的学术交流。本领域的主题词至今没有统一，以"流通经济"为特色的国内研究无法与英美主流经济学接轨，如何以开放、包容的心态进行学术研究，与主流经济学前沿理论形成良性互动，按照学界公认的研究范式开展学术活动，是本领域学者必须重视的问题。

（二）滞后性

相较于数字商业时代蓬勃发展的市场实践而言，我国商贸流通经济研究存在一定的滞后性，缺乏对当下重大议题的现实解读。当前互联网与商业融合发展，电子商务、购物节、直播带货等新生事物方兴未艾，等待学界进行理论探索。消费者权益保护、商品市场质量监管、反垄断等交叉领域热点频仍，商业理论研究者应大有可为。

长期以来我国的流通研究缺乏对流通现实的掌握，学界与业界出现了隔阂。如果我们的研究人员不能躬身细问，流通研究和流通实践之间的滞后问题将难以解决。长此以往便无法提出对经济现实真正富有解释力的流通理论，对流通问题的研究也将陷入自说自话的尴尬境地。

（三）内卷倾向

回顾我国商贸流通研究的进程，特别是改革开放40多年的历程，可以看出我国商贸流通研究存在着比较明显的"内卷化"倾向（荆林波，

2021）。无论是从研究问题，还是从研究方法和研究贡献来说，对许多流通问题的研究仍停留在改革开放之初的水平。学术界不仅至今未对"贸易""流通""商业"等基本术语的内涵和外延达成共识，大量的理论研究还停留在解读马恩经典、论述资本主义初期的商品经济发展上，呈现出高度的内卷倾向。另外，我国商贸流通研究队伍面临后继无人的严峻局面，值得学界所有同人深思。

二、根源

（一）研究对象的口径存在分歧

尽管流通是一个基本的政治经济学概念，但过去的流通理论研究对它的理解一直存在分歧。马克思在不同层面上使用了流通一词，也是人们对其概念有不同注解的原因。这就使得从最基本的研究范式来说，商业经济的研究对象在口径上常常不一致，导致学术界缺乏统一的话语体系。

（二）学科发展和人才培养一度受创

20 世纪 50 年代，按照苏联模式，我国陆续在国内建立部门经济学，其中包括商业经济学。中国人民大学、北京商学院（现北京工商大学）、上海财经学院（现上海财经大学）、中南财经学院（现中南财经政法大学）等学校开设了商业经济学，出版了相关的教材。"文化大革命"期间，我国的商业经济学研究处于停滞状态。随着改革开放的推进，我国陆续引入了市场营销管理等课程，这对丰富我国的贸易经济研究产生了深远的影响，当然，有的学者认为这对商业经济学也产生了巨大的冲击。特别是，在 20 世纪 90 年代我国的学科调整中，商业经济学受到了压缩和合并，在教学体系中不再具有独立的地位。尽管部分院校经过争取保留了商业经济学科，但是商业经济学科整体面临萎缩的现实已经呈现。1993 年 3 月，根据第八届全国人民代表大会第一次会议批准的国务院机构改革方案，撤销物资部与商业部，组建国内贸易部。1998 年 3 月，根据第九届全国人民代表大会第一次会议批准的国务院机构改革方案，将煤炭工业部、机械工业部、冶金工业部、国内贸易部、轻工总会和纺织总会等 10 个原部级经济部门分别改组为国家局，交由国家经贸委管理。2001 年 2 月 19 日，时任国家经贸委主任盛华仁宣布，正式撤销国家经贸委管理的九个国家局。总之，商业经济学科的创立、撤并乃至恢复和主管部门的不断变动，给商贸研究带来了直接或间接的影响。

（三）缺乏理论体系和分析方法的融合创新

我国流通研究缺乏方法论，缺乏整体的研究框架、理论体系，没有构建起相对完整的学科体系，缺乏与主流经济学的对话学术体系，更缺乏话语体系。可以说，这是造成我国流通研究内卷化的根本原因。我们只能在产业经济学中寻找一些理论方法，做一些拼盘式的产业组织研究，或者在西方经济学中找一些理论框架，做一些碎片化的竞争垄断研究，或者从市场营销中找些术语，做一些叙述式的对比分析。没有厚重的理论根基，商贸流通的理论研究必将陷入"死胡同"。

第四章 新商经的经济学基础

按照第三章的分析思路，我们倾向于认为，需要英美主流的经典经济学理论作为学识营养的新来源，以助力商业经济学的创新发展。本章将综合归纳概括商业经济学创新发展的几大理论基础：产业组织理论、消费经济学、规制经济学与反垄断经济学、数字经济理论和共享经济理论，并在此基础上梳理这些经济学理论的相关概念、相关定义、流派思路、研究现状、最新研究进展，以推进商业经济理论新范式的形成。

第一节 产业组织理论

产业组织理论以企业理论、价格理论为基础，研究市场竞争、企业行为等议题，可以为商业经济学的创新发展提供丰富的理论滋养。

一、产业组织理论的研究进展

（一）早期产业组织理论

产业组织理论研究可以追溯到亚当·斯密对于劳动分工的论述，在其经典著作《国富论》中，斯密论述了在完全竞争状态下，竞争机制通过市场自发调节这一"看不见的手"，使市场中的参与者不自觉地参与到增进社会全体利益的进程中，在均衡价格的推动下，最终社会资源实现优化配置，达到均衡状态。按照均衡价格理论，产业中的主体只要遵循边际成本等于边际收益的原则从事投资和生产，生产的产品就能刚好满足社会的需求，消费者也可以得到最多的剩余产品。

马歇尔（Alfred Marshal，1890）最早把"产业组织"这一概念引入经济学，其代表作包括《产业经济学》等。他将产业内部结构定义为产业组织，提出了"马歇尔冲突"，即规模经济可能引起的垄断与有效竞争的矛盾，成为此后产业组织理论研究的核心问题。他认为，垄断是暂时的，从长期看，市场调节自身均衡，处于垄断地位的企业长期将回到完全竞争状态。琼·罗宾逊（J. Robinson，1933）是垄断竞争论的创始人，她抛开新古典经济学完全竞争的理论，在其垄断竞争理论著作《不完全竞争经济学》中提出，实际中的市场处在不完全竞争或者垄断状态，其中的竞争是不完全的竞争。张伯伦（E. H. Chamberlin，1933）在《垄断竞争理论》中认为，现实中的市场既含有垄断因素，又包含竞争的垄断竞争市场结构，产业中的企业构成既对立又统一的关系，同时由于差异性的存在，理论中理想的市场结构在实际中并不存在，市场自发调节不能实现资源的最优配置，政府对市场的干预必不可少。由于实际中完全竞争并不存在，克拉克（J. M. Clark，1940）提出了"有效竞争"的概念，即在维护竞争的同时，进一步发挥规模经济效应的应有作用和竞争活力，从而优化配置资源，提高经济效率，形成长期均衡的竞争格局，其代表作包括《有效竞争的概念》等。

（二）哈佛学派 SCP 范式

在上述马歇尔的完全竞争理论、罗宾逊的不完全竞争理论、张伯伦的垄断竞争理论、克拉克的有效竞争理论等众多研究的基础上，以新古典经济学的理论假设为前提，以资源有限性和竞争为出发点，哈佛学派提出了著名的 SCP 范式。来自哈佛大学的经济学教授梅森（E. Mason）和贝恩（J. Bain）是产业组织理论的重要代表，尤其是贝恩，他研究了产业集中度与经济绩效之间存在的正相关性，包括集中度和利润之间的正相关性。1959 年，贝恩在其代表作《产业组织》中研究了市场结构对市场行为和市场绩效的影响。SCP 范式源于哈佛学派梅森和其他学者的研究成果，同时融合了张伯伦的研究成果，但明确的 SCP 范式的形成，主要来自于贝恩在理论方面的创造性工作。20 世纪 40 年代至 60 年代，哈佛大学成为全球产业经济学研究的中心，贝恩成为其中产业组织理论的杰出代表。

完整的"结构—行为—绩效"范式的提出，归功于谢勒（Schever）在 1970 年出版的《产业市场结构和市场绩效》一书，这成为 SCP 范式发展的第二阶段。这一时期的研究大量运用案例研究和计量分析，建立并验证了"结构—行为—绩效"三者之间的内在逻辑关系。谢勒的研究进一步推进了哈佛学派在产业组织理论体系领域的发展。

哈佛学派首次提出了产业组织理论的研究框架，在大量的分析中深化了厂商理论的微观经济研究，成为早期产业组织理论研究的集大成者。哈佛学派强调市场结构是导致厂商不同行为和绩效的决定性因素，偏重实证研究，具有鲜明的反垄断政策特点，但弱化了市场结构、市场行为和市场绩效之间的相互关系，因此又称为结构主义学派。

（三）芝加哥学派 SCP 范式

20 世纪 70 年代，芝加哥学派在前人研究的基础上进一步发展了产业组织理论。芝加哥学派以社会达尔文主义以及经济自由主义为理论基础，推崇竞争机制对自由市场经济的作用，强调市场力量这一"看不见的手"的自我调节，其代表人物包括施蒂格勒（G. Stigler）以及德姆塞兹

（H. Demsetz）等。其中，施蒂格勒在产业组织理论相关研究方面取得了大量成果，在垄断竞争、寡头垄断与兼并、市场容量与劳动分工、规模经济、信息理论、政府规制等众多方面做出了开创性的贡献，出版了集中体现芝加哥学派理论观点的《产业组织》一书。

芝加哥学派对于市场结构和市场绩效的解释是在一定的均衡市场价格和数量的前提下，市场行为主体总是使其行为达到最优。与哈佛学派更加关注市场结构不同，芝加哥学派更加关注市场行为和市场绩效，认为不是简单的企业结构决定企业行为，进而决定经济绩效的单向逻辑，企业绩效和企业行为反过来也决定企业结构。由于芝加哥学派强调市场竞争效率，其也被称为效率主义学派。芝加哥学派强调理论分析，不以经验实证为主，重视根据逻辑和理论来应用价格理论等，反对政府干预，认为政府干预会带来壁垒，降低市场机制的配置效率。芝加哥学派的理论也存在一定缺陷。例如，关于带来高利润的原因究竟是企业自身的效率还是垄断，依然存在着争议，同时其理论观点也缺乏经验性的检验。

（四）新产业组织理论

20 世纪 70 年代以后，在微观经济学理论研究成果的基础上，产业组织理论的学者研究了技术创新与产业组织结构之间的关系，将产业特点、市场力量等产业组织领域的各个因素，不断引入到技术创新领域的研究中，并在技术创新与专利、产业组织动态等多个方面取得了丰硕的理论成果。同时，由于研究领域进一步拓展，研究视角不断更新转换，技术创新思想成为产业组织理论中极具影响力的重要研究。

20 世纪 70 年代以后，新奥地利学派在欧美国家兴起，并成为重要的产业经济学流派，其代表人物包括米塞斯和哈耶克等经济学家。该学派对于产业组织理论的研究持续时间长，代表性人物多，主要思想观点杂，理论体系不如哈佛学派和芝加哥学派那样逻辑严密且成体系。该学派的研究注重个体行为，注重过程分析而不是新古典主义的均衡分析，核心思想在于市场竞争的行为性、过程性，强调市场行为的竞争性，认为只要能确保市场自由进入，在企业家精神的推动下，市场就能形成充分的竞争。同时，该学派认为市场竞争是万能的，政府干预市场无效，反对构建经济模型等，这与哈佛学派的市场结构取向、芝加哥学派的市场绩效取向不同，该学派成为产业组织研究的行为学派。这一学派在西方学术界和政治界都产生了巨大的影响，许多西方国家和地区的产业政策及反垄断等领域的政策法规，都受到新奥地利学派思想的影响。

随着信息经济学等新兴学科的不断发展，一些新型的产业组织形式，如模块化、网络化、虚拟组织等相继出现。Sturgeon（2002）分析了美国电子产业中的合同制造（也称委托生产）网络模式，即网络中领先的企业专注创新、市场开拓及市场保护，同时提供配套服务，但将生产环节外包这一产业组织形式，解释了美国的模块化生产网络，并将模块化生产网络模型与熊彼特的大公司创新理论，钱德勒的现代企业崛起观点，威廉姆森的交易成本框架理论等进行了比较，认为在全球化的背景下，模块化生产网络更有利于企业及产业竞争力的提升，模块化生产网络理论是产业组织理论的重要内容。随着博弈论研究的深入，众多学者把新的理论引入到产业组织理论的研究框架中，产业组织理论随着研究的深入而不断发展。

20世纪80年代，新产业组织理论以交易费用理论为基础，以博弈论尤其是非合作博弈论为统一的分析方法，其代表人物主要有让·梯若尔（Jean Tirole）、奥多瓦（Ordover）、夏皮罗（Shapiro）、萨勒普（Salop）、施瓦兹（Schwartz）、施马兰西（Schmalensee）等。法国著名经济学大师梯若尔于1989年出版了《产业组织理论》一书，将博弈论以及信息经济学等最新研究引入到产业组织理论研究中，以博弈论为基础重构了产业组织理论所涵盖的众多议题，阐明了如何理解并监管寡头公司垄断的行业，改变了传统产业组织理论单向的、静态的研究框架。因其在市场力量与规制理论等方面所做的贡献，梯若尔获得了 2014 年诺贝尔经济学奖。

二、产业组织理论的中国化

产业组织理论在中国的发展，经历了引进学习以及结合中国实际创新发展并形成新的理论观点的阶段。20 世纪 80 年代，包括 SCP 范式在内的产业组织理论被引入中国；90 年代，产业经济学进入国内相关专业研究生的学习目录，此后产业组织理论研究进入繁荣时期，开始了在中国的实践和应用。中国人民大学杨治（1985）编写的《产业经济学导论》是国内最早出版的产业经济学著作，此书将产业结构、产业发展、产业关联、产业布局、产业政策等内容纳入产业经济学的研究领域。高校普遍使用的复旦大学苏东水教授编著的《产业经济学》，其主要内容包括产业组织、产业结构、产业管理、产业发展等方面，先后出版了四版，从经济演变规律角度，对产业组织进行了系统研究，认为产业结构总是随着经济发展而不断变化并从低级向高级演化。在传统产业组织理论的基础上，苏东水等还结合东方管理文化与产业发展的实践，围绕产业资源的开发、配置，按照企业、市场以及政府三条主线，论述了产业组织、产业结构、产业政策与产业发展等问题。

虽然 SCP 范式未能得到理论界的全部认可，例如，杨思静等（2015）研究发现，芝加哥学派提出的效率假说在我国目前审计市场中适用，而哈佛学派所提出的结构假说在我国审计市场暂不适用。但毫无疑问，时至今日 SCP 范式依然是国内研究产业组织相关内容的重要理论工具，众多学者借助 SCP 范式对中国的众多产业发展进行研究，如用于分析科技信贷、汽车营销等诸多行业的发展。

在新兴产业领域，产业组织理论也显示出很强的适用性。例如：在物联网产业领域，王小锋（2014）从多个方面对物联网产业的市场结构、市场行为、市场绩效进行了分析研究，并提出了优化产业发展的政策建议；在光伏产业领域，张晓明和闫申（2015）基于 SCP 对光伏产业的研究发现，并购对企业的经营绩效有显著影响；在互联网支付行业，张瓅（2014）利用 SCP 框架分析了行业现状，并提出了政策建议，以期改善市场结构，获得理想的市场绩效；在传媒产业领域，徐顽强等（2018）基于 SCP 范式的研究发现，我国传媒产业的市场集中度较低。

国内基于 SCP 范式对具体产业进行了广泛研究，涉及市场结构、市场行为及市场绩效等方面的诸多内容，如市场集中度、创新行为、资源配置效率等。另外，国内外学者在消化吸收经典 SCP 范式相关理论的基础上，对经典 SCP 范式进行了扩展，将产业制度、技术、全球化、政府规制等诸多因素引入，形成了修正的 SCP 范式。

第二节　消费经济学

消费经济学是新商业经济学领域的重要组成部分。消费是人类社会客观存在的经济现象。一方面，从微观层面来讲，消费问题是理性消费者在其一生之中追求效用最大化的重要变量，是微观经济个体的考量对象。另一方面，从宏观层面来讲，消费问题是总需求的重要组成部分，是宏观经济调控的重点对象。因此，可以说消费理论在新商业经济学研究中占据极其重要的地位。

消费作为经济学研究中的重要内容，一直是理论界研究的重要对象。关于消费方面的研究内容大体包括：能否有效妥善处理生产与消费的关系，以及能否充分发挥消费拉动经济增长的作用等几个方面。通过消费函数测算消费水平是经济学的重要内容之一，自凯恩斯提出消费函数之后，莫迪里安尼（Modigliani）等（1954）的生命周期假说和弗里德曼（Fried-man）（1957）的永久收入假说等是有关消费问题的最基本的理论分析基础。此后，消费函数不断向前发展，从不同程度上揭示了消费的影响因素与变动趋势，具体包括霍尔（1978）的随机游走假说、Kimball 和曼昆（1989）的预防性储蓄假说、Shea（1995）的损失厌恶假说等。

一、确定性条件下的消费经济学理论

研究消费问题的比较有力的工具之一是消费函数。凯恩斯最早提出了绝对收入消费函数，之后消费函数理论不断发展壮大。早期的消费函数围绕确定性条件而展开，其中最具代表性的消费理论是：凯恩斯的绝对收入假说理论和杜森贝利的相对收入假说理论。

（一）绝对收入假说

凯恩斯开创了宏观消费理论的先河，并且该理论是确定性条件下的代表性理论，其研究对象是静态的当期消费。以凯恩斯为代表的消费经济学理论在 20 世纪 30 年代不断发展壮大，其核心观点是绝对收入假说。凯恩斯在《就业、利息和货币通论》一书中主要阐述了消费理论和投资理论两大核心观点，这两大核心观点在经济学理论中占据重要地位。其中的消费理论即为绝对收入假说。

凯恩斯在消费心理的基础上，首次创新性地将收入引入消费函数，并且认为，边际消费倾向递减改变了消费者所面临的条件约束及消费者的决策行为。绝对收入假说理论的核心观点是，随着收入的增加，消费者也会增加消费支出，但是边际消费倾向递减，即消费的增长速度低于收入的增长速度。

绝对收入假说理论的政策意义在于，其有力地解释了 20 世纪 30 年代的经济危机。绝对收入假说的提出，有力地解释了当时经济大萧条的主要原因是消费不足。凯恩斯利用总量分析方法解释了需求不足和产品过剩现象，开创了宏观经济学。他用宏观分析而非微观分析来解释经济危机现象，并提出了有效的解决方案。边际消费倾向递减会造成消费不足，进而导致消费者产生悲观消费情绪，出现商业不景气现象，消费者倾向于流动性更强的消费选择，减少投资、降低投资的乘数效应，最终可能导致失业、生产产能过剩等一系列危机。针对此现象，凯恩斯大力推崇进行宏观经济干预，从而扩大需求、拉动生产、畅通流动、提振边际消费倾向。

但是，后来绝对收入假说受到了质疑与抨击。该假说主要针对当期消费和当期收入，后来在检验"库兹涅茨悖论"（即长期而言，边际消费倾向不会随着收入的提升而降低）时，受到了严重的质疑。库兹涅茨在利用美国 1869~1938 年的经济数据进行分析时发现，虽然收入增长了约七倍，但是消费占比稳定维持在 0.8~0.9，这与绝对收入假说理论的平均消费倾向递减结论相违背。

此后，许多经济学者在研究消费时发现，长期消费具有稳定的平均消费倾向，短期数据得到的消费函数符合绝对收入假说中的消费函数形式。部分学者认为，长期消费与短期消费之所以有差别，是因为受到了某些因素的影响。例如，随着经济的发展，大量农村人口向城市迁移，农村人口的边际消费倾向低于城市人口，随着人口迁移的发生，社会的边际消费倾向就会提高。再如，老年人口消费下降的速度要低于收入下降的速度，随着老龄化的加剧，短期消费函数也会上移。

凯恩斯的绝对收入假说理论的缺陷是，其以消费心理为基础，缺乏经验研究论证及微观研究基础。凯恩斯的绝对收入假说理论是在确定性条件下考察消费与当期收入的关系，解释了某一时期特殊的经济状况。但随着经济形势的不断变化，该理论需要不断完善和调整。很多学者在这个基础上，不断改进与完善，最终提出了其他相关的消费理论。

（二）相对收入假说

杜森贝利（1949）批判了凯恩斯的绝对收入假说，其质疑绝对收入假说理论的两个假设，即消费的独立性及可逆性，认为消费取决于消费者的相对收入水平，而非绝对收入水平。杜森贝利在《收入、储蓄和消费者行为理论》一书中正式提出了相对收入假说理论，其在消费函数中引入前期消费，当期消费由当期收入及前期消费共同决定。从微观角度而言，相对收入是指消费者本身相对于周围其他人的收入，是指消费者个人的单独行为。从宏观角度而言，相对收入是指当前某一时段相对于前期收入高峰时的收入水平情况，是指社会总体消费水平情况。

为了进一步解释长期消费函数与短期消费函数的矛盾，杜森贝利提出了消费的棘轮效应与示范效应。从短期而言，消费与收入受到经济周期波动的影响，二者不存在固定比例关系；从长期而言，因为棘轮效应与示范效应的存在，消费与收入体现出稳定的比例关系。

棘轮效应是指消费习惯不可逆，也就是说当期消费不但受到当期收入的影响，还受到前期高峰时的收入的影响。消费习惯养成之后，消费者可能随着收入的增加而提高其消费开支，但是当收入下降时，消费者仍具有保持前期消费水平的习惯，很难立即降低消费开支。从消费倾向角度解释，当收入的增长趋势发生变动时，长期边际消费倾向大于短期边际消费倾向。

示范效应是指消费者的消费行为具有攀比性，消费者的消费开支不但受到自身收入水平的影响，还受到周围其他人消费行为的影响。即使消费者出现收入突然下降的情况，其消费行为也会保持与周围人相当的水平程度，不会出现下降的情况。从消费倾向角度来讲，边际消费倾向因消费示范效应的存在不一定会递减。

总体而言，相对收入假说理论比绝对收入假说理论有了很大的进步。后者从消费心理入手，仅关注当期收入与当期消费情况。然而相对收入假说理论从消费者行为入手，引入前期消费和前期收入概念，追求消费者终生效用最大化，进一步扩展了消费研究的思路。但是，由于该假说中消费者行为的非理性假设，偏离了主流经济学的理性经济人假设，同时实证数据也较难取得，因此针对该假说的实证检验较少。

二、跨期消费经济学理论

持久收入假说理论和生命周期假说理论是较为典型的跨期消费理论。二者有相似之处，但又有所区别。持久收入假说和生命周期假说将消费理论推到了新的发展高度。但这两个理论依旧是在确定性研究的框架之中，同时也是消费理论中重要的里程碑。基于生命周期理论，有学者提出了"退休消费之谜"。

（一）持久收入假说理论

莫迪利安尼和弗里德曼更进一步地解决了上述问题，他们提出在新古典分析框架之下，将不确定性和跨期选择纳入消费理论之中，研究消费者在跨期选择中最优消费与预期收入的关系。他们分别提出了生命周期假说和持久收入假说。

弗里德曼（1957）在《消费函数理论》中提出了持久收入假说（Permanent Income Hypothesis），认为消费者以长期的持久收入来决定自己的消费，而非根据短期收入水平。其把收入分为持久收入和暂时收入两部分，分别对应于持久消费和暂时消费，并认为消费与收入存在长期稳定的比例关系。该种比例关系为正比关系，并受到财富与收入比率、财富偏好、利率等因素的影响。只有当短期收入水平影响长期收入时，短期收入才会影响消费行为。也就是说，只有持久收入才会影响消费，即消费是关于持久收入的函数。

弗里德曼还提出了总量消费函数的概念，认为总量消费函数不是将个体消费函数简单加总汇合，而是在总量消费函数中应考虑个体差异如年龄、消费偏好、家庭结构等因素，个体以及个体之间的差异、差异之间的分布等共同影响着总体消费函数。

持久收入假说指出消费者在某一长期内考虑消费支出，暂时性收入的边际消费倾向很小或是趋近于零。采用这一假说理论，可以更好地解释或理解某些经济学现象，如杜森贝利的棘轮效应。消费滞后于收入，消费者预测到自身可以在未来某段时期内获得稳定收益，当期的消费就可能超过当期的收入，即所谓的超前消费、信用消费。

持久收入假说理论中，影响预期收入的因素有很多。其中，包含人口因素，比如年龄、个人能力、职业等。另外，暂时性、多变的因素也会影响预期收入，如天气变化、生活方式改变、健康状态等。

持久收入假说理论的政策意义在于，有力地解释了收入、储蓄、投资、消费的影响。储蓄率与收入水平不相关，二者是独立的。在这一基础之上，收入分配是造成不平等的主要原因，而与储蓄无关。发达国家历来存在着阶级与收入差别，经济的发展降低了阶级差异的程度，收入不均的现象得到缓解，或者是暂时性因素缓解了持久收入的不均衡。然而这其中，投资在经济发展中起到了重要作用，而非储蓄。在这一逻辑之下，经济增长受到投资、消费的影响。

（二）生命周期假说理论

生命周期假说是由美国经济学家莫迪利安尼提出的。生命周期假说理论以传统的消费者选择理论为出发点，构造了在消费者的整个生命周期内考察收入与消费的关系函数。其在进一步修正凯恩斯消费函数理论的基础之上，进一步深入分析了消费概念、消费函数及其基础等重要内容。

与凯恩斯消费函数理论不同，生命周期假说理论重新定义了消费概念，其认为消费主要是若干变量的现值与折旧之和，这些变量涵盖非耐用消费品，劳务在当期的支出，以及前期所购买的耐用消费品在当期使用之后的折旧值。这一定义有效区分了两个概念，即消费与支出。通过这一概念可知，消费并非全部消费品支出，而仅包含消费品支出的某一部分。

生命周期假说认为，一个具体时期的消费取决于对一生收入的预期，而不取决于当前时期的收入。代表性消费者在其拥有的总资源约束下追求一生消费的平滑，根据其一生的全部预期收入来安排他们的消费和储蓄，以实现整个生命周期内的消费跨时最优配置。对于某一个特定年龄层的人群，消费是与他们一生的收入成比例的，这被莫迪利安尼称作"生命周期假说"。

莫迪利安尼的核心观点是，消费者具有理性特征，追求消费效用最大化，依据终生收入来安排终生消费，使得终生消费等于终生收入。在这一基础上，消费者的当期消费不仅与当期收入有关，还与其初始资产、各期收入等相关。

莫迪利安尼的早期模型主要关注截面数据，之后使用了时间序列数据，莫迪利安尼逐渐加入了一些动态因素，如人口的改变率、保持人口不变时的生产率变化、国家债务及国际因素等。生命周期假说提高了收入、财富和年龄分布在消费影响因素中的比重，解释了长期消费稳定及短期消费波动的原因，还可以应用于分析不同阶层家庭消费的差别、货币政策与财政政策对经济活动和消费的影响、消费的季节性波动等问题。

三、其他相关消费经济学理论

（一）早期的消费经济学理论

在新古典经济研究中，费尔普斯（Phelps，1961）认为，家庭长期消费效用是否最大化是判断宏观经济增长是否最优的有效标准，提出了黄金律标准（Golden Rule）。更进一步而言，如果市场经济条件下，均衡消费水平在长期平衡增长路径上是帕累托最优的，也就是说没有更好的平衡增长路径能够促使家庭长期消费水平得以改善，那么该条经济平衡增长路径就符合黄金律标准。在增长理论框架下，市场经济效率在动态条件下的衡量标准是黄金律标准，即家庭长期消费效用最大化。

（二）随机游走假说理论

霍尔（1978）在理性预期理论的基础上提出了随机游走假说理论。该理论的提出主要是基于消费不确定性和理性预期理论。对于居民消费而言，不确定性体现在以下几个方面：一是未来收入的不确定性。退休的到来、劳动力的供给、养老金或工资收入的波动等均会带来收入的不确定性。二是消费习惯、消费偏好、消费需求等会随环境等发生变动，带来不确定性影响。以上不确定性的表现将影响跨期消费选择。理性预期假说是由卢卡斯（1976）提出的，其认为消费者会根据经济政策、市场条件等因素进行理性预测，从而调整自身消费行为。

霍尔创新性地采用欧拉方程对生命周期假说以及持久收入假说进行了改进。消费效用最大化所满足的一阶条件即为欧拉方程。其含义是消费者在综合实际利率和时间偏好的影响下，为了追求消费效用最大化，消费者的当期消费和预期下一期消费的边际效用相等。

随机游走假说理论的意义在于：一是变革性地改进了消费函数，将理性预期加入到函数模型之中。在消费是预期可变的情况下，理性消费者可以采取行动平滑消费。政府在制定政策时，需要取得民众信任、稳定民众心理预期，从而才能促进消费与经济发展。二是研究消费问题时，无须再构建复杂的消费联立方程组或是推导出显式的消费函数，仅需验证形式与条件较为简单的消费欧拉方程。自此，欧拉方程成为研究消费函数的重要方式之一。

四、我国消费经济学理论的研究进展

近年来，我国学者围绕生命周期假说等消费理论，以我国居民为研究对象，结合我国国情实际，开展了一系列研究，并提出了富有建设性意义的政策建议，以推动我国消费研究不断发展。

生命周期理论对消费结构产生的影响。都阳和王美艳（2020）基于生命周期理论以及 2010 年、2016 年城市劳动力调查数据，研究了人口年龄结构对中国城市居民家庭消费的影响。其认为，年龄结构既能影响消费数量，也能影响消费结构。其以老年居民家庭为例研究发现，年纪越大的家庭，消费数量越少，而医疗消费所占的比例越高。罗永明和陈秋红（2020）基于家庭生命周期理论以及中国家庭金融调查 2015 年数据（CHFS）进行了实证研究，实证检验结果表明，家庭生命周期对农村家庭消费结构存在影响，且收入质量起到了中介作用。晁钢令和万广圣（2016）创新性地构建了以我国农民工家庭为研究对象的家庭生命周期模型，农民工家庭以分居为特征，体现了家庭生命周期的变异性，由此也给消费结构带来了影响。

生命周期理论对消费决策与行为产生的影响。王彦伟（2020）基于中国家庭追踪调查 2016 年数据（CFPS）以及宏观经济数据，采用分层线性模型方法实证检验了家庭资产选择和家庭居民消费之间的动态决策机制。苗文龙和周潮（2020）认为，人口老龄化通过改变金融结构，从而导致消费降低、劳动力减少、产出降低。赵庆明和郭孟旸（2020）采用 2003 年至 2018 年宏观经济数据进行了实证检验研究，其研究结果表明，收入影响我国居民家庭全口径消费和乘用车消费，股市存在显著的财富效应。徐妍和安磊（2019）基于生命周期模型研究房价变动对我国居民家庭消费的影响时发现，当房价上升时，对居民家庭消费产生财富效应与成本效应。关于生命周期假说的影响，张朝华（2017）认为，社会保障政策对消费行为会产生深远影响；刘彦文和樊云（2016）认为，投资决策会影响家庭消费决策。

我国学者在采用生命周期理论等消费理论研究城镇居民消费的同时，也将农村居民消费列入研究重点。邓涛涛等（2020）认为，我国农村家庭旅游消费存在心理账户效应，不同类别的农村家庭会出现差异性的边际旅游消费倾向。唐琦和夏庆杰（2019）基于中国家庭收入农村入户调查1995~2013年的数据，采用QUAIDS结构方程模型进行研究发现：我国农村居民消费总量不断增加，地域间的消费差异不断增加；农村居民的消费结构也发生了较大改变，食品消费占比不断下降，而医疗、居住、交通通信等消费占比不断上升。同时，该研究还表明，市场价格会严重影响农村居民的消费结构，而可支配收入带来的影响较小，农村居民消费的稳定依赖于商品价格的稳定。

第三节　规制经济学与反垄断经济学

一、规制经济学初探

（一）规制的定义

规制经济学是对政府规制活动进行的系统研究，它属于产业经济学的一个重要分支，也是自20世纪60年代以来逐步发展并在实证领域起着重要作用的一门学科。regulation 一词在学术界通常被译成"管制"或者"规制"。在《新帕尔格雷夫经济学大辞典》中，regulation 就被译为"管制"；至于"规制"一词，其最早起源于日本，目前在经济学界也被广泛使用。使用"管制"或"规制"其实并不存在实质性的区别。事实上，在政府部门的实际使用中，他们更习惯称之为"监管"，如金融监管、电信监管、公共事业监管等；在涉及安全的领域，"管制"的叫法则更为普遍，如枪支与爆破品管制、麻醉药品管制等。因此，本书在讨论相关理论问题时将主要使用"规制"这一术语，而在论及具体实务问题时，则可能根据传统习惯，采用"管制"或"监管"等通俗称谓。

西方不同学者对规制的定义不尽相同。维斯库兹（Viscusi）等认为，规制是政府以制裁手段，对个人或组织的自由决策的一种强制性限制。政府的主要资源是强制力，规制就是以限制经济主体的决策为目的而运用这种强制力。史普博（Spulber）则认为，规制是由行政机构制定并执行的直接干预市场机制或间接改变企业和消费者供需决策的一般性规则或特殊行为。日本学者植草益给出的规制定义是：社会公共机构（通常指政府）依照一定的规则对企业的活动进行限制的行为。施蒂格勒（Stigler）则强调，作为一种法规，规制是产业自身所需要和争取来的，并主要为其利益所设计和实施的。

综合上述对规制概念的讨论，不难归纳出这样几点结论：规制的主体是社会公共机构（通常是政府），它通过立法或其他形式被授予规制权，通常被称为规制者。规制的客体是各种经济主体（主要是企业），它们在规制者所制定的规则范围内从事经营活动，属于被规制者。规制的主要依据和手段是各种规则，它可能是立法机构颁发的法律，也可能是主管部门颁布的各项规定和条令。无论是法律或是规定，它们都是政府制定的，具有相当的强制力。一般地，规制或称微观规制，主要是指在市场经济条件下，以矫正或改善诸如自然垄断、外部性、信息不对称以及不完全竞争等

"市场失灵"为目的，政府通过国家强制力对微观经济主体的活动进行干预和控制。

（二）规制的分类

根据规制主体对被规制者进行规制的内容，规制可分为：经济性规制、社会性规制以及反垄断规制，具体说明如下：

经济性规制（Economic Regulation）是指在自然垄断和存在信息偏误的领域，为防止发生资源配置效率低下，政府机关运用法律权限，通过许可和认可等手段，对企业的进入和退出、价格、服务的数量和质量、投资、财务会计等行为加以规制。经济性规制的领域主要包括那些存在自然垄断和信息严重不对称的产业领域，规制的形式主要有市场进入和退出规制、价格规制、产品和服务质量规制等。

社会性规制（Social Regulation）是以保障劳动者和消费者的安全、健康、卫生、环境等为目的，为产品和服务质量以及伴随它们的生产过程而产生的各种活动制定一定标准，并禁止和限制特定行为的公共规制。社会性规制是针对外部不经济和内部不经济而进行的规制。社会性规制并不是以特定产业为研究对象，而是围绕如何达到一定的社会目标，实行跨产业、全方位的管制。从目前的趋势看，社会性规制将成为未来政府规制中极为重要的组成部分。

反垄断规制（Anti-trust Regulation）是一个具有相对独立性的研究领域，其主要研究对象是竞争性领域中具有市场垄断力量的垄断企业及其垄断行为，特别是由市场集中形成的经济性垄断行为。反垄断的主要目标是提高资源配置效率，维护正常公平竞争，保证市场竞争机制的有效运行。

二、传统规制经济学的发展沿革

规制概念中所隐含的逻辑是："政府拥有强制权，并据此对微观经济主体进行干预。"这一古老的逻辑甚至可以追溯到古罗马时代。等到 1933 年的美国，源于对自由放任经济中"市场失灵"现象的广泛关注，它又得到了继承和延续——基于凯恩斯的国家干预理论的现代规制经济思想由此应运而生。以此为起点的传统规制理论，它主要关注的是：为什么要进行规制，规制代表谁的利益，哪些产业应受到规制等问题，并主要经历了规制公益理论、规制俘获理论和规制经济理论三个发展阶段。

（一）规制公益理论

规制公益理论主张政府规制是对"市场失灵"的回应。对于某些存在自然垄断、外部性、信息不对称等情况的领域，市场机制不能或不能正常发挥作用，从而损失经济效率和社会福利；因此，政府规制便具有潜在的合理性。该理论在一个很长的时期内被视为解释经济性规制的正统理论，而且在规制经济学中居于统治地位。

这一理论假定政府规制的目的是通过提高资源配置效率，以增进社会福利，并假定规制者专一地追求这一目标。它把政府规制看作是政府对一种公共需要的反应，它潜在地隐含着这样一个前提：市场是脆弱的，如果放任自流，就会导致不公正或低效率；而政府规制是对社会的公正和效率需求所做出的无代价、有效和仁慈的反应。所以，规制是针对私人行为的公共行政政策，是从公共利益出发而制定的规则（Mitnick，1980）；其目的是为了控制受规制的企业对价格进行垄断或者对消费者滥用权力，具体表现为控制进入、决定价格、确定服务条件和质量、规定在合理条件下服务所有客户时的应尽义务等，并假定在这一过程中，政府可以代表公众对市场作出一定理性的计算，使这一规制过程符合帕累托最优原则。这样，不仅能在经济上富有成效，而且能增进整个社会的福利。

然而，随着研究的深入和实践的发展，规制公益理论不断受到越来越多的质疑和批评：首先，规制公益理论将规制的发生归因于立法者和其他规制设计者追求公益目标的愿望。显然，要证实这一论断是非常困难的。对动机的研究总是难以把握其甚至几乎是一项不可能完成的任务。即使想要列出一张表，能够全面列举作为规制正当化理由的公益目标，这样的尝试都注定是徒劳的，因为"公共利益"的内涵将随着时间、地点以及特定社会所追求的具体价值的不同而改变。

其次，规制政策的制定与实施是通过立法行动和规制机构来完成的，但规制公益理论对此没有进行实证检验，而只是简单假定，认为规制可以无代价和有效地完成。事实上，在许多情况下，政府规制的成本可能比矫正市场缺陷的潜在收益更大；由于信息不对称等原因，规制的效果也并非如其宣称的那样明显：即使对于自然垄断企业进行规制，实际上也并不能总是有效地约束企业的定价行为。

作为最主要的批评声音，也是几十年来规制公益理论缺少更多支持者的主要原因，就是实践中存在大量与其相悖的事实依据。比如，许多既非自然垄断也非外部性的产业一直存在价格规制和进入规制，如出租车行业和保险业。波斯纳（Posner，1974）指出，规制并不必然与外部经济或外部不经济的出现或与垄断市场的结构相关，进一步来说，更多的情况是：厂商支持或通过院外游说活动来主动要求规制。铁路规制就是典型例子，长途电话市场也是这样，因为通过规制可减少市场上的竞争者，从而获得稳定的垄断超额利润。

美国的规制历史与许多经验证据均表明，规制是朝着有利于生产者的方向发展的，规制提高了被规制产业内生产厂商的利润。在潜在竞争产业，如出租车行业，规制允许定价高于成本且阻止进入者；在自然垄断产业，如电力产业，有事实表明，规制对于价格的作用甚微，因此该产业能赚取高于行业平均利润率的超额利润。学者们对这些规制历史和经验证据的研究使规制俘获理论得以产生和发展。

（二）规制俘获理论

与规制公益理论完全相反，规制俘获理论认为，规制的提供正适应了产业对规制的需求（即立法者被产业也就是被规制者所俘获），而且规制机构也逐渐被产业所控制（即规制者被产业所俘获）。换而言之，这一理论的基本观点是：不管规制方案如何设计，规制机构对某个产业的规制实际上是被这个产业"俘获"，因此，规制实际上是提高了产业利润而不是社会福利。规制俘获理论与规制历史极为符合，因而比规制公益理论更具说服力，但它同样存在一些内在的缺陷。例如，它并没有解释规制是如何被产业所控制和俘获的，也没有说明受规制影响的很多利益集团中，包括消费者、劳动者组织以及厂商，为何规制只受厂商的控制而不是受其他利益集团的影响。此外，尽管许多经验证据支持规制俘获理论，但仍有某些事实与之相悖。规制机构制定的政策并非都是有利于被规制企业的。例如，要求被规制企业承担一定的普遍服务义务，从而导致企业被迫在内部实行交叉补贴，这与企业的利润最大化目标相矛盾。当然，反对规制俘获理论的最有力证据在于，现实中存在许多不被产业支持的规制，许多产业的利润水平因为规制而出现了下降。马加特（Magat，1981）评述道，假设规制俘获理论十分正确的话，那么 20 世纪 70 年代后期在诸如经纪人佣金、航空、有线电视、天然气和石油的定价等方面的一系列放松规制就不可能发生。同理，人们也不会看到 1986 年美国税制改革法案的通过，因为该法案将相当的家庭税负转移给了企业。这就说明，规制俘获理论难以解释许多产业被规制以及后来又被放松规制的内在原因。

综上，无论是通过理论分析还是结合规制实践考察，规制公益理论和规制俘获理论要合理解释规制为何产生以及它的主要效果，都显得很不充分。事实上，从总体上看，它们甚至都称不上是真正的理论，而仅仅是一种假设和对规制经验的一种陈述。规制的发展历史表明，不同利益集团的福利因规制而改善，需要一种新理论来解释这种现象，而且这种理论还必须能同时解释实践过程中对产业规制或放松规制的原因。

（三）规制经济理论

1971 年，施蒂格勒发表了《经济规制论》，他首次尝试运用经济学的基本范畴和标准分析方法来分析规制的产生，建立了开创性的规制经济理论。该理论从一套假设前提出发来论述各项假设的逻辑合理性，并解释了规制活动的实践过程。该理论指出，规制的公共利益动机只是一种理想主义，规制的真正动机是政府对规制的供给和行业部门对规制的需求相结合，并为各自谋求自身利益。此后，佩尔兹曼（Peltzman，1976）和贝克尔（Becker，1983）在施蒂格勒的研究基础上，进一步发展和完善了规制经济理论，使其在解释和分析政府规制的目标和方式方面有了长足的进步。

长期以来，规制作为一个政治过程，一直是政治学的研究对象，经济学家习惯于将政府规制看作是外生变量。然而施蒂格勒运用经济学方法来分析规制的产生，因此规制就成为经济系统的一个内生变量，由规制需求和规制供给联合来决定。施蒂格勒理论有两个基本前提：第一，政府的基础性资源是强制权，它能使社会福利在不同利益集团或个人之间转移；利益集团能够劝说政府为自身利益而运用强制力改善该集团的福利。第二，各规制机构的行为选择是理性的，都追求效用最大化；如果规制的供给与利益集团的收入最大化要求相适应，就能通过规制利益集团来增加其规制收入。

施蒂格勒理论模型的中心论题是"规制由产业谋取，并主要根据其利益来设计和运作"，该模型包含三个主要因素：第一，规制立法重新分配财富；第二，立法者行为受其维持当权者的愿望驱使，即立法与追求政治支持最大化相关；第三，利益集团为获得可接受的立法而以提供政治支持的方式进行竞争。施蒂格勒分析证实，规制与"市场失灵"的存在不完全相关，规制实践的目标可能不一定是公共利益，规制也不一定偏向支持生产者。规制偏向于使组织良好的利益集团获益。

从整体上来说，以上三种规制理论派别或者说规制理论的三个发展阶段，构成了传统规制理论的主要脉络。如果进一步对其内在的逻辑进行分析可以发现，它的发展是符合经济学发展和完善的一般规律的：通过不断对最初理论的前提假设条件进行放松，引入更多反映真实世界的变量，并使用解释力更强的经济学分析方法对现实中的经济现象作出更为合理的解释。传统规制理论在最初的公益理论阶段，暗含着两个非常强的前提假设：第一，政府是仁慈的，以追求社会福利最大化为规制目标；第二，信息是完全的，政府可以了解所需要的被规制产业的全部信息。规制俘获理论的出现正是通过对第一个前提假设的放松而发展起来的，它强调政府在规制关系中并不是仁慈和追求公共福利的，相反，规制机构会被产业所俘获，规制实际上成为被规制产业攫取产业利润的工具。规制经济理论则进一步对规制机构内部的政治效用函数进行分析，规制的目标表现为追求政治支持的最大化。

依此逻辑，近年来发展起来的激励规制理论则与传统规制理论的第二个假设条件的放松与拓展密切相关。基于激励规制理论的新规制经济学不再纠缠于规制的基本理论问题，而是转向了对政府规制政策提供理论指导方面，其最大的特点是将激励问题引入到信息不对称条件下规制问题的分析中来。

三、激励规制理论与新规制经济学

在传统政府规制政策的实践中，规制机构与被规制产业之间存在的信息不对称以及双方行为目标的差异，常常会发生产业隐藏信息和逆向选择的情况。由此也导致了政府的规制成本高昂、规制效率低下的"规制失灵",这一直是传统的规制公益理论规范分析的一个弱点。20世纪70年代以来,美、英、日等发达国家对自然垄断产业的放松规制改革,进一步促进了规制理论与实践的结合;与此同时,博弈论、信息经济学和机制设计理论等微观经济学的前沿理论和分析方法逐渐地被引入到产业经济学的研究中。在这一过程中,以拉丰和梯若尔为代表的经济学家通过修正传统规制理论过于理想化的前提假设,而将信息不对称作为分析前提,并在规制问题中考虑了信息约束和激励机制的因素,最终创建了激励性规制的一般框架,这标志着新规制经济学的诞生。

新规制经济学对激励规制理论做出了比较完整的阐述。激励规制理论采用博弈论、委托代理理论以及信息经济学的相关方法来研究信息不对称条件下"效率"和"信息租金"的选择问题。它要解决的主要问题是:如何在信息不对称的条件下,设计一种既能够给予企业在降低成本、改善服务质量方面以足够的激励,同时又能够有效防止企业滥用自由选择权的激励性框架。相对于传统规制而言,激励性规制更关注企业的产出绩效和外部效应,而较少地控制企业的具体行为并给予其一定的自由选择权,让其利用信息优势和基于利润最大化动机,主动提高内部效率、降低成本,并获取由此带来的利润增额。显然,激励性规制对提高企业效率和增进社会福利具有更明显的促进作用。

新规制经济学的分析框架是建立一个委托代理模型,其中委托人是政府或规制机构,代理人是被规制的产业或企业。代理人的信息优势和策略性行为形成激励性约束,而委托人就是在这种激励性约束下促进社会福利的最大化。基于该模型,规制问题被抽象表述为一个信息不对称条件下的最优控制问题。拉丰和梯若尔综合了洛布和马加特(Leob and Magat,1979)、巴伦和迈尔森(Baron and Myerson,1982)的研究成果,为发达国家的规制改革提供了一个有用的规范性分析框架。

从 20 世纪 80 年代中期开始，拉丰和梯若尔就着重将激励性规制的基本思想和方法应用于电信、电力、天然气交通运输等垄断行业的规制问题，分析各种规制政策的激励效应，并建立了一个规范的评价体制。2000年，拉丰和梯若尔合著的《电信竞争》为电信及网络产业的竞争与规制问题的分析以及相关政策的制定提供了一个最为权威的理论依据。20 世纪 90年代以来，英美等西方发达国家在放松规制的同时，将激励性规制应用于公用事业的规制改革。其中，价格上限规制（Price Cap）有机地结合了激励性规制中最有效的两个激励因素，即对降低成本的激励以及调整价格的激励和自由，使受规制企业具有制定价格的弹性空间，能够寻求更有效率的价格结构。因此，价格上限规制成为西方国家规制实践中应用最为广泛、效果最为显著的激励性规制工具。

四、反垄断经济学

早期经济学家将注意力和研究的重点主要放在对自由市场机制的关注上，认为最完美的市场是完全竞争的市场，自由交易和竞争是实现市场均衡的前提条件，那个时代的一系列经济学家如穆勒、瓦尔拉斯、马歇尔、克拉克以及帕累托等学者，都致力于不断深化和丰富亚当·斯密的"看不见的手"的理论。根据该理论，在理性经济人、完全竞争与零交易成本等假定和前提下，作为独立个体的厂商及家庭，其自利行为的最优选择，最终将导致整个社会的帕累托最优的实现。

随着 1933 年爱德华·张伯伦的《垄断竞争理论》和琼·罗宾逊的《不完全竞争经济学》的发表，人们对市场的认识和观念有了革命性的变化。罗宾逊和张伯伦的论述角度和重点存在差异，但是都有一个共识，即现实世界中不存在完全竞争的市场，而且完全竞争和完全垄断的市场状态之间不是没有过渡地带，第三条路是有的，那就是垄断竞争市场，在这种市场中虽然存在一定程度的垄断现象，但整个市场竞争的力量并没有消失。张伯伦对垄断竞争市场的分析思路是从产品的差别性入手，而罗宾逊则从产品的替代性和消费者偏好的差异性出发进行分析。在市场的效率方面，张伯伦指出，与完全竞争市场相比，垄断竞争市场的产品价格较高而且产量较小。所以，完全竞争市场可以被作为一种顶礼膜拜的追求目标，但它是一种理想状态，垄断竞争市场才是必须面对的现实。不管是张伯伦还是罗宾逊都没有否定静态市场均衡的理论，而是尽力地进行补充和修正。他们沿用新古典经济学完全竞争理论分析方法——静态分析方法，接受一种不变的产业组织形式和经济结构，不完全竞争和垄断竞争的运动目标和方向最终都朝向了完全竞争，具体到市场结构理论上，他们仍然认为必须追求完全竞争的市场结构。

克拉克认识到市场不可能达到完全竞争的状态，由于长期均衡的条件与短期目标的压力无法协调一致，市场竞争中不完善的因素永远都会存在。认识到这一点，务实的公共政策目标就应建立在一种协调机制之上，即如何采取行动去平衡规模经济和竞争均衡，而不是一劳永逸地消灭竞争中不完善的因素。他于1939年首次提出了有效竞争的概念。熊彼特的创新理论则完全打破了静态效率的常规，提出了动态效率概念。创新是新的生产方法、新的生产技术、新的生产材料及新的组织形式等生产要素和生产条件进行新的组合，不断用新的组合去替代旧的组合的过程。正是出于对创新的敬仰，熊彼特对大企业抱有一种同情的态度，认为大企业更有利于创新。从动态竞争的角度看，创新是其本身的一个属性。熊彼特认为，完全竞争的市场是不利于创新的，在一个同质化的市场中，企业没有任何动力去改进产品和生产，当一个厂商开发出新产品后，很快因被模仿而只能获得平均利润，这个利润可能不足以弥补其进行研发的投入。这样，生产厂商的创新积极性就会受到很大的打击。因此，将完全竞争树立为理想效率的典范，完全是一种错误。熊彼特还用动态分析的方法对资本主义经济的发展及演进路径进行了分析，他认为，资本主义的组织创新及技术进步，这些因素实质上并不是经济发展的外生参数，而是一种内生变量，正是这些因素成为促进资本主义生产力发展的根本性力量。同时，创新伴随着一个惊人的过程，它不但破坏着旧的经济结构，而且还催生新的结构，从内部促使经济结构发生革命性的变革。所以创新是一个"创造性的破坏过程"。

熊彼特和克拉克对现代竞争理论的重要贡献是对竞争过程采取了动态分析方法，在分析方法上实现了从静态向动态的转换。熊彼特从宏观和整体的思路去把握资本主义经济演进发展的线索，克拉克则用动态思路系统分析竞争的一般过程，认为竞争是一个由两阶段组成的动态和永恒的过程。第一阶段是先锋企业的突进行动，第二阶段是跟进企业的追踪反应。有一点是共同的，即他们的分析都是基于一个不完全竞争的市场结构。

五、反垄断理论的发展演进

（一）哈佛学派的观点

20 世纪 30 年代，经济学家已经开始将反竞争的行为和一定的市场结构联系在一起了。20 世纪 50 年代，贝恩将这种联系的理论推向了顶峰，发展和阐述了一套极其完善的市场理论，该理论被称为"结构—行为—绩效"（简称 SCP 范式）。

（二）芝加哥学派的观点

芝加哥学派得名于其主力经济学家来自于芝加哥大学。哈佛学派的结构主义日渐完善之时，也正是其走向衰落的转折点。造成其衰落的直接原因就是芝加哥学派发起了攻击，由此发生了一场号称"芝加哥革命"

的运动。芝加哥学派的基本原理是信奉市场，而对公共干预高度警惕，故芝加哥学派的理论又被称为自由主义思想。芝加哥学派的理论观点主要包括：

第一，反垄断的唯一目标只能是经济效率，其他任何目标都不能成为反垄断的目标。芝加哥学派汲取了新古典经济学价格理论的精髓，认为经济效率是由生产效率和配置效率两部分组成的，两种效率之间存在紧密的联系。生产效率主要是指企业的投入与产出的比值，投入越少而产出越多，那么意味着企业的生产效率越高。配置效率是指市场的效率，衡量市场的效率主要采用帕累托效率标准。按照新古典经济学的观点，在完全竞争市场中，由于竞争可以对资源进行最优的配置，达到边际成本等于边际价值的均衡状态，这时就符合帕累托最优的标准，市场最具效率。生产效率和配置效率有一定的内在矛盾性。因为一个企业在市场中经过努力，不断提高效率、不断扩大规模，获得大多数的市场份额，会产生规模效益，这时生产效率虽说是提升了，但企业为了获取垄断利润，又会不断进行研发，这样就会降低配置效率。当然，按照芝加哥学派的思想，反垄断托拉斯追求的是"净效率"的最大化，即效率的增加和效率的减损之间的差额的最大化。

第二，芝加哥学派对市场充满自信，认为不管市场上企业数量多寡，一般情况下生产都是有竞争性的。无论是集中度高，还是产品差异，都不像以前的寡头垄断理论家们所认为的那样反竞争。寡头垄断行为或者固定价格的行为均不能完全消灭市场的竞争，因为除了价格竞争之外，竞争还可以在其他方面进行，如服务的改进。产品差异性具有两面性，虽然可能会降低竞争的强度，但同时也会对价格的串谋带来不利因素。

第三，除了政府人为设置的进入壁垒，市场不存在真正的、所谓"自然"的进入壁垒。芝加哥学派认为，在多数市场上如果政府对进入、退出市场不加管制，则对社会最好。在不存在真正地进入壁垒的情况下，存在高额垄断利润的市场本身会吸引大量的进入者，垄断者的垄断地位将化为乌有，司法程序在这个过程中仅起到催化的作用。大量竞争者将很快销蚀垄断者的垄断利润，使其回归正常的市场利润。

第四，企业实施纵向一体化是为了节约交易成本，并非出于垄断的目的，所以纵向一体化、转售价格维持、纵向非价格限制等都是出于效率的考虑，其本身也是能够增进经济效率的。

第五，政府进行公共干预的能力是值得怀疑的。那种认为政府的干预比市场自身通过内在修复更有效率的观点是非常武断的。政府不是对市场知之甚少，就是一知半解，所以政府心目中理想的市场或企业结构可能是错位的，而市场本身的复杂性决定了企业行为模型所具有的模糊性，加大了政府犯错的可能性。因此，囿于政府的有限理性，借助于政府的公共干预对市场进行矫正，不如交由市场运用自身力量进行修正。

第六，反垄断只应该考虑经济效率，而不应考虑经济效率之外的任何因素。芝加哥学派认为的经济效率是指某个行为所造成的损害和所带来的收益的比较。如果收益大于损害说明有效率，应该支持；如果收益小于损害，则说明没有效率，应该反对和禁止。但是这里的收益和损害，并没有给予某一个团体如消费者特别的倾斜。换言之，如果一个行为给消费者带来了损害，但该损害小于给企业带来的收益，则该行为是符合效率标准的，应该得到支持。总之，正如博克指出的那样，反垄断不应该考虑财富或者权力在社会中如何进行分配，而应考虑社会总体福利的最大化。波斯纳也有类似的论述，他指出，反托拉斯唯一目标应该是促进经济学意义上的效率，没有任何理由来达到与效率无关甚至对立的目标。反托拉斯也不是促进更公平地分配收入或分配财富的恰当手段。

（三）后芝加哥学派的观点

后芝加哥学派与芝加哥学派的争论，主要集中在垄断是否可以持续维持，以及垄断行为是否具有可信性两个方面。后芝加哥学派的理论观点主要包括：

第一，重视市场结构在反垄断分析中的作用。一个小企业即便其实施了某种策略行为，其对市场的危害是可以忽略不计的，而且其基本的考虑可能还是出于效率，但是同样的限制竞争的策略行为对于具有一定市场势力的大企业而言，其意义就可能完全不一样，因为这些策略行为发挥作用的前提是企业具有市场势力。另外，通过结构分析有利于确定反垄断的重点，对于那些具有市场支配力的企业的策略性行为来说，其可能的反竞争效果就需要重点加以关注。由此，可大大提高执法的成效、降低执法成本。从博弈论的视角出发，产业中的所有企业都是博弈参与人，市场结构不是外生给定的，而是博弈参与人博弈的内生结果。企业采取的博弈策略或者策略性行为不一定是以把竞争者逐出市场为唯一目的，也可能是以达到提高竞争对手的成本、获取竞争中的优势地位为目的。如果能够提高竞争对手的市场销售成本，削弱其竞争力，也是部分收益。

第二，通过动态博弈分析，发现限制竞争的行为可能真的存在。在很多行业中，沉淀成本是存在的，这使得在进入者与在位者之间的竞争具有不完全性。在博弈过程中，在位的支配性企业具有先发的优势，他们手中可以打的牌有很多，而且颇具威慑性。比如，专利申请、投资、先占等，通过这些策略的运用，可以使得进入者感到很大压力甚至绝望，从而改变其预期。在位的优势企业还可以采取积极进攻的策略，以攻为守，树立一种积极进取或者好斗的形象，从而打消潜在竞争者进入的念头。在信息不对称的情况下，掠夺性定价成为一种非常重要的信号机制，目的在于告诉潜在进入者：我是强者，你的进入将一无所获。

第三，通过超级博弈理论、多次博弈理论模型的分析，认为企业合谋是有可能成功的。后芝加哥学派在一次博弈中，进行了著名的"囚徒困境"的博弈分析，最终的结果是证明，合谋具有不可维持性。这也是后芝加哥学派学者否定合谋可维持性的主要理论依据。但是，如果博弈是多次的、长期的，则"囚徒困境"就可能被打破，通过一个不合作的机制，合谋得以实现。参与合谋的企业为了眼前利益，可能会选择不合作，但是会面临长期的惩罚。所以，为了长期的利益，参与合谋的各方可能会选择合作的策略，从而使得合谋得以长期维持。

第四，对于企业并购，后芝加哥学派提醒执法当局要提高警惕。他们认为，纵向并购和纵向限制可能会产生市场封锁效应，而横向并购可能会产生单边效应。对于那些具有市场支配地位的优势企业或者寡头市场的寡头企业，其发起的纵向并购或者纵向限制，可能会产生阻止竞争者或者潜在进入者获取必要投入品的效果——或者根本无法获取，或者代价高昂，从而大大降低其竞争能力，产生损害竞争的效果。传统理论认为，横向并购有利于企业的合谋，从而限制市场竞争。与传统理论对横向并购的看法不同，后芝加哥学派认为，横向并购会加强企业的市场势力，从而提高价格。这种市场势力的增加是并购独享的效应，而不是因为其对行为的协调。

第五，随着信息技术等新技术的革命性发展和运用，网络外部性问题和双边市场问题凸显出来，针对这一问题，后芝加哥学派提出不同于传统理论的处理方法和认识理论。他们认为：一方面，应该保护企业拥有合法的专利等知识产权，知识产权的保护有利于促进创新；另一方面，又不能放纵企业将知识产权进行滥用，以阻碍竞争。在诸如银行卡支付平台市场、计算机软硬件市场、通信网络市场等市场中，网络效应在为企业节约开支和成本、增进经济效益的同时，也会提高市场的进入门槛，形成市场势力，通过拒绝接入、拒绝许可、搭售等滥用行为阻止新的竞争者进入市场参与竞争，阻碍更先进的技术的运用，进而伤害市场的动态效率。

第四节　数字经济理论

20 世纪 80 年代，互联网技术快速发展，信息产业也日益发展壮大，90 年代，电子商务作为一种基于互联网和数字技术产生的新的商业模式，已成为数字技术最典型的应用方式，并影响至今。在这一技术发展和应用的背景下，数字经济的概念开始出现并被快速传播和广泛接受，已成为新商业经济学的理论基础。

一、数字经济的概念

美国著名新经济学家唐·塔普斯科特（Don Tapscott）在 1995 年出版了《数据时代的经济学》一书，因此，他被认为是最早提出"数字经济"概念的人，后来他还陆续出版了《数字经济蓝图：在电子商务时代的创造财富》等相关的论著，所以有人称他为"数字经济之父"。MIT 媒体实验室创立者尼古拉斯·尼葛洛庞第（Nicholas Negroponte）（1996）在其著作《数字化生存》中描绘了数字时代的宏伟蓝图，阐明了信息技术、互联网的影响和价值，他认为，数字经济"是利用比特而非原子的经济"，指出了数字经济基于网络技术的本质特性，这一思想在早期产生了广泛的影响。Mesenbourg（2001）认为，数字经济由电子商务基础设施、电子商务流程和电子商务三部分组成。Knickrehm 等（2016）认为，数字经济是由发展数字技术，购买数字设备（包括软硬件、通信设备），以及用于生产环节的数字化中间品、服务等各类数字化投入带来的全部经济产出。Bukht 和 Heeks（2017）认为，数字经济有广义和狭义之分，所有基于数字技术的经济活动都可以称为广义的数字经济，软件制造、信息服务等数字部门，以及平台经济、共享经济、数字服务等因 ICT 而产生的商业模式都可以称为狭义的数字经济。

许多机构从不同角度对数字经济的定义进行了研究。1998~2000 年，美国商务部先后印发了《浮现中的数字经济》（Ⅰ，Ⅱ）和《数字经济》，这几个研究报告引起了多方对数字经济的关注。英国计算机学会（British Computer Society）指出，数字经济是一种基于数字技术但不只限于互联网交易的经济形态。法国经济财政部下属的数字经济有关机构认为，数字经济是依赖于信息通信技术的行业，包括电信行业、软件行业、互联网行业、视听行业以及基于这些行业而发展的那些行业。韩国政府认为，数字经济是基于互联网等信息通信产业而开展的电子交易、网络搜索服务、网络购物等各类经济行为和服务。俄罗斯联邦政府下属专家委员会认为，数字经济是一种经济活动，它是以保障俄联邦国家利益为目的，发生在生产、管理等过程中使用数字或信息技术的各类经济活动。澳大利亚政府（DBCD，2013）则指出，数字经济是经济社会的全球网络化，它通过移动互联网、电子通信等信息技术来实现。在 G20 杭州峰会上，与会国家在达成的《二十国集团数字经济发展与合作倡议》中明确界定了数字经济的概念，即它是以使用数字化的知识和信息作为关键生产要素、以现代信息网络作为重要载体、以信息通信技术的有效使用作为效率提升和经济结构优化的重要推动力的一系列经济活动。中国信息通信研究院（2017）研究指出，数字经济关键生产要素是数字化的知识和信息，数字经济的核心驱动力是数字技术创新，把数字经济分为数字经济基础部分和数字经济融合部分，这种分类方法得到了许多学者和研究机构的认同。赛迪顾问（2017）将数字经济归纳为以数字为基础的一系列经济活动的总和。

以上对数字经济的定义各有侧重，范围也不尽相同。本书认为，数字经济是基于信息基础设施和信息通信技术，以数字化的知识和信息为关键生产要素，以数字技术创新为核心驱动力，以现代信息网络为主要载体，在数字产业化和产业数字化的过程中推动数字经济与实体经济深度融合而发生的生产、消费和交易等一系列经济活动的总和。

二、数字经济的内涵

第一，数字经济是一种新经济。数字经济是继农业经济、工业经济之后，基于数字技术不断提高传统产业数字化、智能化水平的新型经济形态。随着互联网、移动互联网、物联网等的发展，数字技术逐渐成为数字经济重要的生产要素，被广泛应用到经济社会的各行各业，这有利于提高生产率、拓展经济增长的新空间、推动经济转型升级并塑造经济新形态。数字化的知识和信息、数字技术创新、现代信息网络分别成为这种新的经济形态的关键生产要素、核心驱动力、主要载体。通过数字技术能够实现数字经济与实体经济的深度融合，进而不断衍生出新业态、新模式，推动传统产业的数字化和智能化改造，加快产业的转型升级、融合发展和结构调整。

第二，数字经济包括数字产业化和产业数字化两大部分。数字产业化是数字经济的基础部分，包括电子制造、软件服务以及信息通信等信息产业。产业数字化是数字经济融合部分，包括传统产业由于应用数字技术所带来的生产数量增加和效率提升，其新增产出成为数字经济的重要组成部分。

第三，数据成为数字经济时代的关键生产要素。在农业经济时代，劳动力和土地是关键生产要素，到了工业经济时代，资本、技术就成为新的关键生产要素。到了数字经济时代，鉴于数据资源所具有的可复制、可共享、无限增长和供给的特性，与传统经济模式中要素供给制约经济增长的情况不同，成为关键生产要素的数据为经济持续增长和永续发展提供了基础与可能。随着互联网、物联网的迅速发展，产生了海量数据，而这些数据蕴藏着巨大的潜力和能量，成为隐性的战略资源，为数字经济与经济社会的深度融合提供了可能。大数据、云计算等新一代信息技术的发展为处理海量数据提供了重要技术支撑，使数据的重要性日益凸显，也使海量数据由"沉睡的资源"变成社会的基础性战略资源。迅猛增长的数据成为数字经济发展的必然要素和强大推动力。

第四，数字经济成为重塑经济社会结构的重要驱动力。数字经济不仅是一种新的经济形态，还会推动形成新的社会形态。近年来，随着高速光纤网络、高速无线宽带、软件、集成电路等新一代信息基础设施的快速建设，互联网、物联网、移动互联网、云计算以及人工智能、虚拟现实、区块链等数字技术不断发展，数字经济加速融入生产、生活、消费各个环节。一方面，数字经济与传统产业加快融合渗透，加速形成"数字技术—经济范式"，推动传统产业转型升级；另一方面，数字经济正带来"创造性毁灭"效应，催生"新产品、新市场、新方法、新供给、新组织"，形成新业态、新模式，从而渗透到社会经济发展的各个过程，改变社会治理模式，对经济社会产生革命性、系统性和全局性的影响。

三、数字经济的特征

本书将数字经济的特征概括为"三化"（数字化、虚拟化、网络化）、"三高"（高效率性、高外溢性、高融合性）、"一低"（低成本性）。

一是数字化。数字化实质上是一种计算机语言可处理的技术，就是将诸如声音、图像、文字、色彩等可感的信号，通过二进制编码转换为由0和1组成的数字信号，这种信号可以压缩、保存、传输、加工、复现，容易加密。数字经济时代，所有的信息都能够用数字化形式进行表示、储存和传递，并通过数字技术渗透到社会经济活动中，为促进数字经济快速发展，进而提高社会生产率、降低成本提供了必要条件。

二是虚拟化。数字经济基于信息技术，可以通过互联网虚拟空间和电子商务等平台企业，形成复杂的虚拟网络空间系统。数字经济在可以无限扩大的虚拟空间中，不断拓展产品生产、消费、服务等环节的链接、数据、计算等功能，改变生产消费模式，优化资源配置方式，深刻变革着人们的生产生活方式。特别是随着移动互联网、云计算、智能终端及其应用的不断发展，电子商务平台企业如阿里巴巴、亚马逊、腾讯、京东、小米等迅猛发展，并进一步推动了云计算和云平台快速扩张，推动了线上线下深度融合，使经济活动不断由地理空间向虚拟的信息空间转移，推动了数字经济的快速发展。

三是网络化。数字经济以互联网为载体，必然具有网络化的特征。随着互联网特别是移动互联网的发展，数字经济网络化程度日益加强，不断打破时间、地理空间的限制，形成网络化的流动空间（Space of Flows）。数字经济在这样一个流动的空间中，将社会资本、技术、劳动力等各类生产要素进行资源整合，实现跨界连接，加快万物互联，深刻改变产业、行业发展模式，表现出明显的网络效应。数字经济在区域经济层面表现为降低交易成本、促进区域间交流合作，极大地加强区域间的联系。

四是高效率性。数字技术使专业化分工日趋精细化、精准化，经济活动受时空因素的制约程度明显降低，技术的创新、扩散更快，产品的开发、价值的实现也更快。数字经济可以通过精准营销助力实现供需精准匹配，提高生产要素、商品等的流通效率，大幅节约时间成本、交易费用。数字经济能够把市场需求信息更快更准地传递到供给侧，通过线上线下互动的方式精准匹配供给和需求，大幅提高资源配置效率。同时，数字经济可以提升企业间生产协同水平。比如，企业通过云平台等可以实现资源整合，将分散生产的企业组织在一起，相互配合、协调一致地工作，以完成单一实体不能完成或不经济的任务，实现生产、营销、设计、消费等各环节的高效对接。

五是高外溢性。基于信息网络技术和信息基础设施的数字经济还具有外溢效应，能够带来收益递增和规模经济。数字经济能够通过技术溢出效应促进区域经济全要素生产率增长，通过空间溢出效应影响城市之间的空间经济联系。Eagleetal（2010）利用人们手机联系往来的大数据进行研究，发现通信技术使得区域之间的联系更加紧密。非常明显的一点是，现在随着智能终端、移动互联网的发展，人们通过智能手机就可以实现即时办公、即时生产、即时消费等，深刻改变了人们的生产生活方式。Tanabe等认为，城市是外部经济与城市内公司的地理集中相联系的结果。Broekel 等利用引力模型及其扩展模型探讨了网络关系的特征、网络结构的空间背景及其动力机制，认为区域背景下网络结构可以驱动经济体创新。He 通过动力模型、网络的相关分析解释了城市及空间和创意经济的交互关系。

六是高融合性。数字经济日益成为推动产业融合、产消融合的催化剂，产业融合、产消融合也成为数字经济蓬勃发展的主要驱动力，体现了数字经济高融合性的特征。具体表现在三个层面：一是供需融合层面。在供给侧，数字技术加快向产业渗透，并在与三次产业的融合中衍生迭代出很多新兴产业、新型业态，与传统产业相比，产业的边界越来越模糊；在需求侧，数字经济下的商业模式也发生了重大变化，数字经济时代产生的新型商业模式以消费者为中心，其依据自身的需求深入参与到产品的前端研发、产品设计和商品销售等各个环节，消费者变成了产品生产、流通的重要参与者。二是数字经济与传统产业融合渗透方面。一方面，数字经济向传统产业渗透的范围越来越广、影响越来越深，O2O、共享经济等新业态、新模式不断衍生迭代，提升了消费体验和资源利用效率；另一方面，传统产业加快实现数字化、智能化，推动传统产业利用数字经济转型升级、提高效率、实现增长，成为数字经济的主要组成部分。三是线上线下、实体与虚拟融合发展方面。工业经济时代，生产、分配、交换和消费主要在实体空间中完成，受到地理空间的极大限制。随着数字技术的发展，越来越多的企业在虚拟信息空间中构筑虚拟车间、虚拟工厂、虚拟销售。制造业数字化转型就是虚拟实体融合的典型应用。在流通领域，线上线下融合能重塑零售模式，提高零售效率，满足用户多样化多层次需求。

七是低成本性。数字经济的出现大幅降低了信息获取成本、资源匹配成本、资本专用性成本、制度性交易成本。首先，可以降低信息的获得成本。数字经济改变了传统获取信息的手段和方式，大大降低了经济主体获取相关信息的成本费用。其次，可以大幅压缩资源的匹配成本。数字经济通过打通线上线下两个空间，大幅降低了资源的发现、合同签订、监督实施等方面的费用，并解决了主体间信息不对称的问题。再次，可以大幅降低资本的使用成本。数字经济能够有效解决企业固定资产或人力资本用于特定用途后，不能经济性地用于其他途径的问题，能最大程度地摊薄专用性资本购买和使用成本。最后，可以有效降低制度性交易成本。数字经济可以为降低企业因遵循政府各种制度、规章而需付出的成本提供有效手段和可行途径。

第五节　共享经济理论

作为一种新的商业经济形态，共享经济起初并不是来自于"共享经济"这个概念，而是在与分享经济、协同消费、泛共享经济、租赁经济等类似术语相互纠缠中演化而来的。共享经济作为新商业经济学的基础理论，我们有必要厘清和设定共享经济的具体内涵。

一、共享经济的概念

（一）分享经济

分享无处不在，人类从未离开过分享。朴素的分享观念和实践由来已久，尚未开启文字文明的原始社会就有"平均分配"的意识和行为，中国古代的"劫富济贫"也是这一思想的体现，农业生产的分租制度也包含着分享的意蕴。可以说，分享一直存在于古代人们的生活、意识和社会制度当中。当然，促使人们分享的原因，除了情感之外，更多的是物质匮乏的无奈。彼时，连经济的概念都没有，更毋宁说有什么分享经济了。当历史的指针指向近代的刻度，尤其是在西方发生第一次工业革命后，西欧领导的泛欧工业化让欧洲率先跳出了马尔萨斯陷阱，终于跑赢了与人口增长的比赛。借力机械和能源，流水线工厂生产出了大量商品，物质财富急剧增长，同时，私权神圣、契约自由和过错责任三大法律原则合在一起，以激励创新、保护创造和鼓励交易的正当理由，强化了人们的私权观念。人们突然发现，物质越多，人们反而越不愿意分享了。但不得不说，对这种自私的心理和举止，绝不能以后来者居上和从道德说教的立场出发将其贬损为一种十足的道德沦丧，自私反而构成了勇于创新、敢于冒险和积极创造财富的内在驱动力。个人私利可以导向全体福利，这正是亚当·斯密在其《国富论》中所提出的那个被称为"无形之手"的市场机制的哲学基础。看来，作为经济形式的分享，还要等待一些历史条件的铺排，才会于某个特定的时空节点乍现。

20 世纪 60 年代末，西方开始出现高通货膨胀率和高失业率同时存在的滞胀情况，流行 40 年的凯恩斯主义对此一筹莫展。为解决这一问题，威茨曼的分享经济理论应运而生。1982 年，威茨曼针对失业发表了《报酬递增和失业理论基础》一文，指出经济系统自我调整能力的局限性是造成非自愿失业现象的重要原因。1984年，其标志性成果《分享经济》一书正式出版，并在美国乃至全球引起了非同寻常的反响。根据威茨曼的分享理论，职工与资本家一样，可以分享企业的利润和剩余价值，分享经济的薪酬制度也能够自动地促使企业多雇佣工人。威茨曼提出的分享理论偏重于学理分析，对分享经济进行具体制度设计的任务则是由米德完成的。在其著作《分享经济的不同形式》中，米德将分享经济区分为纯利润分享和纯收入分享两种形式，并对此做出了严格区分。英国经济学家威茨曼和米德的分享思想，被誉为西方分享经济理论的两大支柱，分享经济理论也引发了许多学者的跟进研究与拓展。

威茨曼和李炳炎的分享经济理论都是从微观层面的企业行为出发，以解决分配问题为目标，二者都高度重视企业中劳动者的地位和作用，有利于消除传统体制中的利益矛盾，解决经济发展动力不足的问题。不过，李炳炎和威茨曼分别从中西方领域率先提出的分享经济，是从所有制和分配的角度提出的，主要用于解决劳资关系问题，不是消费意义上的分享，因而与由协同消费演化而来的共享经济，不属于同一个范畴。分享是一种不计回报、非互惠的非经济行为，而分享经济的概念，已经从本质上有别于过去的生活互助性质的分享行为，让分享从一般的社会领域进入了经济领域。

（二）泛共享经济

在共享经济的界定中，目前理论界和实务界一直都存在一个悬而未决的最大问题，就是共享的标的是仅限于闲置资源还是包括所有的社会资源。在中国的共享单车风靡海内外之前，无论是理论界还是在应用层面，对共享经济的理解均限于闲置资源，对共享经济的概念、特征、类型、意义的相关描述，也都是以闲置资源为当然的预设。共享经济鼻祖罗宾·蔡斯就认为，共享经济主要由产能过剩、共享平台以及人人参与三个基础要素构成。然而，随着中国共享单车、共享充电宝、共享篮球、共享雨伞、共享马扎等共享经济新类型的产生并走向全世界，诸如这些新实践算不算共享经济、共享经济是只能限于闲置资源还是可以扩充到所有的有效资源等这些问题旋即产生，并引起了人们的讨论。

有的学者坚持认为，共享经济仅限于闲置资源。郑志来（2016）指出，共享经济借助网络等第三方平台将闲置资源使用权暂时性转移，通过提高存量资产的使用效率为需求方创造价值。国家信息中心于2016年发布的《中国分享经济发展报告（2016）》在定义"共享经济"时，将可以共享的对象限定为"海量的分散化闲置资源"。人民创投区块链研究院（2019）也认为，共享经济是"基于技术手段提升闲置资源利用效率的经济新范式"。

有的学者则主张，共享经济不应仅限于闲置资源。张明玉（2017）指出，共享经济是利用移动互联网低成本、高效率整合和优化配置海量的、分散化的信息知识、技术智能、生产力能力等资源，满足社会多样化需求和可持续发展的经济活动的总称。《中国分享经济发展报告（2017）》对共享经济进行了界定，并将共享经济限定为一种整合海量、分散化资源的经济活动。许荻迪（2019）则基于双边市场视角对共享经济与泛共享经济进行了比较：把使用既有闲置资源的称为共享经济；将无法满足上述特征而又被约定俗成、实用主义地称为"共享经济"的多种业态划分为"泛共享经济"，认为当前涌现的泛共享经济可分为分时租赁、实物广告、在线二手交易三类。徐颖（2019）认为，泛共享经济是指一切以共享经济为名或以其模式经营的经济形式，既包括以共享闲置资源为对象的共享经济，也包含专业资源和企业的共享。她还从平台作用、被分享资源的性质、盈利方式、信用机制，以及对消费、环境的影响五个方面，比较分析了两者的不同。唐亚汇（2019）则从实践层面界定了共享经济的研究对象及实践图谱，并将共享经济区分为基于存量的基本模式和基于增量的演化模式。

事实上，闲置资源本身也值得商榷，其并不是一个很明确的概念。首先，或许是因为共享经济发端于协作性消费，从一开始关注的是消费者个人对其他消费者个人闲置资源的共享，因此，许多学者在以共享对象只能是闲置资源为限制来界定共享经济时，实际上是建立在闲置资源属于个人所有这个隐含的预设基础之上的，但是如果从社会层面来考虑，即如果不把闲置资源仅限定为消费者的个人闲置资源，而是整个社会范围的过剩和闲置资源，共享经济概念的延展就具有合理性。其次，共享经济的兴起，肇始于具有物理形态的闲置资产，即法律体系中的有体物和会计资产核算中的有形财产。随着世界经济的发展和科技的驱动，具有财产权益的无体物和无形财产越来越多，目前共享实践中的闲置资源，越来越不同于过去财富理论中描述的实物资产闲置，而包含了以软性、虚拟价值为特点的知识、技能、时间等新闲置资源。最后，闲置资源属于经济学中的沉没成本，虽然在增量资产共享经济形式运营初期，需要投入大量购置资金，但在后续的运营中，这些投资也被计入了沉没成本。由此不难看出，共享经济的边界在不断地扩展，闲置资源的主要内涵也在变化，继续沿用以往的闲置资源衡量标准对共享经济进行界定已难以实现真正的共享目的。另外，随着社会整体物质水平的提高、精神生活的丰富、文化价值观的多样化发展，个体的需求也趋向于复合化。当基础层次的需求得到满足之后，对于高层次需求的追求将会产生更多的闲置资源，这些闲置的资源都可以用来共享，都有助于降低资源的沉没成本。

鉴于以闲置财产为对象的共享形式，与以闲置资产之外资源的共享形式，两者确有一定的区别，而且在盈利方式、双边市场效应、平台作用、监管等方面也存在不同，因此，共享经济内部有必要根据是否以闲置资源为对象做出一定的区分，从而形成一种"对外统一、对内有别"的界定方式。就本书而言，如无特殊说明，共享经济既包含以闲置资源为对象的共享形式，也包含以增量资源为对象的共享形式，即不以闲置资源为限。同时，为了表述和指称的方便，本书在需要对两种形式进行区分的场合，将以闲置财产为对象的共享形式称为纯共享经济，将以增量资源为对象的共享形式称为泛共享经济，其中，纯共享经济是典型形式。

（三）租赁经济

租赁经济，是一种转移物之使用权的传统经济模式。由于租赁经济和共享经济都是重使用而不重所有，而且许多传统租赁企业开始追随潮流尝试新模式，也在依托"互联网+"进行转型，甚至直接升级为"共享+"，二者的确存在直观上的相似之处，因此，许多人认为共享经济本质上就是租赁经济。但共享经济与租赁经济在本质内涵、理论基础与基本特征等诸多方面都不相同，这种"共享+"转型也并不能真正成为共享经济。对比二者形成与运行的逻辑，将有助于进一步廓清共享经济的本质与外延，进而有利于共享经济理论体系的框定与构建。

第一，租赁经济主要是增量模式，而共享经济主要是对闲置资源再利用的存量模式。从经营者来看，共享经济主要是对社会闲置资源进行优化配置，其经营平台主要负责闲散资源与消费者之间的连接，以盘活社会闲置资源、优化社会效益和创造新价值。租赁经济主要是一种增量模式，公司自营用来让渡使用权的产品，并未起到使社会中已存在的大量闲散资源实现再利用的作用。

第二，从产品供应和平台运营来看，共享经济属于 C2C 模式，轻资产运营，平台只负责连接供需两端，不用大量投入，运营成本较小且所提供的产品存在较大差异。租赁经济则是 B2C 模式，租赁物的所有权归属于经营者所有，经营企业须投入大量资金生产或购置产品，经营成本较大。

第三，共享经济时长弹性大，租赁期时长弹性小。尽管共享和租赁都注重对物的利用，但相比较而言，共享经济更注重在其他人使用相同物品上的可及性，尤其强调使用的灵活性，使用被细化和拆解为较小的单位，时长弹性大。租赁经济在时长的方式和时间上的弹性比共享经济要小得多。租赁物的最小单位时长大且相对比较固定，很多时候为了确保安全还要交付一定的押金以换取使用担保。同时，由于传统租赁物的本身价值性以及使用上的不可同时分享性，租赁的交易边界成本很难降低，使得大量的使用需求无法通过租赁而得到满足，沉淀了占有物的使用潜力。但是，移动互联网可视化的移动 LBS、动态算法与定价、双方互评体系则让物资共享成为可能。共享经济模式可以充分释放闲置物品的使用潜力，让占有人长期所有或占有的物可以暂时分享给别人使用，物之交易边际成本递减甚至趋于零，这就大大提高了资源的利用效率。

第四，从发展趋势和政策支持上来看，共享经济是新一轮产业革命和科技革命的产物，将成为未来经济发展的重要支撑，也将获得更多政策上的倾斜。然而租赁经济则只能在重资产尤其是传统的房屋等产品上持续发挥作用，释放的生产要素积极性不高，也很难获得政策的大力支持。

（四）共享经济

共享的概念和模式古已有之，早在原始社会人们就开始通过共同合作完成相应的生产劳动，通过共同分享来维持生活。随着共享经济在全球的快速发展，"共享经济"一词也在动态扩展，其分享内容、范围及方式也在不断更新。目前，国内外理论界与产业界对共享经济的认识不统一，但一般认为，共享经济（Sharing Economy）来自于"协同消费"，最早是由马科斯·费尔逊（Marcus Felson）和琼·斯潘思（Joe L. Spaeth）提出的。然而，协同消费的概念虽然提出很早，但并没有被人们马上重视和应用。直到 1995 年，世界上第一个分享物品的 C2C 网站 ebay 才成立，2000 年，"共享经济鼻祖"罗宾·蔡斯（Robin Chase）创建了全球第一家汽车分享网站 Zipcar，共享经济才正式启航，不同的企业和个人也陆续开始试水。

2008 年国际金融危机后，共享经济迅速发展，共享逐渐突破偶然、无偿、私人之间的分享边界而转向一种以向陌生人暂时转移私人物品使用权、以获得一定报酬为目的、有偿、理性的全新商业模式，实现了从共享到共享经济的蜕变。知识共享组织（Creative Commons）的创始人之一、美国哈佛大学法学院法学教授劳伦斯·莱西格（Lawrence Lessig）（2007）在《纽约时报》的一篇报道中最早提出了"共享经济"，后来被媒体广泛使用。2008 年，他进一步将共享经济定义为：那些以对他人所拥有的资源进行分享、交换和租赁为形式的协同消费。Botsman 和 Rogers（2010）将协同消费定义为"组织分享、交换、借用、交易、租用、赠礼、互换的体系"，2011 年，美国《时代》周刊把"协同消费"作为年度"十大改变世界创意"之一。同年，《共享型经济是一场静悄悄的革命》一文发表，有关"共享经济"的话题频频见诸于西方媒体。不同的学者使用的有关名称也不尽相同，如"协同消费""分享经济""合作经济""协同经济""协作经济""零工经济""点对点经济""P2P 经济""按需经济""轻资产经济"等。在这一众名称中，除以上已对分享经济做出的例外说明外，本书将其他名称在等同于共享经济的意义上加以看待和使用。Belk（2014）认为，以上研究对协同消费定义得过于宽泛，协同消费应该是人们为了货币或非货币报酬，协同获取和分配资源的过程。他将共享经济定义为"为了获取金钱或其他收益而协作进行的资源获取和分配"。Wosskow（2014）基于平台的角度认为，共享经济是一种可以共享资产、技术以及时间等资源使用权的在线平台。

姜奇平（2015）认为，共享经济的商业模式是以租代买，理论基础就是商品所有权分离为支配权和使用权。腾讯研究院将共享经济定义为人们将闲置资源通过平台与他人分享并获取盈利的经济现象。董成惠（2016）认为，共享经济是社会发展到特定阶段的产物，是一种借助互联网平台并以共享使用权为目的的消费模式。宋逸群和王玉海（2016）主张，共享经济就是基于人与人之间关系的跃升，并逐渐形成的新组织方式。郑志来（2016）认为，共享经济借助网络，把闲置资源使用权暂时性转移给他人，从而提高存量资产的利用率。郑联盛（2017）提出，共享经济是一种基于互联网平台而提高闲置资源再利用效率的新的资源配置方式。

总之，共享经济就是一个伞形概念，很多名称都可以包含在其中，至今也没有一个明确的定义，学者们研究的视角不同，对共享经济的界定也就有别。另外，随着环境的变化和涉及范围的扩张，共享经济本身也在调整中，这也给界定其内涵增加了难度。共享经济是对传统经济的破坏式革新，对社会生产、人们的生活产生了巨大影响。

二、共享经济的特征

共享经济是在互联网平台的基础上建立起来的，互联网技术是共享经济得以实现的现实条件。互联网技术的勃兴和企业平台的出现，降低了信息的获取成本，使资源得到有效配置。没有互联网，共享经济也就失去了技术上的支撑。

共享经济从产生之初，就是以闲置资源为共享对象的，是对沉没成本的社会化利用，倡导"租"而不是"买"。尽管后来在实践当中，开发出了新的以增量资源为对象的共享单车、共享汽车、共享充电宝等，但共享经济仍然主要以闲置资源为对象。

许多学者在定义共享经济的这一特征时，多将共享经济的特征定为"重使用而非重所有"。但实际上，共享经济的特征应该是"重使用而非重占有"，而不是"重使用而非重所有"。现实生活中大量发生的租赁行为皆属于"使用而非所有"，"使用而非所有"显然因未能区分共享经济与传统租赁的区别而表述不确切。从法学视角分析，租赁虽是债权，但却以排他性的持续占有为旨归，以"重使用而非重所有"为典型特征。但由于传统租赁物的本身价值性以及使用上的不可同时分享性，租赁的交易边界成本很难降低，使得大量的使用需求无法通过租赁而得到满足，沉淀了占有物的使用潜力。共享经济可以充分释放物品的使用潜力，让占有人长期所有或租用的他人之物都可以暂时分享给别人使用，使用人也是仅"重使用而非重占有"，物之交易边际成本递减甚至趋于零，这就大大提高了资源的利用效率。如果说，由租赁引发的是占有权和所有权的第一次分离，由共享经济导致的则是使用权和占有权的第二次分离。

共享经济借助互联网技术和经营平台来提高资源的使用效率，进而给资源提供者和消费者增加经济利益，让供需双方共享消费者剩余，同时还有利于加强沟通，消除冷漠，从而满足了人性中固有的社会交往、共享和自我实现等不同层次的客观需求，也顺应了人类环保意识的觉醒。共享经济把人和地球都放在了经济体系的核心位置，努力使价值的创造、生产和分配与自然资源保持协调或和谐，而不是以牺牲地球为代价，促进人类生活在环境范围内的繁荣。

三、共享经济的影响

（一）共享经济的优势

关于共享经济的优势，罗塞尔·贝尔克（Russell Belk）认为，共享作为替代商品交换和礼物赠送的另一种分配形式，可以促进虚拟社区的发展和资源的节约利用，并产生一定的协同效应。乔治梅森大学的经济学家Koopman认为，共享经济带来了多个方面的价值：使未充分利用的资产得到更有效的利用；平台将买卖双方聚集到一起，使供需双方的竞争更激烈；减少了交易成本；扩大了交易范围；通过聚合过去消费者和生产者的评论，减少了买卖双方的信息不对称问题。共享经济为消费者、供应者及中间平台创造了效益。对于消费者，共享经济为其提供了便利，消费者可以不用去购买商品，只要通过使用某种自己想要的商品就可以达到想要的目的。从生态学的角度出发，共享经济减少了商品和服务的浪费现象。服务和商品的供应者以及中间平台可以从这种新的商业模式和新的服务中获利（Hamari et al.，2016）。从社会角度考虑，共享经济的实践增加了社会融合；从经济角度考虑，共享经济对经济的正效应是毋庸置疑的，只有加入共享平台对双方都有利的时候，人们才愿意加入共享平台。收入的增加或者消费者福利的增加，可以直接看作是因为交易成本的降低所导致的结果，但是增加的收入和社会福利的分配可能是不均等的。以共享短租平台为例，很多学者认为 Airbnb 的住宿很受欢迎，因为它的价格合理，能够提供共同创造的体验，并且能确保家庭设施的真实性和独特性（Guttentag，2015；Zhang et al.，2018）。Mao 和 Lu（2017）研究发现，与酒店类型的住宿选择相比，Airbnb 上房源带来的感知价值更强，这也是旅客选择共享住宿平台上房源的最主要原因，游客一般在下一次旅行时会再次使用 Airbnb 平台。另有学者研究认为，除了在出行和短租领域存在共享之外，在其他领域也存在共享经济，他们以瑞典的社会和传统媒体的数据为依据，研究发现在 17 个行业和 47 个分行业长尾中共有 165 种独特的共享经济参与者，包括按需服务、时装和服装以及食品配送等部门，可以看出共享经济涉及的领域非常广泛。有学者从社会交易理论视角分析了共享经济的相对优势，并且指出了共享经济带来的经济和社会效益。他们认为：共享经济与之前的传统经济模式相比，可以给参与方带来更多的效益，而且共享经济对传统经济的可替代性、可比性不断增强；从社会利益来看，人们在参与共享经济的同时，也带来了社交网络的扩展。Fraiberger 和 Sundararajan（2015）认为，对于中低等收入的群体来说，共享经济给他们带来的消费变化尤为明显，他们的研究结果表明，这些低收入群体能够通过共享经济这种更具包容性、更高质量的基于租赁的消费来获得更大的社会福利效应。

(二) 共享经济的缺点

共享经济也带来了一定负面的影响，存在一定的劣势。Malhotra 和 Al-styne（2014）对共享经济的一些劣势进行了列举：在房屋租赁市场，短期租客可能对长期居民的生活造成一定的影响，甚至发生冲突；短租市场会影响到长租市场的供给，会对需要进行长租的低收入人群造成一定的影响；在打车市场，提供出行服务的个人很多没有通过执业考试，或者没有相应的商业保险，成本较低，而有执照的出租车司机的投入成本较高，这就使得他们与共享平台中没有执照的人相比竞争力减弱。Einav（2015）提出了它的缺点（如边际成本较高），认为其在市场上只能用来拾遗补阙，即当出现需求高峰时才被需要。Henten 等（2015）从产业结构的视角讨论了共享经济，他们认为：由于共享经济基于互联网平台，所以使交易成本下降；共享经济平台具有双边市场的特征，越多的消费者，吸引越多的供应者，反之同理。另外，共享经济与传统经济在市场细分方面所针对的目标客户群有所不同，所以在一定程度上有互补作用。当平台的双方进行交易时，可能会对第三方的利益造成损害。比如在房屋共享经济中，会让这套进行分享的房屋的邻居感到烦恼，并且让他们感受到来自陌生人的危险（Frenken，2017）。

四、共享经济的中国化研究

近几年来，国内学者对共享经济的定义、成因、商业模式的研究取得了丰富的成果。汤天波和吴晓隽（2015）对共享经济的基本内涵、主要特点和影响进行了分析，认为共享经济是以信息技术为纽带实现使用权共享，具有成本低廉、资本高效和灵活性强的特点，共享经济的产生会对传统产业和政府管理带来一定的挑战。董成惠（2016）认为，共享经济是借用互联网络平台、以共享使用权为目的的消费模式，共享经济模式需要符合四个基本条件：网络平台、闲置资源、共享理念和陌生人之间的相互信任。郑志来（2016）研究了共享经济的成因和内涵，总结了共享经济三个方面的盈利模式。秦海涛（2016）认为，共享经济商业模式的特点包括：利用闲置资源或者服务获取收益、去中介化、动态定价以及双向约束机制。刘蕾和鄢章华（2017）将共享经济产生的原因归结为被动创新，认为共享经济的出现是为了解决新经济环境下的资源供需匹配问题。与传统经济模式相比，共享经济模式是"去中介化"和"再中介化"的过程。许获迪（2019）以平台和供需的特征作为切入点，对共享经济和泛共享经济进行了区分，指出分时租赁类、实物广告类、在线二手交易类属于泛共享经济的范畴。共享经济的优点还在于其更容易整合线下资源，降低了中间环节的成本，并且通过个性化的产品或服务提高了竞争优势，同时共享经济也有其自身的劣势，比如消费者权益保障程度低、对传统的商业模式造成冲击、个别大平台容易形成垄断（刘兴汉、钟晓敏，2017）。从经济伦理的角度出发，共享经济所促成的是一种适度消费、合作互惠、相互信任的经济伦理新常态（乔洪武、张江城，2016）。吴光菊（2016）以共享短租平台 Airbnb 与共享出行平台 Uber 为例，指出这两种模式的出现是技术因素、社会因素以及经济因素共同起作用的结果。何勤等（2019）以"微工网"为例，分析了共享经济条件下有正式工作的兼职劳动者和完全兼职劳动者的就业选择影响因素，结果发现两类劳动者在劳动选择的推力和拉力方面存在着明显的差异。他们认为，为促进灵活就业平台深度发展，应在科学规划、提供成熟的综合服务、推动平台自我规范等方面采取措施。李牧南和黄槿（2020）对共享经济的范畴问题和商业模式进行了分析和探讨，重点分析了当前我国共享经济领域若干商业模式中存在的一些问题，并提出了相应的政策建议。

第五章　新商经领域几个热点问题

第一节　网络经济下的零售新业态

本节所介绍的零售新业态的发展也可称为"新零售"的发展。本节将围绕基本概念、典型特征、主要模式等方面清晰阐述零售新业态的基本理论，并在此基础上，进一步分析零售新业态的现状、典型案例、发展建议等，以期为进一步促进网络经济下的零售业发展提供启示和帮助。

一、零售新业态的基本理论

（一）概念辨析

网络经济下的零售新业态是一种以互联网为依托，将消费与大数据、云计算、物联网以及人工智能技术结合起来的新业态，即新零售业态（许金杏，2021）。这一概念最初起源于国内，由马云在 2016 年 10 月正式提出（王正沛、李国鑫，2019），但截至目前仍无统一的规范性概念。部分学者认为，零售新业态是指在先进思想的指导下，结合云计算、大数据等技术，将货物和服务出售给最终消费者的过程与活动，是利用互联网技术对传统零售方式的改良与创新（赵树梅、徐晓红，2017）。还有学者认为，零售新业态是一种全新的零售模式，利用互联网技术，融合线上、线下与现代物流，形成"实体店商＋电商＋物流"的新经营格局（梁莹莹，2017）。总的来说，各方基本认同的是，零售新业态区别于传统零售，主要通过重构供应链以及升级改造物流体系，来推动线上、线下的多方融合。

（二）典型特征

（1）以消费者需求为中心。与以生产者为中心的传统零售商业模式相比，零售新业态的模式致力于以消费者为中心，商家所做的一切都是以顾客需求为主（徐俪凤、梅莉，2022），只有向消费者提供满足其需求的产品（服务）才能增加消费黏性（梁莹莹，2017），使消费者重复购买。随着生活水平的不断提高，消费者的消费观念已发生较大变化，消费层次不断升级，对产品（服务）价格的敏感度有所降低，但对消费体验的敏感度逐渐上升，而零售新业态构造的"场景化消费"在很大程度上契合了消费需求，也准确把握了销售时机。

（2）线上、线下相融合。随着互联网技术的不断进步，越来越多的实体零售企业加速转型，纷纷开展零售新业态，在增强消费场景体验的同时，不断开拓线上零售渠道。与此同时，越来越多的网络电商企业也纷纷开设实体店铺，线上、线下多种资源的交互融合，促使零售新业态的创新模式不断涌现（蔡霞，2019）。此外，线上、线下的零售商展开合作，实现渠道互补和双赢，结合不断升级的物流体系，逐渐形成一个良性循环的全渠道产品和物流配送网络（赵树梅、徐晓红，2017），消费者的购买行为不再受地域、时间和种类的限制，消费体验得到大幅提升（徐印州、林梨奎，2017）。

移动互联网时代，大数据、云计算、物联网、人工智能等现代信息技术在零售新业态中扮演着重要角色。借助这些技术手段可对消费偏好以及产品（服务）的需求信息进行收集、整理和分析，从而为消费者提供更精准的服务（徐俪凤、梅莉，2022）。同时，产品配送的便利性与时效性也离不开技术支持，在此基础上构建起来的现代智慧物流体系，将大幅提高产品运输效率。

（三）主要模式

基于零售新业态的商业模式的构成要素有很多，本节主要从价值主张、资源能力和盈利模式三方面展开分析。

1. 价值主张

价值主张由目标客户和价值服务两个要素构成。目标客户就是企业提供价值服务的对象。随着中国经济快速发展，居民收入水平不断提升，消费人群的富裕化和年轻化使得消费升级趋势从生存型转向发展型（陈曦等，2021）。价值服务就是企业提供的价值内容，具体表现为产品定位。面对不断升级的消费理念，企业不仅更加注重提供个性化的商品，还利用大数据、物联网等新兴技术对消费者的需求精心分析，从而提供更好的消费体验（陈静，2018）。

2. 资源能力

新零售企业的核心竞争力主要是其全渠道的经营模式。从现阶段来看，线上和线下零售企业已开始交互融合，并与物流体系有效结合，构造出全新的合作共赢局面（朱桂银、尹增华，2018）。这种多方跨界融合的经营模式既源于O2O模式（线上到线下），又高于O2O模式，它打破了传统零售的边界，形成了一个良性循环的商品渠道和物流配送系统（张帆，2018）。

3. 盈利模式

随着新零售企业的销售渠道进一步拓展，盈利模式将不再是单一的线上或线下模式，而是线上与线下有机结合的新模式。如图 5-1 所示，新零售企业通过线上、线下双重渠道向消费者提供产品，消费者可根据自身需求选择购物方式，企业可加强对供应链系统的整合，依靠云计算、大数据、人工智能等技术手段，实现良好的成本控制，更好地满足消费者需求，从而增加营业收入（范增民等，2021）。

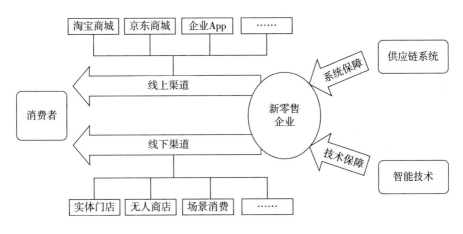

图 5-1　零售新业态的商业模式

资料来源：范增民，路健，王立坤. 社交网红电商风口下新零售的消费驱动因素与模式创新[J]. 商业经济研究，2021（8）：42-44.

二、零售新业态的发展现状

零售新业态已逐渐成为推动社会消费品零售增长的重要力量。2015～2019 年，网上零售总额逐年增长，占消费品零售总额的比重亦不断上升。值得注意的是，在新冠肺炎疫情（以下简称疫情）较为严重的 2020 年，社会消费品零售总额出现下滑，但网上零售额却呈增长态势，占比更是突破 30%。这意味着，疫情暴发时，网上零售可以成长为居民零售消费的重要替代或补充，具体如图 5-2 所示。

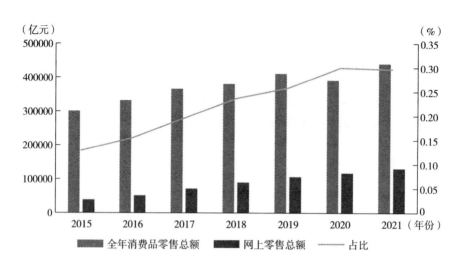

图5-2 2015~2021年社会消费品零售总额与网上零售总额及其占比

资料来源：历年《中国统计年鉴》。

居民的消费内容逐渐由产品消费向体验式服务消费转型（杨永芳等，2020）。本书通过梳理2015~2020年的《中国统计年鉴》发现：涉及衣、食、住、行等基本生活类零售商品销售额的占比呈现出较为平稳的趋势，具体地，汽车、摩托车、燃料及零配件专门零售商品销售额占比由15.7%上升至16.1%，家用电器及电子产品专门零售商品销售额占比由10.3%下降至9.1%。与此形成鲜明对比的是，涉及文化体育、医药医疗器材等非生活必需类零售商品的销售额占比呈现出显著上升的趋势，表现为医药及医疗器材专门零售商品销售额占比由2.7%上升至7.2%，文化、体育用品及器材专门零售商品销售额占比由1.4%上升至2.3%。此外，消费群体趋于年轻化。根据商务部研究院《2020年中国消费市场发展报告》的统计，当前我国"90后"和"00后"的人口规模已达3.4亿人，占总人口比重接近1/4，已成长为消费市场的中坚力量。他们的消费习惯与零售新业态相匹配，主要集中在品质、服务、个性、品牌等关键要素上，精神体验诉求不断攀升（李然、王荣，2020）。

线上、线下相融合是近年来零售发展的新方向（徐春秋、刘凤致，2021），这种融合发展趋势在疫情常态化的特殊背景下越发明显。传统的线下零售渠道越来越不能满足消费者的需求，而线上零售渠道则凭借其种类丰富、价格低廉且便捷的优势不断吸引消费者，因此线上和线下融合成为零售企业发展的重要趋势。需要强调的是，这种融合并非传统零售商发展电子商务或电商企业开设实体门店（肖峰，2018），而是始终以消费者为中心，通过大数据分析消费群体，挖掘潜在消费需求，为消费者提供个性化服务，形成全渠道的零售体系（范增民等，2021）。

此外，全渠道的零售体系还将与现代物流体系深度融合。电商平台、实体店铺以及第三方派送服务商将逐渐推进零售供应体系各环节的整合，实现需求、供应与交付三大功能的有效衔接。零售新业态将对物流业的发展起到促进作用，在物流企业适应零售新业态发展的过程中，智慧化的数据系统乃至物流体系将得以构建，并实现高效快速的配送服务（张曼婕，2021）。

三、零售新业态的典型案例

（一）盒马鲜生

盒马鲜生是 2016 年由阿里巴巴集团推出的新零售门店，旨在为消费者提供更高质量的服务，提升其消费体验。通过线下超市与线上 App 的融合，盒马鲜生将餐饮、超市、物流、配送等环节打通为一体。不同于传统的生鲜超市，它将线上、线下资源相融合，同时整合生鲜超市零售功能以及餐饮服务体验功能，改变了传统零售的商业模式（张慧珍，2020）。消费者购买生鲜产品后，可直接到餐饮区进行加工，通过延伸产业链和服务链提升购物体验，同时自动化的物流设备还可提升消费者的购物效率（黄泽群、时小侬，2019）。

相较于传统零售，盒马鲜生率先注意到数字经济的价值，将大数据、互联网等技术融合到零售行业的经营模式中，并建立了一整套从供应、仓储到配送的完整物流体系，实现人、货、场的最优化配置。在供应端，盒马鲜生将上游供应链进行整合，通过规模采购降低产品成本；在中游端，基于数字技术的支持，商品到店、上架、分拣、打包、配送都通过 POS 枪识别与作业，门店的运营效率得到极大提高；在配送端，盒马鲜生将 30 分钟即时配送范围限定为门店半径 3 公里，超出半径范围的非生鲜订单由第三方运力配送，最长 24 小时送达，这将有效降低配送成本，延伸用户消费场景（邢惠淳，2019）。

（二）超级物种

超级物种由永辉超市在 2017 年开设，是一个集高端超市、高端餐饮和永辉生活 App 于一体的综合体，是一种全新的零售业态。超级物种的定位是生鲜体验店，诸多生鲜产品都可在现场进行加工，高度融合购物与餐饮，使消费者在第一时间体验到产品和服务的高端品质，实现多元需求（黄泽群、时小侬，2019）。

超级物种将超市、餐饮与互联网技术结合在一起，并创建自营品牌，颠覆了传统超市标准且单一的经营模式，给顾客带来全新的消费体验。超级物种通过线上程序创新消费场景、跨界融合构建一站式生活场景以及借力 IP 打造内容场景等方式，提升消费体验和消费意愿，从而实现价值倍增。同时，超级物种借助"永辉生活"小程序和永辉生活 App 等实现产品数字化，获取大量消费数据，并与全球供应商进行数据交互，从而为顾客提供定制化产品和服务（江积海、王若瑾，2020）。

（三）Amazon Go

亚马逊作为美国网络零售业的领军企业，也在积极探索新技术尤其是人工智能技术的应用（张天洋，2021）。2016 年 12 月，亚马逊在西雅图开设了第一家无人零售商店 Amazon Go。这家自助式便利商店没有任何工作人员，无须排队付款，只需登录 Amazon Go 商店的 App 进行签到（张泽吉，2018），就可在商店中任意挑选商品，拿货后可直接离开，由后台系统和手机 App 自动进行结算（赵树梅、徐晓红，2017）。

消费者之所以能在 Amazon Go 中拿货后直接离开而无须排队结算，主要得益于 Amazon Go 商店利用计算机视觉、传感器融合和深度学习等技术，来追踪顾客在商店内的路径以及选购商品，并生成实时账单（张泽吉，2018）。与普通的便利店相比，Amazon Go 这种无人超市的零售模式可省去顾客排队等待交款的过程，非常方便快捷。这是一个将人工智能应用于零售业的典型案例。

四、零售新业态的发展建议

（一）政府

第一，引导企业转型。在新零售的时代背景下，政府应积极推进新零售业的基础设施建设，完善配套规划，为新零售业实现数字化转型夯实基础；同时，应加大对实体零售企业的技改扶持，协助它们对互联网设施和数据资源进行有效整合，与企业共建信息化共享平台，帮助其提升获取消费资源的能力（谢璐、苗苗，2019）；此外，还应为新零售业的中、小规模企业提供优惠政策，适时扶持并加以引导发展（刘雨，2022）。

第二，建立一体化监管体系。鉴于新零售高度整合客流、物流、资金流与信息流，因此政府部门应构建一体化监管体系，以促进企业的可持续健康发展。政府可通过开展试点示范带动，大力发展零售新业态，鼓励新的、符合消费者利益的创新模式，以满足新零售在互联网和新实体经济下发展的需要（赵树梅、徐晓红，2017）。

（二）零售商

第一，完善供应链。新零售供应链的完善需注重顾客的体验和定制需求，同时应整合不同的供应链主体，实现价值共创网络的构建（狄蓉等，2019）。企业应积极创新供应链管理，在采购环节与供应商加强联系，简化流通过程，从而降低商品损耗和成本，合理控制库存，以提升企业竞争力。

第二，加速"新零售"与新技术融合。与传统零售相比，新零售更加注重新技术的运用与推广。新零售是将线上、线下以及物流供应三者有机融合在一起，最大程度地提升用户体验。因此，新技术是线上、线下相融合的重要保证（肖水清等，2018）。基于云计算、大数据等新兴技术，可实现对产品、物流以及消费者的数字化管理。因此，企业应提升科技属性，加速零售业和新技术的有机融合，以便为消费者提供便利、快捷、高效的消费环境（李玉志、赵炳盛，2018）。

第三，培养复合型技术人才。传统线下零售企业的员工学历相对较低，从业素质较差，很难适应零售新业态的转型升级需求（兰虹、赵佳伟，2020）。然而，新零售的重要特征之一就是互联网技术的大规模运用，但在发展过程中缺乏足够的人才支撑。因此，企业需建立相应的人才培养机制，可联合高等院校，共同搭建培养基地，培养既具有理论基础又具有实践经验的复合型技术人才（张娟，2021）。

第四，优化需求。新零售的发展，需始终以消费者为中心，精准关注消费者诉求，满足消费者需求，以提供更好的消费体验（房晶、黄昕，2019）。随着消费者个性化和消费需求的不断升级，他们不仅关注商品价格，更关注商品的质量、时尚性、专属性和售后服务，并呈现出个性化、品质化、多元化和服务化的消费诉求（范增民等，2021），因此企业需转变心态，不断完善服务理念，多角度提升消费体验。

第五，挖掘消费需求。零售企业可借助大数据技术手段不断挖掘消费者的潜在需求，对线上捕捉到的消费者信息进行准确分析，并绘制消费者画像（王淑翠等，2020）；同时，应根据不同消费者的差异性需求，制定不同的营销策略，致力于增强消费体验，以此提升消费者对产品和服务的忠诚度。

第二节　平台经济与反垄断

本节将围绕平台经济的基本概念和主要特征、发展现状与趋势、发展过程中面临的问题等展开论述，并在此基础上，针对平台企业可能出现的垄断问题阐述反垄断的必要性及反垄断的相关措施，以期为平台经济的持续健康发展提供政策思路与启示。

一、平台经济

（一）基本概念

2021年2月7日，国务院反垄断委员会发布了《国务院反垄断委员会关于平台经济领域的反垄断指南》。在该指南中，平台（也称为互联网平台）被定义为，"通过网络信息技术，使相互依赖的双边或者多边主体在特定载体提供的规则下交互，以此共同创造价值的商业组织形态"。简而言之，平台是指一种依托于平台及平台经营者的新型组织方式和商业模式，是互联网平台对资源进行协调配置的一种经济形态（尹振涛等，

2022)，它能够成功地聚集、组织起两边或者多边的市场（王先林，2021）。

（二）主要特征

第一，规模经济。规模经济性体现在两方面：①当平台的单边用户对平台形成稳定的偏好和使用习惯后，平台企业将拥有自我增值和规模扩张的内在动力，甚至逐渐形成"马太效应"局面（李子文，2018）；②平台经济具有数字经济的特性，能以较低成本进行无限复制，从而将边际成本拉低甚至趋于零，进而使得平台企业快速成长，平台经济繁荣发展（韩莹、陈莹，2020）。

第二，高效连接。平台经济涉及诸多产业，并会向产业链上、下游进行延伸，带动复杂产业链中的其他企业共同发展。基于互联网技术的持续发展，各产业链中的不同市场通过信息流有效连接，集聚形成新的业务流程、产业融合以及资源配置模式，并逐渐呈现出实时高效的新特征（尹振涛等，2022）。

第三，网络效应。网络效应是指随着用户数量的增加，用户所得产品（服务）的好处也会增加，这种效应将使得平台经济极易快速扩张（尹振涛等，2022）。平台一边的用户规模往往与另一边的用户规模成正比，其所拥有的用户数量与产生的价值也成正比。平台所拥有的用户数量越多，产生的价值就越大，从而吸引更多用户加入到该平台中（陈兵，2021）。同时，拥有大量用户的平台企业还会积累越来越多的用户，从而形成迅速扩张的正反馈效应（张骏、时玉欣，2021）。

第四，用户锁定效应。用户经常对平台提供的商品具有较强的依赖性，在转换平台所提供的商品过程中，通常会产生一定的信息资源损失并改变既有习惯，从而使得用户在需要该商品时会锁定在既定平台上进行交易（陈兵，2021）。但需要注意的是，锁定效应会弱化对平台的要求，如为获得更广泛的发展空间，平台企业会降低对用户的隐私保护要求（尹振涛等，2022）。

第五，双边市场或多边市场属性。平台企业为获取更多的市场关注度，通常对某一边或多边用户降低费用甚至提供免费使用的模式，而对另一边或多边用户收取高昂费用，以此实现盈利。之所以能采用免费使用的模式，是因为平台企业的边际成本低甚至趋于零，同时复制效率可不断被提高，并通过网络效应、用户锁定效应等达到规模经济（陈兵，2021）。在实践中，线上广告模式和线上零售模式通常会采取这种不对称的定价模式（孙晋，2021）。

二、平台经济的发展现状与趋势

（一）发展现状

在疫情常态化背景下，居家隔离使人们的日常工作、生活等都更加依赖于数字平台，平台经济得以高速增长。截至 2020 年底，全球市值超 100 亿美元的数字平台企业高达 76 家，较 2019 年增加 7 家；市值总额达 12.5 万亿美元，同比增速达 57%。根据中国信息通信研究院的"2021 全球市值 100 强上市公司"名单，截至 2021 年 3 月 31 日，平台企业占据了前十名中的七个席位（见表 5-1）。

表 5-1　全球市值排名前十的公司（截至 2021 年 3 月 31 日）

排名	企业名称	国家（地区）	行业领域	股票市值（亿美元）
1	苹果	美国	科技	20510
2	沙特阿美	沙特	能源	19200
3	微软	美国	科技	17780
4	亚马逊	美国	非必需消费品	15580

续表

排名	企业名称	国家（地区）	行业领域	股票市值（亿美元）
5	Alphabet Inc.	美国	科技	13930
6	脸书	美国	科技	83900
7	腾讯	中国	科技	7530
8	特斯拉	美国	非必需消费品	6410
9	阿里巴巴	中国	非必需消费品	6150
10	伯克希尔	美国	金融	5880

资料来源：中国信息通信研究院政策与经济研究所。

过去五年，我国平台经济进入了大规模发展的高光时期。如图5-3所示，截至2020年底，我国市值超10亿美元的数字平台企业达197家，较2019年增加23家；市值规模达3.5万亿美元，同比增长56.3%。

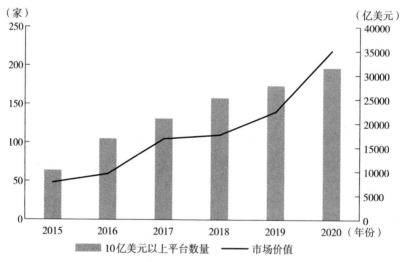

图5-3　中国中型和大型平台的数量和价值变化

资料来源：中国信息通信研究院政策与经济研究所。

（二）发展趋势

首先，平台模式由单边、双边向多边发展。多边平台指的是能使多个归属于其中的不同用户通过直接互动创造价值的组织。多边平台比双边平台更加开放，通过一个平台即可包含更多的用户主体，并产生更多的网络效应和用户锁定效应，从而实现更大规模的经济效应。因此越来越多的平台将趋向于采取多边交易模式。

其次，跨界融合和多领域扩张加剧。大部分平台企业在经营过程中取得一定的市场份额后，会进入相对稳定的增长期，此时企业为保持稳定增长，并进一步扩大市场份额，通常会向其上游或下游产业进行扩张。在实现对产业链的有效控制后，平台企业会产生跨界融合策略，并惠及更多的用户主体。

最后，合并、收购活动频发。在平台企业发展的过程中，平均成本会随着规模的扩大而降低，因此平台企业会积极扩大经营规模，而合并、收购等可使平台企业在较短时间内实现快速扩张的目的。例如，2016 年 8 月，滴滴出行与优步中国宣布合并，合并后的企业基本占据着中国网约车市场的绝对主导地位；2019 年，阿里巴巴全资收购了网易考拉，使得阿里巴巴在跨境电商领域占据更大的份额，在实现规模经济的同时，用户规模也得以进一步扩大；2020 年，百度收购了 YY 直播，一方面助力百度在短视频、直播领域发力，另一方面也促使双方在技术、流量等方面实现相互赋能，从而形成规模效应。

（三）平台经济发展过程中面临的主要问题

第一，用户隐私泄露，引发人身与财产风险。用户在平台上进行交易，会留下大量的个人信息，交易越多，平台企业掌握的数据亦越来越多。用户的各种信息数据在平台上大量集聚，容易引发隐私泄露、电信诈骗等问题（韩莹、陈莹，2020）。此外，平台企业在掌握大量的数据后，倾向于实施"扼杀式并购"的行为，带来平台间的数据交叉整合，强化个人数据的可识别性，进一步增加用户隐私泄露的风险，对隐私安全形成巨大威胁（胡继晔、杜牧真，2021）。

第二，不正当竞争行为频发，垄断局面日益严重。随着中国数字经济的蓬勃发展，平台经济的垄断行为亦不断浮现，并逐渐呈现出多样化、隐蔽化、复杂化的典型特征（张蕴萍、栾菁，2021）。由于拥有的数据量越来越多，数据精确度不断提高，平台在定价方面具备更多有利信息，从而更容易进行价格歧视（尹振涛等，2022）。此外，当平台企业试图扩大市场份额，并希望避免价格战带来内耗时，通常会采取合并或并购的方式，从而构成新的垄断性平台（韩莹、陈莹，2020）。

第三，新型垄断行为不断涌现，准确识别困难加大。平台经济借助数字技术的发展，垄断行为也与过去产生差别，新型垄断行为的不断浮现致使识别难度加大，给监管带来诸多困难。这些新型垄断行为主要体现在：平台企业为发展自营业务，进行算法控制，会造成竞争环境不公平；合谋协议在平台经济领域具有多样性和隐蔽性的特征，能为合谋双方带来垄断利润；平台经济为挟持客户，实施"二选一"等策略，较传统垄断行为更复杂、更隐蔽，导致竞争秩序更混乱（尹振涛等，2022）。在实践中，传统的反垄断监管经验或规制工具通常难以应对这些涌现出来的新型垄断行为（熊鸿儒，2019）。

三、平台经济反垄断的原因与主要措施

（一）平台经济反垄断的主要原因

第一，限制公平竞争。在市场经济中，完全竞争被认为是一种理想的环境，竞争越充分，市场价格越接近边际成本，社会福利趋于最大化，从而实现帕累托最优状态（倪红福、冀承，2021）。相较于完全竞争，垄断将使得市场配置资源的效率下降。平台企业利用其资本、技术等要素资

源，借助互联网平台进行资本积累，提高行业进入壁垒，阻碍市场主体间的公平竞争，不利于创新与技术进步（侯晓东、程恩富，2021）。因此，需要政府来保障平台市场的公平竞争，促进繁荣发展，维护良好秩序（王先林，2021）。

第二，造成福利损失。主流经济学认为，垄断将带来福利损失。垄断企业通过制定高于边际成本的价格，使一部分消费者剩余转向生产者剩余，并且均衡产量将因其所制定的价格高于完全竞争市场的价格而减少，造成社会总福利损失，资源配置效率相对于完全竞争市场有所降低（倪红福、冀承，2021）。然而，平台企业采取垄断行为的直接目的就是获取垄断利润，为持续实现这一目的，一些平台企业可能进行权力寻租，维持垄断地位，导致资源配置效率降低，并造成社会福利损失（尹振涛等，2022）。

第三，恶化经营环境。平台企业为获得更多利润，利用其垄断地位限制依靠平台的生产经营者公平竞争的权利，进行互联网平台"二选一"的垄断行为，导致经营者在溢价过程中处于不平等地位，甚至限制交易造成商品库存积压，迫使经营风险大幅提升（侯晓东、程恩富，2021）。此外，平台企业还通过数字平台和互联网技术，积累了大量的用户数据，通过算法控制进行价格歧视，造成消费者福利损失，损害营商环境（孟昌、曲寒瑛，2021）。

（二）平台经济反垄断的主要措施

首先，完善法律法规。目前，我国互联网平台经济反垄断在立法和执法层面都取得了显著进展。立法层面：2021年2月7日，国务院反垄断委员会制定并发布了《国务院反垄断委员会关于平台经济领域的反垄断指南》；8月20日，我国制定并通过了《中华人民共和国个人信息保护法》，明确规定互联网平台不得过度收集个人信息、实施大数据杀熟（张卫东，

2022）。执法层面：国家市场监管总局对阿里巴巴集团实施"二选一"的垄断行为进行了立案调查，并做出 182.28 亿元罚款的行政处罚，标志着我国反垄断执法态度的转变。2022 年 8 月 1 日，修订后的《中华人民共和国反垄断法》开始实施，将为平台反垄断提供更有力的制度支撑。

其次，平台拆分。平台企业在向上游或下游垂直并购的过程中，会使其对整个产业链的市场控制权增大，带来企业间合谋风险的上升，因此，需要限制平台企业在垂直领域的肆意扩张（尹振涛等，2022）。当平台的行为对市场秩序造成严重威胁时，政府应对其进行强制拆分，以便降低市场集中度，及平台企业对市场的控制程度，进而杜绝其操纵市场行为的发生（孙方江，2021）。

四、完善平台经济反垄断的相关建议

（一）监管方式

（1）遵守包容性监管原则。在某种程度上，平台经济的发展已经是大国间竞争的焦点（尹振涛等，2022）。因此，在平台经济反垄断的过程中，应当注意竞争和创新的动态均衡（王先林，2021）。若对部分平台企业的新模式采取"一刀切"的政策，很容易造成管制偏差，从而遏制平台企业的创新积极性（陈兵，2021）。在管制过程中，应当坚持"一事一议"的原则，秉持包容审慎的理念，既促进创新，也保护竞争，从而实现平台经济有序稳定的发展（王先林，2021）。

（2）强化事前监管。传统的反垄断监管主要采取事后监管方式，即严格按照法律法规政策等，清晰地衡量界定相关市场，再准确认定其垄断行为（张蕴萍、栾菁，2021）。但在数字经济快速发展的当下，平台经济反垄断的监管模式也应与时俱进。相较于严格的事后监管方式，更加柔性的事前监管方式亦同等重要，甚至更加重要。它有助于更好地落实包容审慎的监管理念，并且能实现更为理想的反垄断实施效果（王先林、方翔，2021）。

（3）在监管过程中，应对不同的平台进行准确分类，实施差别化监管，并针对不同类型的企业实施不同的政策。例如：按照平台的不同发展阶段对企业进行分类，因为在平台发展的不同阶段中，同样的行为可能对市场竞争产生较大的差异（曲创、王夕琛，2021），因此需要在不同阶段实施差异化的政策。如果忽视发展阶段的差异，就容易导致监管偏差，从而达不到理想的监管目的（熊鸿儒，2019）。

（二）监管政策

（1）构建反垄断长效机制。目前，我国在修订《中华人民共和国反垄断法》的过程中增设了针对数字市场的监管内容，但随着平台经济的快速增长，以及不断出现的新型垄断行为，平台经济的反垄断法案还应持续修改、不断完善（张卫东，2022）。此外，在进行反垄断监管的过程中，还应建立起长效的监管机制，明确各部门的职责，加大培训力度，以便快速提升平台经济反垄断规制的能力（尹振涛等，2022）。

（2）创新反垄断规制工具。数字经济时代，平台经济会在竞争过程中不断涌现出新模式，因此反垄断监管需顺应时代，不断推陈出新。考虑到平台经济的垄断行为具有复杂性和隐蔽性等特点，因此在反垄断监管的过程中应充分利用现代化的信息技术（罗丽娟、陈甬军，2021），结合互联网、大数据、人工智能、云计算等手段，构建更智能的监管体系，提升监管水平，使其向更智慧、精准、协调的方向发展（孙晋，2021）。

（3）构建协同监管体制。现有的反垄断监管体系中，针对不同行业有着不同的监管理念和监管措施，并且不同部门间的协调合作能力相对较低。但是，平台经济的运行较为复杂（曲创、王夕琛，2021），不仅涉及垄断和金融风险，还可能涉及个人隐私、网络安全等其他领域的问题（孙晋，2021），因此传统的分业监管模式已不再适用于平台经济的反垄断监管（庆丽，2022）。在实践中，应构建协同、跨界的平台经济反垄断监管体系，同时调动平台企业、行业协会以及消费者等多主体共同参与监管，共同维护平台市场的竞争秩序（孙晋，2021）。

第三节　消费品产业链的纵向并购与横向并购

本节将围绕消费品产业链的纵向并购和横向并购展开论述，内容涵盖并购的基本概念和主要动机，以及典型案例和发展建议等，以期为企业采取并购措施、提高市场竞争力提供启示和帮助。

一、纵向并购

（一）基本概念

纵向并购是指生产或销售上有前后衔接关系的两个或两个以上企业间进行并购，形成纵向的生产销售一体化（贾宸，2015）。企业通过纵向并购不仅可以获得被并购企业的资源，同时还可以获得某一产业的市场份额，完成企业的产业扩张，实现纵向一体化。

纵向并购可以分为前向并购和后向并购两种基本类型。前向并购是指产品生产过程中，上游企业对下游企业进行控制，如产品的制造商对产品销售商进行并购，建立稳定的产品销售渠道；后向并购是指产业的下游企业对上游企业进行控制，如产品制造商对原材料供应商进行合并，在此过程中，制造商可以通过控制原材料来源，以保障生产需求。

（二）主要动机

（1）节约交易费用。交易费用理论最早由科斯提出，该理论认为，市场和企业的交易方式不同，但都存在交易费用。企业替代市场产生的原因是企业组织内部劳动分工的交易费用低于市场的交易费用（唐晓华、高鹏，2019），因此通过纵向并购，企业可以将市场交易替换为企业内部交易，消除由于市场不确定性带来的风险，降低交易费用，提高交易效率（艾青、向正军，2004）。

（2）减少行业壁垒。当企业向一个新的领域进行拓展时，会面临各种行业壁垒。企业进入新领域的风险一般较大，筹资会遇到困难，而行业内原有企业不仅拥有通畅的原材料采购和产品销售渠道，还具有长期积累的经验，导致新进入的企业在各方面均处于竞争劣势。但通过纵向并购，企业可以控制某一行业原有企业以达到进入该行业的目的，有效地降低进入壁垒（李奕柯，2021）。

（3）降低风险。企业降低风险的有效手段就是通过多元化经营方式分散风险（贾宸，2015）。在市场不确定性和风险程度较高时，实施纵向并购可达到多元化经营的目的，并减少竞争和交易的不确定性（吴小节等，2020）。

二、横向并购

（一）基本概念

横向并购是企业扩张的一种基本形式，是企业在生产活动中兼并自身所处产业中其他企业的行为（张敦力、张琴，2021）。通过实施横向并购，能够充分利用并购后企业的规模经济效应来扩大市场份额，提高自身竞争优势，达到在市场竞争中取胜的目的。

横向并购带来的正效应表现为规模经济。随着生产规模的扩大，长期平均成本将趋于下降。同时，横向并购交易双方的资产性质基本相同，并购是资产的叠加。因此，企业在扩大市场份额的同时，形成规模效应，提高竞争力（郑巧云，2020）。横向并购的负效应主要体现在反竞争方面。当企业盲目追求规模经济时，在超过适度规模范围后仍进行横向并购，会产生反竞争效应，表现为随着企业生产规模扩大，市场份额逐渐集中，可能出现行业垄断的现象，在一定程度上不利于社会经济的发展。同时，由于管理系统逐渐复杂，创新激励减少，企业风险增大等因素，使企业出现规模不经济现象，偏离并购的初衷（贺珊、杨超，2020）。

（二）主要动机

1. 协同效应

协同效应是一种"1+1>2"的效应，是判断企业进行并购是否能取得效益的关键因素（闵玉琴，2016）。一般而言，在企业完成并购后，通过企业之间的协同，可以集中双方企业内部的资源，同时将市场相关的资源进行整合，避免资源浪费（李奕柯，2021）。协同效应主要包括管理协同、经营协同和财务协同三种类型。

经营协同是指企业在并购结束后，会降低经营成本，提升整体效率，通过形成规模效应来增加企业经营绩效（郑巧云，2020）。管理协同是指两个管理能力不同的企业发生并购后，管理技术、技巧较高的一方通过人员流动转移到管理能力较低的一方，有助于并购后在管理方面的取长补短，将管理资源合理配置，实现管理水平的整体提升（吴宗奎，2020）。财务协同是指企业通过提高资金使用率带来经济效益。一方面，是由于税法、会计处理惯例等内在规定的作用而产生的一种收益（韩春霖，2017），另一方面，是由于企业在并购后借贷能力加强，融资成本降低，为企业带来的良好的财务协同效应。

2. 市场份额效应

企业在横向并购后可以对现有的市场资源进行有效整合，在短时间内实现规模扩张，同行业竞争者减少，产业集中度大幅提高。同时横向并购改变了原有的产业结构，企业市场份额的提高，有助于增强企业的市场议价能力，例如可以用更低的价格向供应商采购原材料降低生产成本，或者以更高的价格出售其商品来获得更高的收益（闵玉琴，2016）。

3. 规模经济效应

规模经济是指随着生产经营规模扩大，企业的收益不断递增的效应（艾青、向正军，2004）。当企业发展到一定阶段之后，企业自身的人员数量、资本数量、资产数量已经达到一定高度，在此背景下，企业自身的生产运营及综合的市场经营都会获得更大的动力和资源支持。而企业通过横向并购可以将各种资源集中在一起，以获取规模经济（李奕柯，2021）。

第四节　商品市场质量安全监管

本节以食品、药品等特殊商品为例，围绕质量安全监管的制度、措施、典型案例以及存在的问题和对策等展开论述。

一、质量安全监管的制度

（一）法律体系

1. 食品领域

民以食为天、食以安为先。2009 年，经全国人大常委会审议通过的

《中华人民共和国食品安全法》（简称《食品安全法》）①，成为中国第一部全面的食品安全法，该法是在 1983 年《食品卫生法》的基础上经过一系列修改完善而形成的，不同于《食品卫生法》注重食品卫生监管，《食品安全法》转向食品安全监管，并开启了食品安全监管的全新治理模式（李丹等，2019）。2012 年，国务院审查了食品安全监管的进展情况，发布了《国家食品安全监管体系"十二五"规划》，明确指出食品安全监管的主要任务与重点建设项目等，并且建议对 2009 年《食品安全法》进行进一步修订，最终制定和颁发了 2015 年的《食品安全法》（Roberts and Lin，2016）。

《食品安全法》涵盖食品安全监管的全过程，并进一步收紧违规行为的评定和规制，简化安全监督管理及整合协调机制，强调全面风险评估，建立食品追溯和召回系统，实行食品安全监管的社会共治等（Kang，2019）。此后，2018 年和 2021 年我国又对《食品安全法》进行了补充修订，其中 2018 年更新了相关责任主体，2021 年主要对第 35 条食品经营许可制度进行了修改（张淑芳，2021）。除《食品安全法》外，其他关联的食品安全监管法律法规主要有：2016 年实施的《婴幼儿配方乳粉产品配方注册管理办法》、2019 年颁布的《食品安全法实施条例》、2021 年修订后颁布的《网络食品安全违法行为查处办法》、2022 年正式实施的《进口食品安全管理办法》和《食品生产经营监督检查管理办法》等。

考虑到中国食品安全事件时有发生，食品领域技术变革日新月异，食品运营与销售模式不断推陈出新，未来食品安全监管的复杂性将日益加剧，监管的系统性和科学性等均有待提升，既需要法律法规的不断完善，也需要监管手段的更新和程序的规范等（李丹等，2019；周清杰等，2021）。

---

① 为了简化，本书下文后续法案中如包括"中华人民共和国"的，一律将其略去。

2. 药品领域

《药品管理法》是我国药品质量安全监管的基础法律。现行《药品管理法》可追溯至 1984 年，其于 2001 年首次全面修订，旨在进一步规范药品生产经营活动、加强药品监督管理、保障公众用药安全、促进药品产业发展等（张淑芳，2021）。2013 年和 2015 年我国又进一步对个别条款进行了修改。2018 年，《药品管理法（修正草案）》建议，将药品领域历史改革成果和行之有效的做法上升为法律。2019 年新的《药品管理法》正式通过，并于 2019 年 12 月 1 日起推广实施。全面而系统的药品管理制度被构建起来，并且将药品管理与人民健康紧密联系在一起，加强相关主体的监管职责和监管力度（张淑芳，2021）。

除《药品管理法》以外，配套实施的药品监管法律法规主要有：2007 年发布实施的《药品召回管理办法》、2014 年颁布实施的《医疗器械经营监督管理办法》、2019 年颁布的《疫苗管理法》、2020 年修订通过的《医疗器械管理条例》、2021 年正式实施的《医疗器械监督管理条例》等。

3. 其他领域

除食品和药品领域以外，市场质量监督管理在其他领域也有着相应的法律法规。例如：2016 年修订的《烟花爆竹安全管理条例》，旨在加强烟花爆竹的安全管理，预防爆炸事故的发生；2018 年实施的《农产品质量安全法》，旨在保障农产品质量安全，维护公众健康，促进农业和农村经济发展；2021 年修订实施的《化妆品监督管理条例》、2022 年正式实施的《化妆品生产经营监督管理办法》，均对化妆品的规范生产进行了详细规定。

（二）监管机构

2018 年，我国对原国家工商总局、质检总局和食药总局的食品安全监管职能进行了合并，组建成了国家市场监督管理总局，统一负责生产、流通、消费及食品广告、商标、盐业等特殊食品的监管（见图 5-4）。

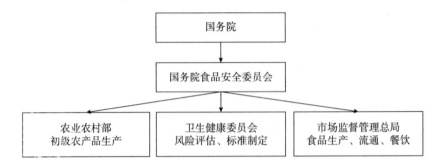

图5-4 "大部制"改革后的食品安全监管部门分工

资料来源：李璐. 淮安市H区食品安全"三合一"监管模式研究 [D]. 南昌：江西财经大学，2018.

我国在药品安全监管领域，长期实行垂直管理。国家药品监督管理局主要负责药品、医疗器械和化妆品安全监督管理，职责涵盖开发、注册、生产、分销、售后管理等阶段。各省级药品监管部门是根据地方实际情况，通过结合地方药品安全监督组、质检机构和执法干部等有机建成的（见图5-5）。

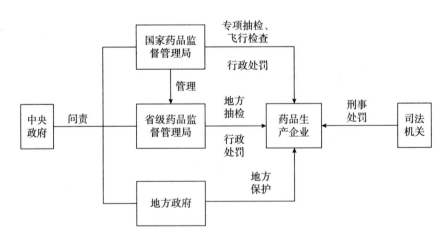

图5-5 药品质量安全监督管理体系

资料来源：闫志华，唐锡晋. 基于演化博弈的药品质量安全监管"人理"分析 [J]. 管理评论，2021，33（5）：64-75.

（三）监管范围

考虑到商品种类繁多，数量巨大，政府不可能也没必要对所有商品的质量进行监督。因此，质量监督的对象主要是"可能危及人体健康和人身、财产安全的产品，影响国计民生的重要工业产品以及消费者、有关组织反映有质量问题的产品"（杨香品，2012）。根据商品质量安全风险的高低，可将商品分为高风险和低风险两类，前者如药品类、食品类等，后者如鞋类、服饰类等。对风险程度较高的商品，监管应相对更严，实施事前、事中、事后的全流程监管；而对于风险程度较低的商品，事前监管可相对较弱，主要通过事中、事后监管的方式来实施更有针对性的监管（董灵等，2021）。

二、质量安全监管的措施

（一）行政监管

目前，我国确立的现代化治理基本方略是：强化制度治理、推进治理体系与治理能力现代化。因此，要实现商品市场质量安全监管的现代化，必须建立健全相关法律法规和政策体系。一方面，针对商品市场进行合理划分，分门别类地制定相应的法律法规，确保治理过程有法可依；另一方面，不断完善治理体系，使法律法规的修订与时俱进，更加贴合实际发展需要。

为保护消费者合法权益，维护社会公共利益，质量监管部门会依法对产品进行质量抽查检验，对抽查不合格的，根据产品质量相关法律法规对企业进行行政处罚（林庆泉，2018）。监督抽查一般分为国家监督抽查和地方监督抽查。国家监督抽查由国家市场监督管理总局组织，每季度都要对产品质量组织抽查，并发布抽查公告。地方监督抽查是由县级以上地方市场监督管理部门组织，可定期或不定期进行抽查（杨香品，2012）。

政府可通过补贴、奖励与惩罚等措施引导和规范企业的生产行为（曹裕等，2017），还可以通过设置科学合理的奖励与惩罚政策，管理和干预企业的生产行为，其中奖励性政策包括直接补贴、税收优惠、低息贷款等，惩罚性政策主要包括责令召回制度、罚款、停止经营等（杨松等，2022）。

（二）社会共治

（1）媒体监督。媒体曝光的主要影响是触发或推动政府监管（Zhang et al., 2015）。媒体曝光可以揭示质量安全的隐患，对企业质量安全问题进行披露，并推动质量安全问题的解决。企业在公众压力下不得不确保产品安全（李俊、董灵，2013）。最典型的案例就是每年 3 月 15 日举办的"中央广播电视总台 3·15 晚会"。

（2）第三方认证。作为社会监管的重要组成部分，第三方认证可作为政府监管的有效补充，从而提升消费者福利。例如：食品认证可分为产品认证和体系认证。产品认证包括无公害、绿色、有机和清真食品等的认证；体系认证包括危害分析关键控制点（HACCP）、良好农业规范（GAP）、良好生产规范（GMP）、ISO22000 等（Zhang et al., 2015）。

（3）消协维权。消费者协会在消费者权益保护方面发挥着重要作用。在监督企业生产经营的过程中，消费者协会积极保护消费者权益（任翔，2020）；在消费者权益受到损害时，消费者协会可为消费者维权过程提供专业化支持，并积极与企业进行交流协商，维护消费者的合法权益（汪全胜、宋琳璘，2021）。

（4）行业自律。行业协会是介于市场与政府间的第三方组织，可协调政府和企业间的相关问题，包括制定行业标准，辅助政府治理行业产品的质量安全，以及对违反质量安全标准的行为进行制裁等（李芳，2019）。行业协会具有一定的公共性，可有效弥补政府部门执法过程中的疏漏，并且它们还会组织专业培训，增强企业对质量安全相关法律法规的学习和认识（李俊、董灵，2013）。

（5）业内人士举报或"吹哨"。"吹哨"就是神秘的内部人士举报行业内黑幕。"吹哨人"作为知情人能够尽早发现问题，"吹响哨声"可以大幅降低监管成本，对不遵纪守法的企业起到从内部攻破的作用（车平、王宁，2015）。"吹哨人"能准确并及时地发现企业内部的不合法或不合规行为，通过将信息及时向外界传递的方式，可避免社会公共利益进一步受损（王吉谭等，2021）。

（三）企业自律

（1）质量控制。企业在出现产品质量安全问题后，往往会造成商誉损失，由此导致的收益损失远高于其加强自身监管所带来的管理成本。因此，在产品品牌竞争的压力下，企业会倾向于加强自身内部的监管力度，对产品质量严格把控，降低产品质量安全问题发生的概率（董灵等，2021）。企业可通过控制生产过程的合规性、进行出厂检验等措施，不断提高自身产品的质量水平。

（2）供应链管理。现代经济社会的竞争已不单是企业间的竞争，越来越多地呈现出供应链之间的竞争。企业将自身的产品制造外包给关联企业负责，增大了其对产品质量的控制难度，一旦关联企业出现违规生产的行为，不仅会给企业带来严重的财务损失，还会降低企业信誉，影响企业的品牌竞争力（曹裕等，2017）。因此，企业不仅关注利润增长，还会考虑整个供应链的可持续健康发展，通过与信誉良好的关联企业开展合作，并采取有效措施督促它们合规生产与经营，进而控制产品质量以提升品牌效应（赵连霞等，2021）。

（3）平台自治。为吸引更多优质商家进驻平台，平台会扩大经营规模、丰富产品种类，在邀请商家进驻的同时也会设置准入门槛，在一定程度上起到产品质量监管的作用。此外，为获得更多消费者的信任，促进自身利益最大化，平台还会利用大数据分析与评价等手段对不同产品的质量和口碑等进行评估。因此，平台经济的兴起与发展也会在一定程度上促进产品质量的监管（董灵等，2021）。

我国质量安全监管的三大主体主要包括公共部门、私人部门、社会监管，具体如图5-6所示。

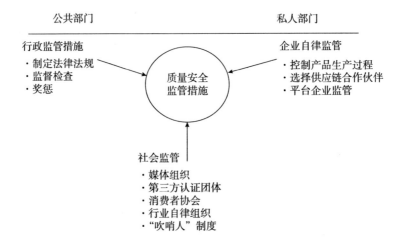

图5-6　质量安全监管的三大主体

资料来源：Zhang Man，Qiao Hui，Wang Xu，et al. The Third-party Regulation on Food Safety in China：A Review［J］. Journal of Integrative Agriculture，2015，14（11）：2176-2188.

三、质量安全监管存在的问题及其对策分析

（一）加强政府监管能力建设

质量安全监管链中往往涉及诸多部门，而缺乏统一的协调机制很可能

导致监管链中断，进而不可避免地出现诸多监管漏洞。因此，建立高效统一的协调机制和监管机构是有效开展质量安全监管的重要前提。此外，考虑到质量安全问题存在可传导性，在监管过程中需要从全流程、多主体的视角出发，对产品生产的全生命周期进行全局性监管。

质量安全问题频频出现，但监管资源相对有限，监管机构面临着检查负担重、人员配备短缺和专业能力不足等问题。此外，开展有效监管所需的专业知识与监管干部的教育背景之间也存在着一定的差距。因此，应通过增加资本、技术投资来提高监管能力和效率，还应积极改进监管机构的管理机制，并通过培训和竞争提高质量监管或检测人员的专业能力。

监管机构在监督管理过程中需要有法可依，但事实上很多新出现的质量安全监管问题难以找到合适的法律依据。因此，需要进一步完善相关法律法规，及时修订陈旧滞后的法律法规，以适应社会经济高质量发展的需要；同时，还要注意协调部门法之间的矛盾和冲突。

（二）规范第三方机构

（1）提升媒体报道的真实性。由于媒体偏见的存在，加上近些年发展起来的网络自媒体良莠不齐，使得部分媒体报道被认为是有争议的。媒体对当地产品质量安全事件的不实和不当报道很容易放大风险感知，并将区域性担忧扩大至国家层面。因此，应采取适当措施减少媒体偏见。由于质量安全问题需要专业性知识来解答，建议媒体从业人员加强与研究人员和政府监管人员等之间的有效沟通，在准确了解事件的基础上，向公众传递真实信息。同时，还应注意加强对网络自媒体的有效监督和合理引导。此外，监管机构也可与其他部门（如行业自律组织、消费者协会等）通力合作，推进质量安全教育，使公众具备必要的基础性知识，以减轻质量安全谣言和丑闻的扩散与溢出效应。

（2）规范认证。政府应保持对认证机构的严格标准，提高准入门槛，并制定退出机制。若发现不合格产品，需要及时从法律角度明确企业和认证机构的责任，并向公众详细报告。

（三）强化企业安全问题意识

（1）应建立健全失信惩戒制度。可对质量较好的企业给予"优待"政策，对质量信用不佳的企业，不仅要进行行政处罚，还应在未来进行区别对待，如失去各种资格或面临更高的费率等。企业出于经营风险增加或被迫退出市场的担忧，将会有动力提升产品质量。

（2）平台企业强化质量管控。平台企业应发挥其质量管控的作用，通过制定准入规则来规范生产经营者的诚信经营。平台企业所实施的质量监管应配合监管部门的质量监督，并对违法经营者进行市场惩罚，在降低政府监管成本的同时，还可提高监管效率，促进社会整体福利水平的提升。

第六章　现代经济学视角下的分销商

第一节　分销商：概念与职能

一、何谓分销商

分销商（Distributor）是指将某种商品或服务从生产商到消费者转移的过程中，获取该商品或服务的所有权或帮助所有权转移的企业或个人。广义分销商的概念涵盖了消费品从生产者到消费者的中间环节，包括各级批发商和零售商。作为标准意义商业组织的分销商，发挥着商品流通媒介、促进价格形成和协助信息传导的功能。西方学者一般用 distribution sector（分销业）来描述我们一般所界定的包括批发和零售两个主要部分的所谓"商业"概念。

分销业是指在现代商品市场中连接生产者和消费者的纽带，主要职能是将商品从生产商转移到消费者手中，在这一过程中生产了一系列对消费者有价值的服务，称之为分销服务（Distribution Services）。按照这个思路，有助于将商品从生产者转移到消费者手中的所有的中间商，即各级批发商和各级零售商等均属于分销商的范畴。因此，广义的分销商是指有助于将商品从生产者转移到消费者手中的各级批发商、零售商等各类中间商。

二、分销商的职能

（1）商品交易和流通的媒介。分销商一头连接生产商或企业，另一头直接连着消费者，是生产商与消费者之间的一座桥梁，将生产与消费紧密地连接在一起，是商品价值实现的必不可少的载体。在商品价值实现的过程中，各级分销商实现了商品大范围的时空转移，实现了商品的物理流动。各级分销商负责完成商品交易、运输、仓储、销售等活动，从而使商品最终到达消费者手中。

（2）促进价格形成。根据传统的西方经济学，价格是由供求关系决定的。从商品供应链的角度看，在商品从生产商向消费者转移的过程中，各级分销商都对商品价格的形成发挥着不可替代的作用。表面来看，商品最终价格是各级分销商交易价格加成的结果，各级分销商要对商品的价格、付款方式、交易条件等进行协商谈判。其背后深层次的根源则是商品在各个环节的供求关系、各级分销商市场势力、渠道权力等因素共同作用的结果。商品最终价格的形成不单单是各个环节成本和利润的累积，更是各级分销商相互博弈达到的局部均衡。

（3）信息收集与反馈。在商品由生产商向消费者转移的过程中，各类信息沿着供应链在反复地传导、流动，为更好地应对市场竞争，获得更加有利的市场地位，各级分销商必须时刻关注、搜寻、反馈各类信息。例如，批发商要在商品的供给信息、市场的需求信息、各个生产商的供给能力、商品品质、商品价格等各类信息的基础上，决定批发的数量、议定批发价格，而后拟定购货合同、确定付款方式和运输仓储方式等。零售商更贴近消费市场，他们对消费者的需求信息和需求变动更加敏感，会时刻关注消费者的需求变动并将信息沿着供应链传递至生产商，以促进商品创新和转型升级，更好地适应市场需求的变动。此外，零售商还会通过各类促销战略刺激消费需求。

第二节　分销商行为的经济学分析

一、供求两端的基本业态决定分销商的组织模式

供应链的形态和各级分销商的组织模式是研究分销商行为的重要起点。决定供应链形态和各级分销商组织模式的根本因素究竟是什么？从现有研究看，学者们对这一问题尚未达成一致观点。结合国内外不同时期、不同产业、不同商品供应链的形成与演进，从供应链的视角看，供求两端的基本业态决定了分销商之间的组织模式。1790 年，美国财政部长亚历山大·汉密尔顿向国会提交了制造业发展报告，要求政府应采取切实措施发展制造业，鼓励人们建设机械化的作坊、扩建工厂，将资源投入到更好、更高效的机器设备的制造中，并主张征收进口税，对进口商品实行更加严格的检查。在之后的半个世纪里，美国制造业实现了从小规模向规模化和机械化的转型。制造业中大规模机械化的生产体系势必要求与之相对应的分销体系。于是在 19 世纪 80 年代，以批发商为代表的大规模分销体系对美国商业的影响和支配达到顶峰，而随着大规模机械化的生产体系逐渐走向电子化、精细化、高科技化，越来越多的企业需要更加精细、更加独特的分销服务，大批发商的时代随之落幕，取而代之的是各类更加精细、精准乃至为生产企业量身定做的分销服务体系。

从与人们生活息息相关的鲜活农产品流通来看，国内众多学者对以批

发市场为核心的传统流通模式中存在的环节多、链条长、损耗大、成本高、产销地价差等问题进行了大量的研究和批判，并提出要实现鲜活农产品流通效率的提升，应从流通环节整合入手，缩短流通渠道、完善衔接机制、加大基础设施投入，并大力倡导农超对接模式、"合作社/基地+社区/市场"等短链模式。中国供应链产销两端的特征决定了以批发市场模式为主导的鲜活农产品流通体系的合理性。具体来说，供应链上游生产端是数量众多分散生产的小农户。据农业农村部统计，截至2016年底，我国经营规模在50亩以下的农户仍有近2.6亿户，占农户总数的97%左右，户均耕地面积约5亩，分布于全国69.15万个行政村。相比于大田作物，鲜活农产品的户均生产规模相对较大。供应链另一端则是收入水平、需求结构、消费习惯等存在极大差异，且居住在不同区域的大量消费者。国家统计局数据显示，2018年我国城镇化率为59.58%，8.3亿城市居民生活在全国334个市、2852个县和3.99万个乡镇街道。以北京市为例，全市2154.2万人分布在1.64万平方公里的土地上。与欧美国家相比，我国城乡居民饮食结构更加多元，对鲜活农产品的需求更加旺盛，尤其是对各地特色农产品的需求迫切，"一年四季吃鲜活"是对我国城乡居民饮食习惯的生动写照，且这一习惯正随着收入的快速增长而不断强化。这就要求鲜活农产品实现多品类、大规模和跨区域流通，而且消费者对鲜活农产品更高的"鲜活"要求，导致我国消费者对鲜活农产品的购买频率更高、单次购买量更少，零售终端也更加贴近消费群体。

供应链一端是数量众多且生产分散的小农户，另一端则是数量众多、需求多元的异质性消费者，鲜活农产品多品类、大规模的跨区域流通势必要经过产地的"散—聚"和销地的"聚—散"的过程，而产销两地批发市场则发挥了产销两地高效衔接和"大集、大散"的枢纽作用，实现了物流、商流和信息流在产销两地的集散，而各级分销商（包括各级批发商、零售商等）则帮助实现了大批量鲜活农产品的大范围跨区流动。以山东省寿光市新鲜蔬菜销往北京市为例，各个村庄的各类新鲜蔬菜通过各个代理商（产地经纪人）进入产地批发市场，经"散—聚—运出"的过程，再由公路运输进入销地批发市场，实现新鲜蔬菜的大规模、跨区域转移，而后经由各级批发商进入集贸市场、社区超市等各类、各区域零售终端，具体如图6-1所示。产销两端的基本形态决定了大宗鲜活农产品的跨区域流通势必呈"散—聚""聚—散"的X形，产地各类代理商实现了不同鲜活农产品的产地集中，销地各级批发商和代理商则实现了鲜活农产品的高效扩散，这其中没有任何一个环节是多余的。如果将产地的代理环节去掉，产地批发商则需直接面对数量众多的分散小农户，巨大的交易成本和严重的信息不对称将导致交易无法顺利推进，同样的逻辑也适合销售端。在我国，鲜活农产品零售终端更贴近消费群，这就决定了看似冗余的各级批发商和小零售商反而是流通实现中不可或缺的桥梁。

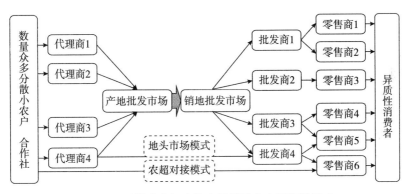

图6-1 以批发市场为核心的鲜活农产品流通模式

资料来源：笔者根据我国鲜活农产品供求两端的基本形态绘制。

二、市场势力与信息优势决定分销商的议价权和分配格局

在商品从生产商向消费者转移的过程中，各级分销商都对商品价格的

形成发挥着不可替代的作用。表面看来，各级分销商要在供求关系的基础上，经过讨价还价确定商品的购销价格，而各级分销商的议价权以及由此形成的利益分配格局则是由各级分销商之间的市场势力和信息优势决定的。议价权是在市场交易中经济主体议定产品价格的能力，取决于各经济主体在市场上的谈判地位和话语权，是针对交易关联方而言的一种相对实力（王图展，2016）。仍以我国鲜活农产品流通为例，传统的以批发市场为核心的鲜活农产品流通体系环节多、链条长，经过各环节层层加价后，到达消费者手中时往往价格高昂，而农户获得份额却极为有限，现实中表现为农民以较低的价格销售鲜活农产品，而消费者往往要以高出几倍的价格购买，这也成为众多学者极力批判批发市场模式最有力的佐证。根据供求定律，商品的价格由市场供求关系决定，而根据产业组织理论，供应链上各环节的议价能力由相应的市场结构以及由此形成的市场力量决定。我国以批发市场为核心的鲜活农产品流通模式中，供应链上游是数量众多的小农户，市场结构接近完全竞争（李崇光等，2015），作为价格被动接受者的小农户，任何单独提价的做法都可能会使自己的产品无法售出，鲜活农产品的易腐性和季节性进一步削弱了小农户的定价权（杨志宏、翟印礼，2011）。特定区域内产地经纪人（一级分销商）的数量相对有限，虽然同为价格接受者，但其凭借在特定区域内独有的信息优势和人脉优势、买卖双方数量的悬殊以及鲜活农产品的易腐性和季节性，其市场力量要略高于小农户。相当数量的产地经纪人通过增加单次购买量、略微压低收购价的方式赚取买卖差价就是其市场力量的有力佐证。另外，除非某类农产品在短期内需求大增或价格大幅上涨，否则产地经纪人跨区域争抢鲜活农产品的情况并不多见。当产地经纪人面对批发商（二级分销商）时，批发商拥有的市场信息优势，加之批发商之间因地缘、人缘所结成的合作关系（张磊等，2018），而产地经纪人之间又难以形成类似卡特尔的价格联盟，使得批发商可供选择的空间更大，议价能力也就高于区域经纪人。当鲜活农产品进入销地以后,批发商和销地经纪人(三级分销商)则要面对具有区域垄断力量的零售终端(四级分销商)。因特定区域内的市场容量和零售终端的辐射半径有限,零售终端的数量相对固定,其相应的市场力量和议价能力也就远高于批发商和销地经纪人。于是,在以批发市场为核心的鲜活农产品流通模式中,各流通主体的市场力量和议价能力沿着供应链自上而下不断增强,这与众多学者在供应链(产业链)各环节利益分配的研究中得出零售环节占比最高、加工环节次之、种养殖环节最低的结论是高度一致的。近年来,随着房租价格、用工成本和原材料价格的不断上扬,一方面,鲜活农产品流通费用持续增长,产销两端的价差进一步拉大;另一方面,各流通主体凭借各自的市场力量和议价能力,将成本上涨压力向供应链其他环节转移,而市场力量最弱的种养环节往往成为成本上涨的最终承压人,利益进一步受损。如何保护小生产者利益,破解供应链各环节不合理的利益分配机制是众多学者关注的焦点,但只要供应链的基本结构不发生根本性改变,各环节的市场力量和议价能力未达到新的稳态均衡,这种看似不合理的利益分配机制就不太可能发生改变。

从信息传递的视角看,虽然近年来我国鲜活农产品流通的信息化水平稳步提高,但从供应链各主体的信息收集、处理和利用能力看,上游的小生产者显然处于弱势地位,而且即便个别小农户取得一时的信息优势,也难以转化为改变供应链格局的一致的集体行动。零售终端(末级分销商)能够及时和大量掌握消费者的需求信息,这就导致鲜活农产品流通的渠道权力呈现出从上游逐渐向下游对角线转移的趋势(赵晓飞、李崇光,2012)。另外,鲜活农产品流通特别重视消费者需求信息,零售终端的信息优势进一步强化了其渠道权力并最终转化为市场力量和定价优势。当前,一些学者主张借助互联网、大数据等信息化手段,构建起供应链上各环节间的信息共享机制,进而提高小生产者的渠道地位,扭转不合理的利益分配。但信息作为一种资源,其稀缺性、可获利性以及其在市场竞争中越发突出的作用，使得信息共享根本无从实现，否则基于信息不对称、不确定性及交易成本理论的纵向一体化也就失去了意义，逆向选择问题、道德风险问题等也将随着技术的进步迎刃而解，显然这违背了基本的经济规律。

从费用和价格加成看，在以批发市场为核心的鲜活农产品流通模式中，供应链上游数量众多分散生产的小农户使得产地经纪人（一级分销商）的作用不可或缺，于是代理费、包装费、短途运输费以及难以用金钱衡量的交易成本就不可避免。在鲜活农产品由产地进入销地的过程中还将产生加工整理费、包装材料费、装车封车费、路费、油费、罚款、食宿费、产（销）地批发市场管理费、卸车费和损耗等，其中，包装材料费、食宿费、路费、油费、养路费、车辆维护费以及各类市场管理费等是流通主体必须缴纳但却外生于流通环节供求因素之外，由其他市场决定价格的各类费用，这部分费用约占总费用的 49.8%，具体如表 6-1 所示。因此，从这个意义上说，鲜活农产品费用增加和价格加成中有相当一部分并非流通本身所能解决，需要从税费、要素成本价格等更深层次的源头入手。

表 6-1　寿光蔬菜销往北京各流通阶段费用加成

产地批发市场费用（元/斤）	运输费用（元/斤）	销地批发市场费用（元/斤）	零售市场费用（元/斤）	费用总加成（元/斤）	外生于流通的费用（元/斤）	外生费用占比（%）
0.131	0.050	0.023	0.107	0.311	0.155	49.8

注：本表中的数据来源于《蔬菜从山东寿光生产者到北京最终消费者流通费用的调查与思考》，分别选择了 30 吨位车的寿光批发市场费用，30 吨位车从寿光往返北京费用，30 吨位车北京大洋路批发市场费用，以及左安门、新发地、锦绣大地零售市场费用（三地均值）的相关数据，外生于流通的各项费用主要是指该项价格并非由流通环节供求因素决定，而是由流通之外的其他因素决定的各类费用，包括：包装材料费、食宿费、路费、邮费、养路费、罚款、车辆维护费以及各类市场管理费等。产地批发市场费用、运输费用、销地批发市场费用、零售市场费用均以原文数据为基础计算得到。

资料来源：王学真，刘中会，周涛. 蔬菜从山东寿光生产者到北京最终消费者流通费用的调查与思考 [J]. 中国农村经济，2005（4）：66-72.

三、分销商之间的信息不对称带来代理问题和质量安全隐患

信息在现代商业活动中正发挥着越来越重要的作用，而各级分销商之间的信息不对称除了影响其议价权之外，还带来了诸如代理问题和质量安全问题等一系列难题。在商业交易中，如果交易双方所拥有的信息是相同的或一致的，则他们之间是信息对称的。当交易双方所拥有的信息并不相同或一致时，通常是交易的其中一方拥有更多或更好的信息，这一现象称为信息不对称。在市场交易中，具有信息优势的一方往往会充分利用自身的信息优势为自身牟利，从而可能损害另一方的利益。信息不对称会引发逆向选择、道德风险等诸多问题，并最终导致市场失灵，而供应链上各级分销商之间的信息不对称则更多会带来委托代理难题和商品的质量安全问题。以生产商和一级分销商为例，由于一级分销商的相对独立性，尤其是其作为追求自身利益最大化的经济组织，在生产商与一级分销商签订分销合同后，一级分销商会根据自身的利益函数和约束条件，做出行动决策，一级分销商的努力程度和分销决策共同决定了分销结果和各自的收益水平。由于生产商与一级分销商之间的信息不对称，生产商只能观察到结果，而无法准确判断一级分销商的努力程度和分销策略。在这一典型的委托代理关系中，生产商处于信息劣势，属于委托方，一级分销商处于信息优势，属于代理方。如何通过科学的制度设计或合约设计实现代理方与委托方的激励相容是一个十分复杂的问题，需要结合实际语境科学设计。

供求两端的基本业态决定了供应链形态和各级分销商的层级，而分销商的层级越多，信息不对称的程度越严重，商品的质量安全隐患也就越大。以最典型的食品安全为例，食品的经验品和信任品属性使得食品供应链上的生产商和各级分销商之间、分销商与消费者之间存在着严重的信息

不对称。具体而言，一级分销商不清楚食品的生产加工情况，次级分销商不清楚上一级分销商对食品的加工储存情况，而到消费者手中时，消费者只能选择接受商品包装上或各类质量认证标签传递出的食品安全信息和品质信息。严重的信息不对称带来了极大的质量安全隐患且根除难度极大，这也是为何食品安全问题屡禁不止的根源所在。

四、分销商的纵向整合：节约交易成本和缓解信息不对称

在现实的商业活动中，各级分销商会采取横向整合的方式提高市场份额或补齐产品线短板，如大型零售企业间的并购重组；位于供应链不同环节的分销商还会采取纵向整合的方式提升其对供应链其他环节的掌控，进而达到稳定商品供给、保障商品品质、降低交易成本的目的。例如，北京市新发地批发市场在河北等地通过流转土地，建设蔬菜生产基地，或者与当地合作社、生产基地签订长期契约的方式，稳定蔬菜供给，确保蔬菜品质。与此同时，新发地批发市场还通过在北京市内部分社区设立社区直销店的方式，直接延伸至供应链下游，进而实现对整个蔬菜供应链的把控。一方面，通过纵向整合或完全的纵向一体化，能够节约市场交易中产生的搜寻成本、签约成本、履约成本等各种交易成本，用企业内部的行政机制取代市场机制，而是否采取纵向整合则取决于节约的交易成本与企业内部新增的内部管理成本的比较，只有内部管理成本低于节约的交易成本，纵向整合才会发生。另一方面，通过纵向整合或完全的纵向一体化，能够从根本上缓解各分销商之间和各环节之间的信息不对称，解决因信息不对称带来的商品质量安全隐患。例如，原本通过多个分销商到达新发地批发市场的蔬菜，会因生产者与分销商之间、各分销商之间的信息不对称而产生质量安全隐患，而追溯体系的建立成本高、收效并不尽如人意。通过自建

蔬菜生产基地或与生产基地签订长期契约的方式，基本解决了因信息不对称可能带来的质量安全风险。当然，完全纵向一体化后，实施主体也要承担其原本并不需要承担的各种市场风险和自然风险。例如，新发地批发市场自建蔬菜生产基地后，蔬菜生产的自然风险和销售的市场风险均由生产者转移到新发地批发市场。

第七章　零售市场中的消费者行为

第一节　零售商与消费者

一、零售市场的参与者

（一）零售商

在对零售业的相关研究中，数据包络分析与测度生产率的估计技术已经被学术界广泛接受（Parsons，1994）。我们对这一争论进行分析的主要意义是，不管使用何种估计技术，必须谨慎定义为研究目的服务的零售产出，必须考虑到规模经济，尤其是在分销服务方面。

正如其他任何规模经济能发挥影响的行业一样，可利用的某种形式的调查数据也许对零售业生产率的测度有很大帮助。这种类型的数据能够把规模经济的作用从技术变化产生的影响和不同公司或企业由于高级经理的原因而产生的效率差异中分离出来。一些学者尝试对零售贸易发展中的纵向数据组进行分析，但这些研究还处于起步阶段。

对纵向数据的研究者是 Foster 等（2002）、Jarmin 等（2002），其成果值得注意。前者的研究结合了三个零售贸易统计年（1987 年、1992 年和1997 年）的零售贸易公司数据，并集中在公司与行业生产率的联系问题上。后者的研究结合了 1977~1997 年的零售贸易公司数据，并重点关注了公司进入与退出的比例。这些研究首次在零售业中尝试使用这一类型的数据，并且都提出了使用类似数据分析制造业的相同问题。对于这些问题的解释，第二项研究的答案与一般零售业的研究给出的答案是相似的，而第一项研究则不同。在 Foster 等（2002）的研究中，一个特别有趣的结果是，零售贸易中由于商店的进入与退出而对产出和雇佣的重新配置大多发生在四级零售子行业内部，而非发生在二级子行业之间。

研究表明，零售商提供给消费者的服务之一是商店的地理便利性，如通过增加商店数量使商品和服务对于消费者来说更加便利可得。假定在两年内，进入商店的数量是退出商店的两倍，不存在商店重新开张的情况，且在所有进入和退出的商店中，每家商店的产出和雇佣情况相同。在这种情况下，Foster 等对每一家商店采用同样的生产率度量方法，从而使行业中的商店平均生产率保持不变。然而，如果消费者与进入商店的距离是其与退出商店的距离的一半，零售业在年末提供给消费者的地理便利性为在年初时的两倍。这就表明，零售业分销服务的产出有着明显的增长，但这种增长却由于生产率的测度对这一产出维度的忽视而没有得到体现。

（二）消费者

坎贝尔与曼昆（Campbell and Mankiw，1989）把消费者分为两类，一类是富有远见的消费者，另一类是缺乏远见的消费者。富有远见的消费者消费自己的持久收入，却不会因为利率的变动而跨期调整消费，缺乏远见的消费者根据经验法则消费自己的当期收入。预期收入的变化会引起预期消费的变化，二者之间存在非常强的相关关系，居民消费并不像持久收入假说描述的那样服从随机游走过程。预期消费增长与预期收入增长有关而与预期利率不相关。在零售服务的生产中，消费者是生产函数中与劳动力和资本同等重要的关键投入。Shaw 等（1989）猜测，需求或市场力量比规模经济更有可能是现实中商店规模增长的决定性因素。现有两个关于零售产出的观点，其中之一为"零售活动的产出是零售商与其顾客相遇的结果"。因此，把分销服务作为零售组织的产出和消费者家庭生产函数的固定投入，运用标准的分析工具来解释消费者在零售供给中的作用是可行的。

二、零售市场的需求侧变化：居民消费的变化

改革开放 40 多年以来，我国经济总量已经跃居世界第二，取得了举世瞩目的经济成就。依照支出法核算 GDP 的逻辑，市场需求主要由消费、私人投资、政府购买与公共投资、净出口四支力量组成。2008 年，美国爆发金融危机以来，国际形势越发错综复杂，国内正面临着劳动力、土地等要素价格攀升，产能过剩，需求供给结构不匹配等困境。近年来，我国确立了构建以国内大循环为主体、国内国际双循环相互促进的新发展格局的发展战略。党的十九大报告提出："要完善促进消费的体制机制，增强消费对经济发展的基础性作用。"扩大内需，尤其是提高居民消费对经济发展的基础性作用，已经成为我国未来经济发展的重点。

我国提出要完善消费体制机制，进一步激发居民消费潜力。消费不仅反映居民的实际生活需求，也发挥着引领消费的作用，有利于提高社会资源使用效率，避免企业的盲目发展和产业结构的不合理调整，优化消费结构，推进供给侧结构性改革。因此，研究如何释放我国家庭居民消费潜

力，实现经济增长模式向消费需求引领企业创新、产业发展与结构升级的方向转型具有重要的意义。

从宏观层面来看，2021 年，我国居民消费占 GDP 的比重为 38.5%，远低于美国同期的数据。但从另一角度看，随着我国经济的不断发展和收入分配的优化，我国居民消费对经济增长的重要性将有巨大的挖掘潜力。根据国家统计局的数据，我国居民消费中食品烟酒居第一，居住类支出排第二，之后依次是交通通信、教育文娱、医疗保健、衣着、生活用品（见表 7-1）。

表 7-1 2013 年与 2021 年我国居民的各项消费占比

年份	食品烟酒（%）	居住（%）	交通通信（%）	教育文娱（%）	医疗保健（%）	衣着（%）	生活用品（%）
2013	31.2	22.7	12.3	10.6	6.9	7.8	6.1
2021	29.8	23.4	13.1	10.8	8.8	5.9	5.9

从 2013 年至 2021 年的变化趋势看，食品烟酒、衣着、生活用品在居民消费中的占比呈现下降态势，而居住、交通通信、教育文娱、医疗保健的占比呈上升态势。

第二节　家庭预算约束与消费者行为

（一）家庭流动性约束

世界上各个国家的居民在消费中普遍存在着流动性约束问题。霍尔和米什金（Hall and Mishikin，1980）利用美国收入动态面板数据估计发现，美国 20% 的家庭受到流动性约束。Hubbard 等（1986）基于模拟净值约束的方法得出，美国存在流动性约束的家庭大约占到19%。Kohara 和 Horioka（2006）基于1993~2004年日本消费者面板调查数据（JPSC）估计出8%~15%的年轻已婚家庭存在流动性约束问题。Hayashi（1985）通过研究指出，大约16%的日本家庭存在无法足额借贷的问题。

中国家庭消费同样也存在着流动性约束问题。甘犁等（2018）使用CHFS 2011~2017年的连续数据将不同收入组别的家庭与是否受流动性约束条件结合，测算发现：收入最高且在总数中占比为20%的家庭受流动性约束的百分比为15%；中等收入家庭大约有29%受到流动性约束；收入最低且在总数中占比为20%的家庭受流动性约束的比例甚至高达40%。尹志超等（2015）使用2011年中国家庭金融调查（CHFS）数据得出，有21.6%的中国家庭受到信贷约束。

现有一些研究指出，流动性约束对家庭消费行为产生重要影响。Zhao等（1999）研究发现，受到信贷约束的家庭存在低水平且显著的消费，并且除户主以外的家庭成员普遍工作时间较短。信贷约束影响以杠杆购买耐用品和房产。流动性约束影响耐用品价格，Vigdor（2006）指出，借款约束放松会导致耐用品（如房屋等）均衡价格上升。Yamashita（2007）也指出，流动性约束对住房拥有者具有重要影响。

现有文献研究了家庭受到流动性约束的原因。从信贷约束的角度，Kon 和 Storey（2003）指出，金融机构向资金需求方传达错误的信息，这种错误的信号致使资金需求方认为自己不能获得贷款从而放弃贷款申请，家庭因此受到流动性约束。Baydas 等（1994）指出，一些借款者会自愿退出，因为他们的交易费用和高的抵押率。Johnson 和 Li（2010）通过研究发现，家庭债务支出与可支配收入比高的家庭显著受到信贷约束，可作为家庭信贷约束的指标。Zeldes（1989）指出，信贷约束会对消费产生影响。Holm（2018）发现，家庭对流动性约束的反应是减少消费。

（二）流动性约束与家庭消费行为异质性

为了进一步描述流动性约束与家庭消费行为的关系，本章使用中国家庭金融调查数据描述和刻画流动性约束，关注流动性约束对家庭消费的影响。中国家庭金融调查（CHFS）2013 年数据涵盖全国 29 个省份，262 个县，1048 个居委会（村委会），样本量达到 28000 多户家庭、97000 多个个体。调查内容全面反映了中国家庭资产负债情况、保险保障情况、收入支出情况以及部分家庭行为态度。CHFS 调查数据具有全国代表性，其与人口普查数据在人口年龄结构、城乡人口结构、性别结构等多个方面都一致。

Jappelli（1990）认为，那些申请贷款被拒绝的消费者应当被定义为受到流动性约束。此外，由于申请贷款是存在成本的（比如交通、通信、时间和精力等），一部分消费者认为，即使自己申请贷款，也有极高的可能性被拒绝，索性就不去申请。他们有贷款需求，但无法获得贷款，因此也被视为受到流动性约束的人。受到流动性约束的人包括两个部分：一是申请贷款直接被拒绝；二是需要贷款，但知道自己即使申请也有很大的可能性被拒绝而放弃去申请。尹志超和张号栋（2018）使用中国家庭金融调查数据，针对家庭经营农业、工商业、购买住房、汽车等经济活动首先询问"是否有银行贷款"，如果没有，则继续询问"该项目为什么没有贷款"，把回答"申请过被拒绝""需要，但没有申请"的家庭定义为受到流动性约束。基于现有文献研究成果，本书在此仍然沿用上述方法定义受到流动性约束的家庭。当然，家庭也有可能借助民间渠道借款，以此缓解家庭遇到的流动性约束问题，但本书主要研究家庭受到银行等正规信贷渠道约束的情况。根据中国家庭金融调查数据可知，中国受到流动性约束的家庭比例约为 21.5%。

中国家庭金融调查问卷对家庭消费项目的分类如下：把家庭水、电、燃料费、物业管理费支出，家庭住房装修、维修、扩建花费，家庭暖气费支出归为居住类消费；把家庭日用品支出，家庭雇佣保姆、小时工、司机以及家政服务公司提供的清洁清洗、管道疏通等家政服务花费，家庭购买电脑、家具等耐用品支出归为生活用品及服务消费；把家庭本地交通支出，家庭电话、网络等通信费用，家庭购买汽车、摩托车、电动车等交通工具消费归为交通和通信消费；把家庭在教育培训上的支出，家庭文化娱乐支出，家庭旅游消费归为教育、文化和娱乐消费；把家庭医疗支出、保健支出归为医疗保健消费；把家庭购买箱包、字画等奢侈品消费，汽车保险缴费归为其他用品和服务消费。基于 CHFS 数据可知，家庭食品消费、医疗消费、通信消费和居住类消费相对占比较高。

在实证研究中，控制变量也是模型设定的重点。根据现有的研究文献，本书加入的控制变量如下：①家庭特征变量：家庭总收入、家庭净财富、家庭拥有两套及以上住房、家庭规模、家庭婚姻状况。②户主特征变量：户主风险态度、户主年龄、户主男性、户主受教育水平、户主身体状况、户主少数民族、社会保障。③地区变量：农村地区、省份哑变量。本书加入上述控制变量，一方面是为了在其他条件相同的情况下关注变量之间的因果关系；另一方面是为了尽可能避免由遗漏变量引起的内生性问题。本书对总收入、净财富进行上下 3% 缩尾处理，以避免极端值对估计结果的影响。本书还对后文回归方程中总收入、净财富、家庭总消费及家庭消费结构变量进行了对数处理，剔除数据不全样本，最终得到 24618 户家庭数据。

本书在此使用家庭微观调查数据，得到流动性约束对家庭消费影响的估计结果。使用普通最小二乘法（OLS）估计结果显示，在其他条件相同的情况下，相比于不受流动性约束的家庭，受到流动性约束的家庭年总消费平均降低 4.2%，且系数估计结果在 1% 的置信水平上显著。由于流动性约束与家庭消费可能存在着一定的内生性问题，本书使用社区其他家庭受到流动性约束的比例作为工具变量的估计结果。在第一阶段的估计中，工具变量 t 值为 20.19，F 值为 57.76，F 值大于 10%偏误下的临界值 16.38，因此不存在弱工具变量问题，使用社区其他家庭受到流动性约束的比例作为工具变量是合适的（Stock and Yogo，2005）。工具变量两阶段最小二乘法估计结果显示，流动性约束的系数为 -0.776，估计系数也在 1%的置信水平上显著。这表明在其他条件相同的情况下，相比于不受流动性约束的家庭，受到流动性约束的家庭年总消费平均降低了 77.6%。两种估计方法的结果均表明，流动性约束显著减少了家庭消费，降低了居民的消费欲望，是繁荣我国家庭消费市场的一大障碍。工具变量估计表明，使用普通最小二乘法（OLS）估计的流动性约束对消费的影响被低估了，实际上流动性约束大大降低了家庭的消费水平。

本书进一步研究了家庭互联网使用的影响。当受到流动性约束的家庭拥有互联网金融时，得到流动性约束的估计系数为 -0.06，流动性约束和互联网金融交互项的估计系数为 0.142。估计结果表明，当受到流动性约束的家庭拥有互联网金融时，消费不但不减少，反而会提高约 8.2%。使用社区其他家庭受到流动性约束的比例作为工具变量估计，流动性约束的估计系数为 -0.834，流动性约束和互联网金融交互项的估计系数为 0.671，系数相加结果为 -0.163。这表明当家庭拥有互联网金融时，流动性约束使家庭消费降低 16.3%。当家庭没有互联网金融时，流动性约束使家庭消费降低 83.4%。因此，两种估计方法均表明，当家庭拥有互联网金融时，流动性约束对家庭消费的降低作用能够得到有效减缓。

第三节 消费习惯与同侪效应

一、消费习惯

消费习惯是消费者过去的消费，是影响消费行为的重要原因。消费习惯的重要性最早来源于杜森贝利（Duesenberry，1949）提出的相对收入消费理论。杜森贝利指出，习惯形成是影响居民消费的内生因素，首次将习惯纳入消费行为研究中，认为消费习惯一旦形成，便会长期存在，并将这种现象称为"棘轮效应"。消费习惯表明理性人消费行为的动态机制，如果效用在时间上不可分，消费效用不仅依赖于当期消费，还受到前期消费的影响（宋泽、邹红，2021）。消费习惯反映出消费者的预防性动机，在理论上解释了理性预期下持久收入假说中的过度敏感和过度平滑（Campbell and Deation，1989）。居民的消费与"消费的过度敏感性"紧密相连。"消费的过度敏感性"是和霍尔（Hall，1978）所提出的关于消费服从"随机游走假说"相关的概念。"消费的过度敏感性"和消费服从"随机游走假说"理论表明，如果消费者关于持久收入的预期是理性的，则前期消费就是本期持久收入的最佳预期。因此，本期消费与前期消费有关。现有大量文献基于不同的消费数据来考察消费习惯，包括基于动态随机一般均衡（DSGE）模型展开的理论研究（Smets and Wouters，2007），利用微观数据的文献（Browning and Collado，2007；Dynan，2000），以及利用总量数据的文献（Carroll et al.，2011；Fuhrer，2000）。

龙志和等（2002）使用 1999~2001 年某省会城市的家庭调查数据发

现，习惯形成对城镇居民食品消费有显著影响，但家庭财富对食品消费习惯形成的影响较小。艾春荣和汪伟（2008）利用1995~2005年省际动态面板数据研究发现，农村居民在非耐用品支出上存在消费习惯，但城镇居民不存在明显的消费习惯。杭斌和闫新华（2013）基于理论分析了习惯形成对消费的影响，并在此基础上使用1999~2009年省级汇总数据考察农村居民和城镇居民的消费习惯形成参数，研究发现，居民在消费行为中存在消费习惯。雷钦礼（2009）通过建立一个包含当期消费和消费习惯的理论框架分析了习惯与家庭消费决策，研究发现，习惯会影响农村家庭消费决策。贾男等（2012）首次基于1989~2006年中国健康与营养调查（CHNS）的农村家庭微观数据，发现农村居民食品消费存在显著的习惯效应。翟天昶和胡冰川（2017）使用农村固定观察点家庭微观调查数据，发现2003~2012年农村居民存在明显的食品消费习惯。黄娅娜和宗庆庆（2014）在拓展现有消费习惯相关理论模型的基础上，使用1992~2003年中国城镇居民收支调查数据实证检验了中国城镇居民的消费习惯，研究发现，城镇居民存在显著的食品消费习惯形成效应。

在此，我们使用2011~2017年西南财经大学中国家庭金融调查（CHFS）数据实证检验消费习惯对家庭消费的影响。参考宋泽和邹红（2021）的研究，本书定义家庭消费习惯为家庭滞后一期的消费支出对数的一阶差分，定义家庭消费为家庭当期的消费支出对数的一阶差分。根据CHFS提供的数据，本书使用的家庭消费为家庭总消费性支出，包含了食品、日常用品、交通通信、教育、医疗和文化娱乐支出等，单位为元。本书在此参照以往的文献（De Giorgi et al.，2020；Ling et al.，2018），选取的控制变量包括：户主特征变量（年龄、性别、婚姻状况、受教育年限）、家庭特征变量（家庭规模、家庭孩子数量、家庭工作人数、家庭收入）和地区特征变量（省份、城乡）。在数据处理上，本书剔除了变量中存在缺失值的样本，且只保留连续追踪的家庭样本，样本量为22576个家庭。

OLS 和 FE 实证结果均表明，消费习惯对家庭消费有显著的负向影响。OLS 的估计系数为−0.416，在 1%的置信水平下显著，结果表明，过去的消费增长会降低家庭当期的消费。FE 的估计系数为−0.638，在 1%的置信水平下显著，表明消费习惯显著抑制了家庭的当期消费。

二、同侪效应

同侪效应是指个体行为不仅受到收入等自身经济因素的影响，同时也会受到周围相同社会经济地位群体的影响。每个家庭都生活在基于同侪的影响中，同侪对居民信息交流、个人决策行为等都会产生一定的影响。现有大量理论研究表明，家庭消费不仅会受到家庭自身的影响，还会受到其他家庭的影响。相对收入消费理论表明，同侪效应是影响居民消费的内生因素。同侪效应体现出消费者对周围社会环境变化的一种自我反应。现有文献通过实证研究表明，同侪消费会对消费者自身产生影响。De Giorgi 等（2020）使用丹麦家庭数据进行了实证研究，结果表明同侪消费能够促进家庭消费。Childers 和 Rao（1992）认为，同龄人的消费选择会对个人产品和品牌决策产生影响。Abel（2005）表明，消费者的效用依赖于相对于他人消费的加权平均以及消费者自己的消费水平。因此，同侪家庭消费可能会对家庭消费产生影响。

在此，我们使用 CHFS 2011~2019 年面板数据实证检验同侪家庭消费对家庭消费的影响。①解释变量为同侪家庭消费。De Giorgi 等（2020）将和夫妻两人工作在同一单位的同事定义为同侪。Alvarez - Cuadrado 等（2016）从地理趋近，根据数据中的地理代码分别使用住在同一城市和街区的样本来构建示范参照组。宋泽和邹红（2021）采取两种替代方法——人口特征相同（年龄、性别或教育）和消费可视化（地理趋近）来确定消费同群组。Ling 等（2018）使用"马氏距离"定义同侪，匹配同一社区最相似的家庭消费和同一社区最相似几个家庭消费的均值为同侪家庭消费。本节将参考以上学者对同侪的定义，从地理趋近，根据数据中的地理代码使用住在同一区县的样本家庭消费均值作为同侪家庭消费指标。②被解释变量为家庭消费。本书参考 De Giorgi 等（2020）、Ling 等（2018）将每个家庭的当期消费支出对数定义为家庭消费。

本书构建了平衡面板数据，使用固定效应估计进行实证检验，缓解了逆向因果和遗漏变量的影响，减少了以往研究中由于内生性问题造成的估计偏误。同侪家庭消费对家庭消费影响的估计结果表明，同侪家庭消费的系数为 0.448 和 0.276，均在 1%的水平上显著，表明同侪家庭消费显著提高了家庭消费水平。

第四节　数字金融与家庭消费

一、数字金融发展

进入 21 世纪以来，支付宝、蚂蚁金服、京东白条等数字金融产品正逐渐进入我国百姓的视野，这也成为国内经济高质量发展的重要支撑。数字金融作为依托于互联网的发展、数字信息技术以及大数据平台等新兴技术与传统金融服务业态相结合的新一代金融服务模式，对我国家庭消费服务、信贷行为产生了方方面面的影响。具体来说，数字金融对我国经济增长存在倒 U 形的影响，即存在一个最优的数字金融参与水平，在服务于我国市场经济的同时又避免了国内经济过度"泡沫化"。现有数据表明，截至 2017 年底，互联网移动支付业务共计发生 2867.47 亿笔，涉及金额高达 143.26 亿元，此外，网络借贷发生额同样高达 208 亿元（尹志超等，2019）。

随着互联网技术的持续发展以及信息基础设施的完善和升级，金融领域也引入了互联网和数字技术，数字金融得到了快速发展。关于数字金融的定义，Gomber 等（2017）指出，数字金融包括大量新的金融产品和服务，以及创新的客户沟通和互动方式。邱晗等（2018）指出，通过借助数字技术，传统金融机构和互联网公司可以更广泛、更方便地开展支付、投资、融资等新型金融服务。然而，黄浩（2018）认为，数字金融只是应用数字技术来创新传统金融的外部业务形式，金融的本质不会因数字技术的应用而发生变化。许多学者也讨论了数字金融与传统金融的关系。Ozili（2018）表明，传统金融机构大多不愿意为偏远地区和穷人提供金融服务，而数字金融具有高度包容性，可以为收入水平低、收入不确定的人群提供更高效、更便捷的金融服务，降低从银行等传统金融机构获得相同金融服务的成本。

数字金融的发展将对居民和企业产生一定的经济影响。谢绚丽等（2018）对企业创业行为的研究发现，数字金融显著提升了企业创业的活跃度，且对较落后地区的企业及小微企业的鼓励创业作用更显著，表现出普惠的功能。何宗樾和宋旭光（2020）、张勋等（2020）借助中国数字金融和居民主体的数据对数字金融进行了研究，结果表明，数字金融在促进家庭消费方面发挥了重要作用。除此之外，数字金融对传统民间借贷行为也表现出显著的抑制作用。由于数字金融成本较低，它可以支持较低的网上借贷利率，从而抑制居民的民间借贷行为（吴雨等，2020）。同时，通过数字金融的发展，改善了中小企业的融资环境，一定程度上缓解了中小企业的非价格壁垒和融资成本高的问题（Boskov and Drakulevski，2018）。

二、数字金融与家庭消费

随着数字金融的不断发展，居民消费率呈现出小幅上升的态势（谢家智、吴静茹，2020）。相比传统金融机构的"嫌贫爱富"，数字金融借助智能化、大数据和云计算等信息技术科技手段降低了金融服务的准入门槛，提高了金融弱势群体对金融产品的可得性，推进了我国经济的持续包容性发展（张勋等，2019）。数字金融作为一种新兴的金融与科技相结合发展的产物，对居民消费的影响尤为重要。数字金融的普惠性因其低成本、高覆盖的优势打破了金融服务在时间和空间上的限制，降低了金融服务的成本（王国刚等，2015），缓解了金融排斥。易行健和周利（2018）指出，数字金融可以通过缓解流动性约束和便利支付促进家庭消费。谢家智和吴静茹（2020）认为，数字金融的蓬勃发展深刻影响着家庭消费行为，由于数字金融方便快捷和交易成本低的优势，缓解了家庭约束进而达到了刺激家庭消费的目的。为此，本节将使用中国家庭金融调查 2011～2017 年数据与各地级市层面的北京大学数字普惠金融指数 2011～2017 年相匹配合成面板数据，实证检验数字金融对家庭消费的影响。①被解释变量为家庭消费。本书参考张勋等（2020）的做法，根据 CHFS 提供的数据，使用家庭消费的对数作为衡量家庭总消费的代理指标。其中家庭消费包含了食品、日常用品、交通通信、教育、医疗和文化娱乐支出等，单位为元。②解释变量为数字金融。本书借鉴芦彩梅和王海艳（2021）的做法，采用各地级市层面的北京大学数字普惠金融指数来衡量我国数字金融的发展。

在此我们研究了数字金融和家庭消费之间的关系。通过 OLS 估计可以发现，数字金融会显著提升家庭的消费水平，回归系数为 0.0044，即居民参与数字金融，家庭消费水平将提升 20.5%，且此结果在 1% 的置信水平下显著。数字金融可以显著促进家庭消费，移动支付等新兴交易结算方式的蓬勃发展改变了传统的现金交易模式，从而使支付消费变得更加方便快捷。同样，经过 FE 估计仍可得到类似结论，数字金融对家庭消费水平具有正向影响，回归系数为 0.0047，且在 1% 的置信水平下显著。对此可能的解释是，数字金融通过提升支付便利性（易行健、周利，2018）、降低信贷约束（尹志超、张号栋，2018），以及降低居民在经常性账户进行存款的意愿，进而提升家庭的消费水平。

Ling 等（2018）在考察家庭消费时，在稳健性检验中将样本区分为可见性消费和不可见性消费。其中，可见性消费包括在服装、住房、交通、教育和培训、耐用品和奢侈品方面的支出。不可见性消费包括对医疗保健和转移费用的支出等。Charles 等（2009）以"可见性消费"来衡量"炫耀性消费"，用服务、珠宝和汽车的消费来衡量可见性消费。因此，本书参考以往文献将消费划分为享受型消费（包括交通运输、通信支出与家庭设备支出）、生存型消费（包括衣着支出、食品支出与居住支出）和发展型消费（包括文教娱乐消费支出与医疗保健消费支出），检验了数字金融对家庭消费结构的影响。研究表明：数字金融的发展促进了家庭享乐型消费；数字金融的发展促进了家庭生存型消费；数字金融显著促进了家庭发展型消费。可见，随着数字金融的不断发展，家庭消费水平得到提高，消费结构得以改善。家庭增加了生存型消费和享受型消费，提高了生活质量，同时将更多资金投入到娱乐、保健等发展型消费中，促进了消费升级。

三、异质性影响

数字金融给金融相对不太发达的地区带来了更加方便快捷的金融服务，使得金融服务能够更加准确地被送达到更有需要的群体当中（马九杰、吴本健，2014）。因此，本节关注城乡地区在数字金融对家庭消费影响中的作用，在变量中加入了数字金融和农村的交互项，使用普通最小二乘法和面板固定效应估计方法得到结果，结果表明，数字金融和农村的交互项的估计系数均为 0.0011，且均在 1% 的置信水平上显著。这表明数字金融发展对农村地区消费的影响更大。上述结果支持了本书的研究逻辑，即数字金融的发展显著促进了居民消费。同时，在数字金融与居民消费之间存在区域异质性，其在农村地区更为显著。

数字金融将低财富人群连接到数字化信息超级高速公路，改进其市场、服务和信息的可得性，使得低财富人群能够享受到金融服务（谢绚丽等，2018）。因此，本节关注家庭财富水平在数字金融对家庭消费影响中的作用，在变量中加入了数字金融和低财富的交互项，使用普通最小二乘法和面板固定效应估计方法得到结果，结果表明，数字金融和农村的交互项的估计系数分别为 0.0015 和 0.0017，且均在 1% 的置信水平上显著。这表明数字金融发展对财富较低人群的影响更大。

傅秋子和黄益平（2018）实证研究表明，数字金融整体水平的提升增加了消费性正规信贷需求的概率，其中对教育水平较高的人群影响较大。因此，我们继续检验户主受教育水平在数字金融对家庭消费影响中的作用，在变量中加入了数字金融和高教育的交互项，使用普通最小二乘法和面板固定效应估计方法得到结果，结果表明，数字金融对不同教育水平的家庭的消费的影响存在差异。OLS 回归结果显示，数字金融和高教育的交互项系数为 -0.0011，在 1% 的置信水平上显著；FE 回归结果显示，数字金融和高教育的交互项系数为 -0.0011，在 1% 的置信水平上显著。交互项系数为负，说明相较于户主低教育水平的家庭，数字金融对户主高教育水平的家庭的消费的促进作用更强。

第八章 网络经济与商业的融合发展

　　网络经济是基于计算机的互联网和通信技术的智能手机终端所形成的新经济形态。在网络经济环境下，不仅出现了互联网购物平台、直播带货，电子商务突飞猛进，而且传统商业企业纷纷"触网"，踊跃开展线上业务。信息通信技术极大地改变了商品交易的行为和方式，商业领域的企业家积极寻求交易成本更为节约的组织结构和交易形式，重塑产品供应链形态、供应商和生产商经营方式，给市场交易效率、社会福利水平带来了积极影响。我们也注意到，网络经济有其独特的运行模式。例如：购物平台为双边市场，具有交叉网络外部性；网络购物面临假冒伪劣多、虚假宣传多等问题。

第一节　网络经济与消费促进

　　根据消费函数理论，总消费是总收入的函数。消费函数的核心内容因考量期限长短不同而有所差异，但无论是短期还是长期，居民消费需求的改变都依赖于收入的变动和消费倾向的变化。网络经济发展通过促进居民收入增长、降低消费成本、提高居民消费倾向对消费起促进作用。

一、网络经济发展促进居民收入增长

网络经济能够在相关产业领域提升劳动需求，促进就业总量扩大和结构优化，降低劳动者创业成本，为有条件的创业者提供更广阔的网络平台，从而促进居民工资性收入和经营收入的增长。

（一）网络经济发展提升劳动需求

网络经济促进商品生产与流通分工的深化，形成信息网络产业和电子商务产业等新兴产业和新领域，大幅提高了社会劳动总需求。网络经济能在增加相关技术和管理人才的需求，促进产业升级，推进中小微企业快速发展和创业创新等多个方面发挥作用。根据麦肯锡的研究报告，网络发展每摧毁一个就业职位，便会创造 2.6 个新就业职位（王鹏飞，2014）。商务部最新数据显示，2020 年我国电子商务从业人数为 6015 万人，较 2012 年的 1500 万人增长了 3 倍，《"十四五"电子商务发展规划》则明确指出，到 2025 年，电子商务相关从业人数将达到 7000 万人。

（二）网络经济发展降低创业者门槛

网络经济环境下的创业具有方式灵活、成本小、门槛低等特点，增强了就业市场选择的自主性、多样性和个性化程度。B、C 两端对灵活用工方式的接受度提高，近年来灵活用工市场飞速发展。由于时间灵活、收入不错、职业新奇等，近年来越来越多的人做起了文案写手、网络主播、视频 UP 主、外卖骑手、网约车司机，撑起了"零工经济"新业态。国家统计局数据显示，中国灵活就业人员已经达到 2 亿人。随着共享经济中实物分享、劳动分享逐渐向知识分享转变，专业技能服务、内容创作、知识付费等领域零工经济得到了蓬勃的发展。

二、网络经济发展释放消费潜力

网络具有普遍接入性和便捷性，使得消费者能够掌握更为充分的市场信息，消费者选择的能力和范围大大提高和拓展。与传统经济相比，网络经济大幅降低了商品的成本和价格，提高了消费者的实际购买力，从而改变了消费者在既定预算约束下的选择行为。网络经济的快速发展使得居民能在刚性需求得到满足的基础上调整原有消费结构，增加对高需求弹性商品的购买，从而实现原本受到收入限制的消费愿望，因此释放了消费潜力。

三、网络经济发展驱动消费升级

网络经济发展使得制约我国居民消费增长的一些非收入因素得到明显改善，如消费主动性增强，网络时代信息技术的发展使得消费者能够更加方便地进行信息收集、分化并进行双向沟通，从而在商品选择上拥有更大的主动性。由于网络具有可以使使用者快速进行交流的特性，消费者与零售商、生产商可以实现即时互动和双向交互，更为充分的竞争推动了经营主体提供更高质量的商品和服务，获得了更多的消费者剩余，增强了持续消费的意愿。网络信息技术也改善了我国居民特别是农村地区和落后地区居民消费受限的情况，缩小了地区与城乡之间消费增长的差距，提高了我国居民的总体消费倾向，促进了消费升级。

第二节　网络经济与商业体系变革

相较于传统经济，网络经济凭借其信息传递实时性、空间虚拟性和主体交互性强等特征，对商品交易方式、流通模式和流通主体行为等方面产生了深远影响，推动了整个商品流通过程的根本性变革。

一、网络经济下交易方式发生变革

网络经济环境下计算机技术和信息技术的快速发展与应用，使得传统交易方式发生了创新性的变革。交易方式是买卖双方在自愿让渡的基础上，对相互提供给对方的商品或货款，在达成一致意见的基础上进行的交换活动。与传统的现货交易和场内交易固定性强的交易方式相比，网络经济环境下，交易方式更为灵活和便捷。网络化背景下，市场交易以电子市场为运作空间，将市场经营活动全部或部分进行电子化、数字化和虚拟化，实现即时谈判与交易，并依靠完善的物流系统，完成商品流通。

网络消费者已经实现了跨越时空界限在更大的范围内购物的愿望，人们不用离开家或办公室，就可以通过进入网络电子杂志、报纸获取新闻与信息，了解天下大事，并且可以购买从日常用品到书籍、保险等一切商品或劳务。同时，个人可以跨越国界进行交易，使得国际贸易进一步多样化，线上展会、跨境直播、云洽谈等创新形式，拉近了各国商家的距离；数字赋能洽谈、通关、结算等交易环节，极大地提高了交易效率。2021年12月国务院印发的《"十四五"数字经济发展规划》中提出，以数字化推动文化和旅游融合，线上演播、云展览、沉浸式体验等新型文化旅游服务正在迅速崛起，随着光纤网络、云网协同和算网融合等数字基础设施的进一步优化升级和推广，以及AR、VR、元宇宙等虚拟现实技术的进步，线上生态将被进一步充实，进而推动流通业同步创新与发展。

二、网络经济推动商品流通模式扁平化

传统流通模式主要呈金字塔结构，流通效率较低。传统流通模式下，商品从生产商到消费者的过程需要经过多级批发商和零售商，流通模式整体上呈现出多层次的金字塔结构，具体如图8-1所示。这种流通结构在一定程度上突破了生产商存在的空间限制，可以经由层层分销顺利地将商品交付到消费者手中，但这种流通结构不可避免地会存在放大生产者风险、中间环节过多、流通时间成本和资金成本较高、流通信息失真等问题，导致流通效率较为低下。

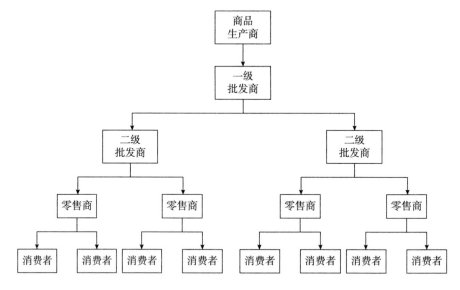

图8-1 传统经济时代的商品流通模式

网络经济减少了商品流通的环节，提高了流通效率。网络经济环境下商品从生产商到消费者的流通链条大大缩减，呈现出去中介化的趋势，流通结构更加扁平化，具体如图8-2所示。

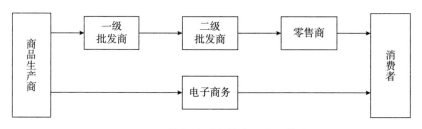

图8-2 网络经济时代的商品流通模式

由于实施电子化交易，整个交易过程变得更加简洁，不必要的业务环节被删减，从而引起业务流程的深刻变化。生产商可以借助网络建立起新型的直销渠道，可以通过网络直销或者电子商务平台直接将商品销售到消费者手中，随着信息和物流配送能力的提高，生产者风险进一步降低，消费者满意度得到提高。与此同时，电子交易还降低了层层分销的交易费用，也大大缩减了商品到达消费者手中的时间，提高了整体商品交易的效率。

三、网络经济下消费者和生产商行为变化倒逼零售商变革

网络经济赋予消费者更多的自主选择权利。网络时代信息技术的发展使消费者能够更加方便地进行信息的收集、分化及双向沟通，从而在商品选择上拥有更大的主动性。国家统计局的数据显示，2020 年实物商品网上零售额108042 亿元，按可比口径计算，比上年增长 12.0%，占社会消费品零售总额的比重为 24.5%。网络零售规模继续保持较快增长，成为推动消费扩容的重要力量，截至 2021 年 12 月，我国网购用户规模达 8.42 亿，占网民整体的 81.6%①。与传统交易模式相比，网络经济为消费者提供的交易价格更加优惠、交易方式更加简便、信息更加全面，从而使得消费者的个性化、差异化和主动性增强，消费者可以及时向生产商提出自己的想法和建议，积极地参与到企业的产品开发和改进工作中，成为对生产商有帮助的价值共创者。

网络经济下生产商越来越倾向于生产与流通一体化。网络经济下互联网等信息技术的快速发展，拉近了生产商与消费者的距离，使得生产商能够快速捕捉到消费者的信息反馈和潜在需求，提高了生产商在流通渠道中

---

① 资料来源：中国互联网信息中心发布的第 49 次《中国互联网发展状况统计报告》。

的地位，减少了对中间商的依赖程度。生产商通过建立自己的销售组织来负责产品销售，以解决传统流通模式中存在的流通费用高、资金账期长和商品退货率高等问题，从而更有效地掌控市场情况。

网络经济条件下消费者和生产商行为的变化会倒逼零售商实施变革。变革的内容主要包括两个方面：一是平衡和重塑零供关系。在传统流通模式下，零售商往往借助终端优势对上游供应商进行纵向控制，而成熟的供应商为维护自身利益往往会采取寻租行为，不健康的零供关系不仅使一些零售商腐败问题得以滋生，而且还压制了中小供应商的生存和发展，降低了整体供应体系的效率。因此，网络经济条件下的零售商应重塑上下游供应链系统，使零供关系从博弈走向合作共赢，如盒马鲜生提出以"买手制"为核心的新型零供关系：明确双方责任、满足消费者需求成为双方的共同目标，供应商提供物美价廉的产品，盒马减少不必要的渠道费用，与供应商建立战略合作伙伴关系，形成一体化生态系统，共生共荣。二是加快新业态新模式探索，引领服务新消费。随着消费者对场景化、社交化和体验化需求的增加，"零售+餐饮""零售+书店+服饰""零售+咖啡屋+书店"等跨业态集合模式越来越受到消费者的欢迎。因此，应促进"零售+"混合业态的创新发展，不断丰富消费场景和服务内涵，为消费者带来新体验，更好地满足消费者个性化和多元化的消费需求，并创造、培育和延展消费新热点，促进居民消费结构由商品消费向服务消费转型，推动居民生活消费新增长。

第三节　网络经济下市场环境及市场秩序

网络经济下平台市场体现出有别于传统市场的网络外部性、价格结构非对称性、用户锁定性和动态竞争性等新特征，这极大地影响了企业的行为和绩效，颠覆了传统的竞争模式，也使得网络经济下市场结构呈现出新的变化。与此同时，网络经济下新业态、新模式层出不穷，给政府部门的市场监管带来了新挑战，政府部门在不断完善监管体系、优化监管技术和手段、完善法律法规等方面采取多种措施，市场监管部门与其他部门形成合力，逐步构建起合作共赢的网络交易监管新格局。

一、网络经济下平台市场的界定及特征

（一）平台市场的界定及形成

平台市场是一种虚拟或真实的交易场所，平台本身不生产产品，但可以通过促成双方或多方供求之间的交易，收取恰当的费用或赚取差价而获得收益。平台企业一边对接消费者，另一边对接商家。平台经济通过双边市场效应和平台的集群效应，形成符合定位的平台分工。在这个平台上有众多的参与者，他们之间有着明确的分工，都可以做出自己的贡献，每个平台都有一个平台运营商，其职责包括：聚集社会资源和合作伙伴，为客户提供好的产品，通过聚集人气，扩大用户规模，使参与各方受益，达到平台价值、客户价值和服务价值最大化。

平台市场的形成主要依赖于双边客户需求的存在，也需要凭借强大的资本市场和货币市场的支撑，凭借无可比拟的技术和服务优势，以集约化、高效率的方式为供应商提供商品展示服务，同时为商品和服务购买者最大限度地降低搜寻成本、提高搜寻效率，从而凝聚并维持足够数量的双边客户。

（二）互联网购物平台的特征

平台市场是一个典型的双边市场，具备网络外部性、价格结构非对称性、用户锁定性和动态竞争性等特征。

网络外部性是双边市场最重要的特征，具体分为组内网络外部性和交叉网络外部性。组内网络外部性主要体现为平台接入用户会随同类用户的增加而变化，也会因不同类型用户的接入而变化；交叉网络外部性特征是双边市场的核心特征，它是指双边市场中存在的交叉的间接网络外部性，具体表现为市场中一方用户数量和交易量会影响另一方用户的数量和交易量。例如，在天猫、京东、拼多多等互联网购物平台上，入驻平台的商家数量与消费者的数量呈正相关关系，入驻平台的商家数量越多则平台整体的交易额会越大。

平台市场的价格结构非对称性特点是其双边市场性与交叉网络外部性特点的延伸与二者共同作用所产生的必然结果。平台需根据索取的总体价格水平在买卖双边用户之间对价格进行分配，而不是像传统单边市场一样遵循边际成本定价的原则。企业为了实现利润最大化，很可能会收取低于边际成本的价格，或者免费提供产品和服务，在市场开拓期甚至会出现补贴的情况，这种情况在传统经济中并不会出现。

用户锁定性特征主要是因为在平台市场中，用户对早期进入市场的产品既会有基于熟悉操作方式、产品特点、产品文化等而形成的先入为主的心理优势，又会有基于前期为使用该产品所付出的努力产生的沉没成本。这些都会成为新产品进入市场时消费者转而使用新产品的转移成本，高额的转移成本造成的路径依赖增加了用户黏性，产生了用户锁定效应。

在网络经济环境中，企业生命周期与传统行业相比大幅缩短，行业呈现出明显的动态竞争性。由于用户时间和注意力的稀缺性，经营主体之间对彼此经营策略、营销手段、技术特征、管理模式的博弈、学习、模仿、创新成为经营者保持竞争优势的主要手段。在相对开放的市场环境下，只要该领域的核心技术不受知识产权垄断，则该市场范围内会不断有新的竞争者进入与退出，市场不断呈现出动态竞争的特性，大量经营者共同争夺数以亿计的互联网用户群体。

二、网络经济下市场竞争和市场结构的新变化

（一）市场竞争的新特点

网络经济条件下，信息的收集、传递和分析相对于传统经济而言更加快速化和透明化，使得市场竞争更加激烈和复杂，呈现出新的市场竞争特点。

一方面，产品周期缩短和企业进入门槛降低，使得市场竞争更加激烈。产品生命周期缩短主要体现在网络经济条件下企业设计、生产和营销等技术扩散的速率加快，当一个企业创造出一种产品时，很容易被另一家企业模仿，使得原来的企业产品失去竞争力，产品生命周期缩短使企业时刻面临更为激烈的竞争。与此同时，信息和技术高速流动，通过资本和技术的合作，企业进入相关领域变得更加方便，因此同行业竞争日益激烈，潜在进入者的威胁也比传统经济下表现得更加强烈。

另一方面，竞争方式更趋向于合作式竞争。网络经济环境下市场竞争形式从传统经济时代单一的价格竞争、质量竞争，转变为技术竞争、标准竞争。在传统单边市场时代，由于物理空间有限，企业为了抢夺市场份额，取得市场的优先地位，往往会采取独自作战的竞争方式，合作被认为是降低消费者利益和市场效率的串谋行为。但是在平台市场中，由于网络外部性的存在，信息的需求量和使用量越多越好，对于供给主体而言，合作可以分摊成本，对于消费者而言，产品的信息效应也会随着用户的增多而呈现指数级上升趋势。科技的进步和产品生命周期的缩短也迫使企业趋向于合作。在网络经济时代下，企业竞争不再是单纯的产品差异化和低成本竞争，而是更侧重于企业联盟和双赢的合作式竞争。

（二）市场结构的新变化

网络经济呈现出显著的网络化和知识化特征，随着企业生产和合作边界的不断扩展，在市场竞争呈现出新特点的同时，市场结构也呈现出新的变化。

市场结构呈现多层次复合型特征。网络经济条件下，市场结构不再是单一结构，而是双层或多层复合结构。这主要是因为，在网络经济中，生产链条突破了单个企业的边界，多个行为主体参与到产品生产的过程中，形成了"网络组织"，突破了单一企业或单一行业的界限，出现了从企业层面看是一种产品市场结构，从产业或行业层面看则是另一种产品市场结构的新特点。网络组织作为一个整体，其市场地位是各个企业市场竞争力或市场地位的集成，为市场集中度的精准测量带来挑战，进而增大了确定市场结构的难度。

市场结构表现出暂时性垄断态势。网络经济下的市场势力是一种基于知识和技术创新优势所形成的暂时垄断。相比于传统工业经济，网络经济条件下信息市场的开放度较高，企业产品生命周期变短，更多依靠的是知识和技术资源，而非物质资源。这些资源本身又是可再生的，可以通过不断创新呈现出更高级的形式，从而降低了原有知识和技术资源的价值，这就决定了企业拥有这些资源的暂时性，也决定了其垄断地位的暂时性。另外，这种垄断并不意味着竞争的消失或减弱，也并不必然地会阻碍技术进步，创新才是网络经济条件下垄断与竞争的重要手段。

三、网络经济下市场秩序的完善

网络经济的发展对消费行为、经营主体行为和市场经济能够起到积极的促进作用，但与此同时也有一些经营者可能会利用网络技术进行不正当竞争活动以获取非法利益，对消费者和合法经营者权益造成损害，扰乱市场秩序。网络经济颠覆了许多传统的生产经营模式和消费模式，也促使政府对市场监管的方式进行变革。党的十八大以来，国家陆续出台了相关法律法规，制定了一系列规范交易行为、压实平台主体责任、保障消费者权益的具体制度规则，对完善网络交易监管制度体系、持续净化网络交易空间、维护公平竞争的网络交易秩序、营造安全放心的网络消费环境具有重要的现实意义。

（一）网络经济中的不正当竞争行为

网络经济中不正当竞争行为具有隐蔽性强、界限模糊、取证困难、侵权成本低等特点，表现形式主要有流量劫持、终端软件恶意捆绑、恶意不兼容等行为。流量劫持主要是通过技术手段擅自修改网络用户的参数配置，使得网络用户在不知情的情况下跳转到不正当竞争者修改的网络页面，以达到增加流量的目的，这不仅会侵害消费者自主选择权，甚至会导致个人信息泄露，侵害隐私权。终端软件恶意捆绑是那些未根据消费者实际需要进行的捆绑行为，以达到增加软件下载数量的目的，这不仅会侵害合法经营者和消费者的合法权益，而且还会扰乱市场合法秩序。恶意不兼容是网络经营者为获取竞争优势而采取的非法手段，与竞争者软件运行过程存在冲突，这会损害其他经营者的合法权益。

网络经济下购物平台、出行平台、外卖平台等互联网平台的快速发展，为人们的生产生活带来了极大的便利，与此同时，消费者网购投诉也在持续增加。市场监管总局发布的数据显示，2021年，全国12315平台共受理网购投诉举报483.4万件，同比增长25.8%（见图8-3）。网购投诉主要涉及质量问题117.5万件、售后服务95.8万件、合同问题37.9万件，分别占网购投诉量的41%、33.4%、13.2%。网购举报主要涉及广告违法行为110.3万件、侵害消费者权益行为29万件、产品质量违法行为13.1

万件，分别占网购举报量的 56.1%、14.7%、6.6%。在网络空间，消费信息纷繁复杂、严重超载，成为新的"信息污染"；流量造假、夸大宣传、自动续费等"消费陷阱"误导了消费行为，损害了用户利益；刷单、刷评、强迫商家在平台间"二选一"等不正当竞争手段，挑战商业规则，制约了电商平台的良性发展。

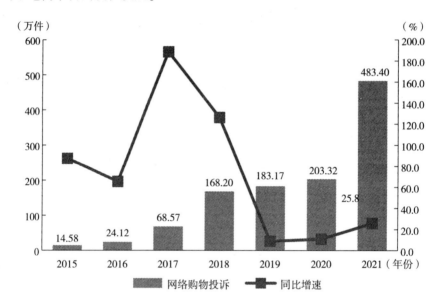

图 8-3 2015~2021 年网购投诉量及同比趋势

资料来源：根据国家市场监督管理总局官网检索数据整理所得。

（二）网络经济下政府市场监管体系不断完善，监管手段不断优化

（1）网络交易监管体系逐步完善。我国目前网络交易监管体系由政府机构和社会机构共同组成，政府主管机构主要包括国家市场监督管理总局、商务部、工业和信息化部以及国家互联网信息办公室，社会机构主要是指行业自律组织，包括中国互联网协会。其中，国家市场监督管理总局主要负责监督管理市场秩序，2014 年 8 月成立的"网络商品交易监管司"，是我国第一个专门针对网络商品交易进行监管的机构，其职责主要包括：

依法监督管理市场交易、网络商品交易及有关服务的行为，组织指导查处价格收费违法违规、不正当竞争、违法直销、传销、侵犯商标专利知识产权和制售假冒伪劣商品行为，指导广告业发展，监督管理广告活动等。各地市、县级局地方政府对应成立了网监科室，网络监督队伍不断壮大，力量不断增强，网络监管体系日趋完善。

（2）网络交易监管技术和手段不断优化。在"以网管网"、线上线下一体化监管的工作思路指导下，国家和各省逐步建立起网络监管平台：2013 年 7 月，国家市场监督管理总局网络监管平台建成并投入使用；2014年，四川网络交易监管平台建成并运行，实现对省内自营网站网络违法行为进行日常监管；2019 年 9 月，国内首个网络市场监管领域跨区域协作联盟在杭州成立，实现网络监管异地案件线上查办和推送；2021 年 4 月，湖南省株洲市积极发挥第三方机构的技术支撑作用，启用了"指南针"网监系统，通过第三方技术服务公司提供的辖区详细电子商务数据情况和系统工具，市场监管人员可有效监测辖区电商企业、平台企业。以国家市场监督管理总局为中心、各省市场监督管理局为支点的网络监管系统逐步完善和优化，政企联手运用高科技手段，大大提升了网络监管效能，为优化网络营商环境贡献了重要力量。

（三）国家陆续出台政策，促进网络经济发展和市场秩序完善

党的十八大以来，党中央和国务院对网络经济做出了一系列重要决策部署，制定了多个相关规划和政策文件，明确了我国网络经济不断做强做优做大的发展方向，同时规范了网络交易行为，保障了网络交易市场中各方主体的合法权益，维护了市场秩序，引领我国网络经济走向健康可持续发展的道路。

一方面，超前谋划布局，高度重视做大做强网络经济。2015 年 7 ~ 8月，国务院先后颁布了《国务院关于积极推进"互联网+"行动的指导

意见》和《促进大数据发展行动纲要》，强调互联网和大数据对传统经济的赋能效用。2016 年 11 月，我国印发了《国务院办公厅关于推动实体零售创新转型的意见》，提出在坚持市场主导、坚持需求引领、坚持创新驱动的基本原则下，调整商业模式、创新发展方式、促进跨界融合、优化发展环境，强化政策支持，推动实体零售创新转型，释放发展活力。2017 年 10 月，党的十九大提出，要建设网络强国和数字中国。2020 年 10 月，党的十九届五中全会强调，要推进数字产业化和产业数字化，构筑国际竞争新优势。在党中央的超前布局下，我国数字基础设施建设全球领先，平台经济快速发展，涌现出一大批享誉全球的互联网平台企业。

另一方面，开展平台治理，推动网络经济健康可持续发展。近年来，针对数据安全治理不力、数据价值释放不充分，数字基础设施薄弱、关键领域创新能力不足，行业间区域间人群间数字鸿沟有待弥合，平台经济发展不充分、企业运营不规范、监管体制不完善等问题，中国政府密集出台了互联网相关法规政策，涉及平台反垄断、平台用工、算法治理、数据安全、隐私保护、未成年人保护等各个方面：2019 年 1 月 1 日，《中华人民共和国电子商务法》正式实施；2020 年，市场监管总局印发了《市场监管总局关于加强网络直播营销活动监管的指导意见》，明确指出了网络直播营销活动中的相关主体，特别是网络平台和网络直播者的法律责任；2021 年，《中华人民共和国数据安全法》《关键信息基础设施安全保护条例》《中华人民共和国个人信息保护法》正式实施，全方位保障网络空间安全；2022 年 1 月，国家发展改革委等九部门联合颁布的《国家发展改革委等部门关于推动平台经济规范健康持续发展的若干意见》也反复强调，要完善数字经济安全体系，不断探索符合数字经济持续健康发展的治理方式，细化平台企业数据处理规则，探索数据和算法安全监管等。

第四节　网络经济发展的福利效应

以信息技术为载体的网络经济，不仅在降低成本、提高效率等方面产生了经济福利，还在拓宽生产者流通渠道和提高消费者便利性的社会福利方面发挥了重要的作用；同时，网络经济还可通过有效提高资源利用率、降低传统行业能耗、增强环境共治等方式推动绿色低碳发展，提高生态福利水平。

一、网络经济发展的经济福利效应

（一）网络经济带来交易成本下降

以信息技术为载体的网络经济可通过降低信息不对称、减少逆向选择和道德风险问题，降低市场交易成本。网络经济环境下，人与人之间广泛、迅速、便捷地交换信息成为可能，减少了各个经营主体之间的市场摩擦，有效降低了交易前寻找和识别交易对象、交易中讨价还价和交易后监督等方面的成本，提高了交易双方搜集信息的效率和准确度，推动了市场交易的有序进行。交易成本降低能够促进商品交易效率的提高和商品交易规模的扩大，同时还能促进商品生产与流通分工的深化，从而促进商品生产与流通的收益递增，推动经济迅猛发展。

（二）网络经济提升资源配置水平

网络经济时代下数据信息成为继劳动力和资本之后的新兴生产要素，

能够形成新的社会生产函数，重塑经济增长新动能。《中国互联网发展报告（2021）》指出，2020年中国数字经济规模达到39.2万亿元，占GDP比重达38.6%，保持9.7%的高位增长速度，成为稳定经济增长的关键动力。数据信息成为新的生产要素，一方面说明企业可以通过有效利用数据信息来提高生产能力，另一方面也说明劳动力和资本之间的高度替代性会因为数据技术的加入得以重塑。当数字基础设施达到一定规模后，随着大数据、云计算等新兴技术的研发与进步，数据信息的累积效应得以显现：可以有效提高数据信息的使用效率，提高生产效率，促进市场细分，增强市场竞争活力，促使经营主体充分调动资源，将其配置到边际产出更高的要素上，最终促进产出和经济增长。

（三）网络经济促进国际贸易发展

网络交易拓展了国际贸易的空间和场所，缩短了国际贸易的距离和时间，简化了国际贸易的程序和过程，使得国际贸易活动趋向于无纸化、简易化和智能化，实现了划时代的深刻变革。不同于传统市场必须以一定的地域为前提条件，网络交易环境下市场是一个开放、多维和立体的空间，可以通过信息交换形成"虚拟化大市场"。网络交易一方面通过降低价格增加国际需求，另一方面使得成本过高或执行困难的交易变得可行，不仅能够提升电脑软件、信息咨询等数字化服务产品在国际贸易中所占的比重，加快以网络为载体的国际服务贸易和技术贸易在全球范围内的流通速度，而且能提高传统贸易成交比率，满足国际贸易快速增长的需求，从而促进国际贸易的发展。

网络交易通过促进生产要素在全球范围优化配置和促进产业升级，加快全球化、一体化进程，推动世界经济增长。一方面，网络交易所提供的交互式网络运行机制，为世界经济的发展提供了一个信息较为充分的市场环境，市场机制在全球范围内充分有效地发挥作用，生产要素和资源通过网络交易这一纽带实现了最优配置。另一方面，网络交易促使许多新的服务行业从制造业中分离出来，并形成独立的服务经营行业，如运输快递业，同时，还能促进金融服务、电讯影音、信息咨询等技术和知识密集型服务行业快速发展，推动产业结构的高级化。网络交易通过扩大交易机会、降低贸易成本、提高贸易效率，实现国际贸易数字化，加快经济全球化、一体化进程，促进世界经济增长。

二、网络经济发展的社会福利效应

（一）网络经济中生产者福利水平变化

网络经济环境下交易费用的减少和交易形式的多样化提升了生产者的福利水平。一方面，网络经济使得流通环节大大压缩，减少流通费用的同时减少了供应商与零售商之间的摩擦和冲突，使得整体流通效率得以提升，供应商和零售商的福利水平都有所提升。另一方面，网络经济环境下交易形式更为多样化，拓展了供应商尤其是中小企业的销售渠道，打破了过去只能依赖传统批发零售环节销售自己产品的瓶颈，可以通过网络直销实现以较低成本接触到终端消费者，这在增加商品品类的同时减少了不必要的生产投入，大大扩展了商品流通渠道的容量，提升了整体市场规模，从而提升了整个供应链条上各个主体的福利水平。

（二）网络经济中消费者福利水平变化

我国网络经济的发展对消费者的观念和消费方式等产生了深远影响，也使消费者福利水平产生了相应变化。

首先，消费者长尾需求得到更充分的满足，福利水平有所提高。传统工业经济环境下，由于商品流通物理空间的分割，大部分厂商为了规模经济不得不放弃消费者个性化和差异化的那部分需求，将消费者同质化。但在网络经济环境下，数字信息技术的发展使得商品的展示突破了空间和时间限制，货架展示被数据字节所取代，多样化产品的边际成本得以大幅降低，带来了诸如跨境电商、直播经济等新型交易形式，极大地唤醒了消费者的长尾需求。信息成本和渠道间转换成本的降低，更进一步激发了消费者强烈的搜索和购买欲望，使小规模、个性化的长尾需求得以满足，促进了消费者福利水平的上升。

其次，网络 APP 的应用和普及大大提升了人们生活的便利性。随着我国移动电话基站、互联网宽带接入端口和光缆线路总长度等网络基础资源的不断完善和优化，网民规模大幅增加，移动手机 APP 基本普及，截至 2021 年 12 月，我国网民规模达到 10.32 亿，网民中使用手机上网的比例为 99.7%。上架应用的 APP 涉及即时通信、消费、出行、办公、医疗、教育等各类高频事项和服务场景，截至 2021 年 12 月底，网民中即时通信、网络视频、短视频用户规模分别达 10.07 亿、9.75 亿和 9.34 亿，在线办公、在线医疗用户规模分别达 4.69 亿和 2.98 亿，网上外卖、网约车的用户规模分别达 5.44 亿和 4.53 亿，种类丰富的移动 APP 为人们在线上的智能生活提供了多途径、多维度、多功能的便利化服务。

最后，随着用户隐私泄露、平台垄断和市场集中等问题的逐渐改善，消费者权益将得到更好的保护。大数据在带来便利、促进经济社会发展的同时，也带来了数据乱采滥用、数据泄露、个人信息泄露等问题，企业有可能通过收集和分析消费者历史购物信息实施价格歧视和诱导消费，对消费者福利造成损失。针对以上问题，近年来，中国政府密集出台了一系列互联网相关法规政策，涉及平台反垄断、平台用工、算法治理、数据安全、隐私保护、未成年人保护等方面，随着国家相关法律法规的陆续出台和监管体系的日益完善，消费者在享受网络经济所带来的便利的同时，消费者权益也能得到更好的保障。

三、网络经济发展的生态福利效应

网络经济可通过有效提高资源利用率、降低传统行业能耗、增强环境共治等方式推动绿色消费、绿色生产、绿色政务等绿色低碳发展，提高生态福利水平。首先，网络经济自身具备的平台化和共享化特征，促使人们的消费模式从"拥有"向"使用"的绿色消费模式转变，共享单车、网约车的出现推动了绿色低碳出行方式的普及，同时深化了对现有存量资源的深度挖掘与利用，提高了资源利用效率。其次，人工智能、大数据、区块链等数字信息技术在各个行业中的应用，极大地提升了企业经营决策的效率和上下游企业协商的成本，从而降低了对煤炭、天然气、石油等自然资源的消耗。根据世界经济论坛数据，到 2030 年，各行各业受益于信息通信技术所减少的碳排放量将达到 121 亿吨①，数字信息技术成为绿色低碳发展的重要推动力量。最后，借助数字信息技术，政府相关部门可以更加精准地对建筑、企业和城市进行能耗和碳排放的检测、核查，提高环境治理水平，遏制环境污染，从而提高生态福利水平。

---

① 资料来源：https://m. thepaper. cn/baijiahao_18582113。

第九章　消费市场的政府规制

　　消费是经济活动的终极目标，消费市场的运行与百姓生活密不可分。在生产普遍过剩的丰裕社会，微观经济学、规制经济学、信息经济学中的相关理论可以帮助我们从一个独特视角分析消费市场的政府规制。政府在微观领域的规制包括价格规制、质量规制、安全规制等，这些规制以市场失灵为前提，以法律法规为依据，旨在规范市场秩序，适应消费需求，确保消费升级的实现。

第一节　消费市场的价格规制

　　一般而言，消费品的价格形成是由市场的供求竞争所决定的。从理论上讲，监管机构不宜介入市场价格的形成过程，但也有几种例外的情形。

一、垄断背景下的价格规制

（一）价格上限规制

经济学家对垄断市场的一个主要反对意见是垄断厂商会提高价格，从而损害消费者利益。高价格不仅导致消费者剩余被垄断厂商剥夺，而且还会带来"无谓损失"（Deadweight Loss），即有一部分消费者剩余并没有在高价格下转化为生产者剩余，而是凭空消失了。经济学上常用"纯损三角形"来刻画这部分损失（见图9-1）。

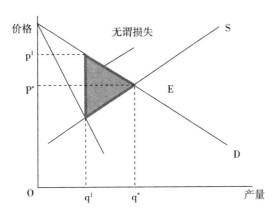

图9-1　垄断市场的无谓损失

对于垄断者而言，经济学家提出价格上限规制，让价格回归均衡价格水平 p^*，减少垄断厂商对消费者的利益伤害，迫使其尽可能逼近"竞争性均衡"。对于公共事业部门的自然垄断企业而言，实行特许经营权招标，可以降低价格，提高消费者的福利水平。垄断下的价格规制问题在产业经济学的著作中有详尽分析，在此不再赘述。

（二）价格歧视规制

价格歧视（Price Discrimination）是指在垄断市场上，垄断厂商可以清晰计算消费者的需求曲线，利用自己的市场地位，出售同一产品时依据消费者的需求规律制定不同的价格，以攫取更大利益的行为[①]。

————————

[①]　价格歧视实际上是差别化价格策略。"歧视"一词在汉语里有贬义色彩，用在此处似乎不太准确。

在一级价格歧视（也称完全价格歧视）中，如果产品可以无限分割，那么垄断厂商将会把消费者剩余全部剥夺。虽然此时消费者也能实现效用最大化，但竞争性市场带来的好处却消失殆尽。二级价格歧视遵循的是量大从优的原则，对小批量购买者实施高价，导致部分消费者剩余被垄断厂商占有。三级价格歧视则是在可以根据需求弹性大小进行分割的市场上，垄断者对需求价格缺乏弹性的客户制定高价的情形。在实践中，价格歧视行为是反垄断的一个重点领域。

在平台经济中，具有某种垄断地位的平台经营者也会滥用其市场地位。平台经营者可能利用自身的数据优势，借助某种算法，对忠诚度高或者说对平台黏性强的顾客实施高出一般水平的差异性交易价格。这就是被消费者诟病、被监管者打击的"大数据杀熟"。平台经营者通过过往的交易数据，可以评估某位消费者的支付能力、偏好、价格敏感性，通过大数据进行精准画像，剥夺消费者剩余。这是市场监管工作中的新问题、新挑战，相关部门需要通过扎实的理论研究和市场调研，建立一整套数据服务规制体系，以实现"科技向善"。

（三）转售价格维持的规制

在产业经济学理论中，产业链中的转售价格维持（Resale Price Maintain）是一种常见的纵向约束行为。上游的垄断厂商或寡头厂商利用自己的市场势力（Market Power）与下游的销售商签订协议，明确规定后者向第三人转售商品的价格，或者限定向第三人转售商品的最低价格。对于消费者而言，无论其在哪家零售商购买这种商品，价格均一样。这种"全国统一零售价"现象，在图书、卷烟、酒类、汽车等领域比较常见。

从理论上讲，当生产商与经销商完成交易，商品的所有权也就从前者转移到了后者。伴随着货款的交付和所有权的转移，生产商不再对商品的处置或转售定价享有权利。但在竞争不充分的市场上，生产商拥有不容置疑的市场支配力。它们为排斥零售商之间的价格竞争，预设一个零售价，避免零售商相互杀价，影响其预想的产业生态格局。在此背景下，消费者的权益就会受到侵害。

《中华人民共和国反垄断法》确立了"原则禁止+例外豁免"的原则，对转售价格维持问题实行了严格的规制。无论是 2013 年的茅台案、2015 年的北京奔驰案，还是 2019 年的雷克萨斯汽车案、2021 年的扬子江药业集团案，都是基于转售价格维持的反垄断案例。

二、特殊时期的价格规制

（一）疫情期间的价格规制

在充分竞争的市场中，商品价格由供求共同决定。卖方的定价依据为生产最后一单位产品的边际成本，买方则以消费最后一单位产品所增加的边际效用为出价基准。当市场供不应求时，价格上涨；反之，价格下降。价格涨落反映的是市场供求之间的相对变化，也揭示了买卖双方谁的交易需求更加迫切。

然而，当某一地区突发自然灾害或出现其他紧急情况，某些商品出现严重的供不应求时，其价格会出现明显上涨。如果这种商品对人们的正常生活或生命健康具有特殊的意义，那么，这种涨价即使从市场供求角度看有其合理性，也有进行规制的必要。如果生产者或商业企业将这些商品的价格恶意提高至不合理的水平，则可能被执法部门认定为哄抬物价的违法行为。例如，地震、水灾期间的手电筒、矿泉水、方便面等，公共卫生事件时期的药品或防护用品等，都可能成为居民抢购的物品。

在此，本书以疫情时期口罩市场的价格规制为例进行解释。2020 年、2021 年，湖北、北京等地监管部门对口罩市场哄抬物价的行为进行了多次执法，执法依照的法律法规主要是《中华人民共和国价格法》《中华人民共和国突发事件应对法》《价格违法行为行政处罚规定》，以及市场监管总局的《关于新型冠状病毒感染肺炎疫情防控期间查处哄抬价格违法行为的指导意见》等。这些制度安排旨在打击特殊时期不法商人捏造、散布谣言，恶意涨价，危害消费者权益的行为。

经济学中并没有"哄抬物价"这一术语，法律语境中的"哄抬物价"是指卖方违背常理或良知的漫天要价行为。判断企业涨价是不是"哄抬物价"行为的关键在于价格超出了合理水平，但遗憾的是，学界和司法界对此并未真正形成共识。根据国内的相关法规和价格执法实践，一般是以购销差价率的某一特定值作为标准，超过这一标准时会被判定为哄抬物价。例如，湖北省在疫情暴发之初发文，对哄抬物价认定的标准是：以 2020 年 1 月 21 日前商品销售价格或者提供服务的价格为原价，在 1 月 22 日后超出原价销售或者提供服务的；商品进货成本发生变化，购销差额未与 1 月 21 日前保持一致并扩大的；所售商品无参照原价，购销差价额超过 15% 的。①

信奉自由市场的经济学家认为，即使是在紧急情况下，只要消费者自己愿意接受卖家报出的价格，卖家的交易行为也不应该视为违法。这些经济学家相信价格是配置稀缺资源的最佳机制。与政府配给相比，市场效率更高。实际上，在自然灾害发生或瘟疫暴发时，对居民生存有着不可替代作用的商品面临"要么商品涨价供给变充足，要么商品更紧缺"的两难处境，不能用道德绑架市场，而应该考虑什么样的选择更有利于缓解供需缺口。诺贝尔经济学奖得主弗里德曼甚至认为，"应该给哄抬物价者颁奖"，是涨价行为让消费者最终得到了他想要的东西。

---

① 资料来源于《中国市场监管报》2020 年 1 月 27 日刊发的文章《如何对违法涨价行为定性？如何认定"哄抬价格"？"哄抬物价"如何处罚？》。

（二）哄抬物价规制的美国经验

相关信息显示，截至 2016 年，美国有 34 个州或特区制定了涉及哄抬物价（Price Gouging）的相关法律。

在这 34 个州或特区的法律中，大致将界定哄抬物价行为的要件归纳为三个：紧急状况或危机、生存必需之商品或服务、价格上限。换言之，哄抬物价的行为常见于自然灾害（如地震、洪灾、飓风等）、公共卫生事件（如传染病暴发）等特定情形中，涉及的商品主要是与居民生存密切相关的生活必需品，如食品、水、汽油等。

根据各州的相关法律，哄抬物价中对价格过高的认定主要考虑两个因素：参照系的时间节点或区间、价格水平。本书通过梳理，有以下两点发现：

第一，价格参照系的时间节点或区间：有些州的法律只是笼统规定与灾害发生（或政府宣布疫情暴发）那一刻的市场价格相比（如康涅狄格州、加利福尼亚州等）；也有些州明确了价格比较的具体时间段，如哥伦比亚特区（前 90 天）、佛罗里达州（前 30 天）、印第安纳州（前 24 小时）。

第二，价格上限或阈值：有些州明确规定了价格上限或阈值，如加利福尼亚州、阿肯色州、新泽西州、俄克拉何马州、哥伦比亚特区规定的阈值均为 10%，威斯康星州和俄勒冈州规定的价格上限是 15%，堪萨斯州是 25%。大多数州并没有明确的价格上限，只是说"价格过高"（Excessive or Exorbitant Prices，如爱达荷州），"无理提高价格"（Unjustifiably Increasing Prices，如堪萨斯州），超过了可接受的市场价格水平（More than Acceptable Market Prices，如康涅狄格州）。

通过以上梳理可知，美国有近三分之一的州没有制定规制哄抬物价的法律，只有不足 20% 的州和特区制定了哄抬物价执法的具体量化标准，大约一半的州虽然有规制哄抬物价的法律，但却给执法者留有相当大的自由裁量权。

（三）小结

特殊时期特殊商品的市场供求会发生剧烈变化。特殊商品的需求在短期内的暴涨势必会迅速拉高市场价格，如果供给价格弹性较小，高价形势短期内难以扭转。监管部门从民生角度出发，对市场价格进行上限规制是必要的。但是，从经济学的基本逻辑看，这种情形下的涨价有其内在合理性。因为价格是市场情况剧烈变化的真实反映，价格是自然上涨的，不一定存在恶意的哄抬物价动机。

在经济学者看来，一方面，商品涨价会刺激现有的生产者扩大规模，吸引新的投资进入该领域，引导更多的商品从其他地区流向发生短缺的市场，这有利于增加特殊商品的供给。另一方面，价格上涨也会引导消费者减少商品的浪费，合理节约资源。过严的价格执法如果让市场交易价格大大低于出清水平，会打击生产者、销售商的积极性，甚至会诱发偷工减料、降低商品质量的机会主义行为。疫情期间，在严格的口罩价格执法后，后续确实出现了药店不愿意卖口罩，伪劣口罩不断进入市场的情况，监管部门不得不开展口罩产品质量监管专项行动。从某种意义上讲，口罩质量的下滑是前期打压口罩价格的一个副产物。因此，如何在特殊时期对特殊商品的价格暴涨进行规制是一项需要反复权衡、慎重实施的决策。

第二节　商品质量规制

本节和第三节对消费市场商品质量安全的理论分析，主要是基于信息不对称所引致的市场失灵和政府规制展开的。

一、完全信息假定下的商品质量

（一）市场有效运作的评判基准：竞争性均衡

西方主流经济学家对市场运行效率的评判，有一整套逻辑严谨的理论体系。其中，"竞争性均衡"是一个绕不过的重要概念。所谓竞争性均衡，是指在充分竞争的市场上，消费者的需求曲线与厂商的供给曲线相交的那一点。此时，消费者的边际利益和生产者的边际成本相等，社会福利最大化。按照经济学的术语，在达到竞争性均衡状态时，市场价格为出清价格，消费者愿意购买的数量恰好等于厂商愿意出售的数量。

然而，竞争性均衡在满足一系列非常苛刻的假设条件时才会出现。这些假设条件包括：该市场是一个完全竞争的市场，买方和卖方都追求自身的利益最大化，都拥有关于商品的完全信息，都能做出最佳决策；所有与商品相关的经济利益，包括那些由买方直接获得的和社会整体所得到的利益，都必须反映到需求函数中；所有与商品相关的经济成本，包括那些由销售者直接承担和作为社会整体所承担的成本都必须反映到供给函数中；在执行市场交易时收集评估信息和评估决策的影响所带来的成本可以忽略不计。

竞争性均衡是评判政府是否应该对该市场进行干预的一个基准。只要以上假定无法被完全满足，就会出现市场失灵问题。然而，消费品市场可能因为存在信息不对称、非充分竞争、外部性等问题，无法满足竞争性均衡的条件，出现比较严重的市场失灵问题。在此背景下，政府的微观规制作为一个备选项出现，需要监管部门依法依规干预市场，缓解市场失灵问题。

（二）信息完全假定下的商品质量

从本质上说，消费者之所以购买商品，是因为商品能满足他们的某种需求。从基本功能看，食物能满足消费者的营养摄取，衣物能遮身蔽体、保暖，药品能减轻病痛，手机能通信交流，汽车能运物载人，电脑可以处理文件，等等。商品的质量决定了这些功能是否可以实现以及能在多大程度上实现。

然而，在新古典经济学中，商品质量并不是经济学家关注的重点。因为每一类商品市场的商品都是均质的，没有质量、价格、包装、品牌的差异，理性的消费者就会根据自己的购买力找到适合自己的商品类别。在信息完全的假定下，消费者有能力一眼识破质量不合格的商品，商品生产经营者无法通过虚假宣传或过分包装自抬身价。按此假定，无论是哪种商品的市场，买卖双方之间的信息都是对称的。在交易之前，消费者拥有商品质量的所有信息，包括功用、风险因素等，因此，不会出现因商品质量不合格而给消费者健康带来风险的问题。

由于信息完全的假定消除了企业可能拥有的信息优势，所以传统经济学更加关注在不同的市场类型中，如何通过市场竞争和价格确定来揭示有关商品质量的信息。在新古典经济学所推崇的完全竞争市场中，商品不存在质量上的任何差异，市场均衡水平所确定的价格就是刻画商品质量高低的唯一信号。这一观点与我国民间的"一分价钱一分货"所表达的逻辑高度一致。

在现实经济社会中，更常见的是垄断竞争市场。经济学家认为，企业为获得更大的市场会通过广告主动传播商品质量差异的信息，同一行业内部商品之间的相似性让企业之间的竞争非常充分，企业无法隐藏对自己不利的信息，消费者会根据自己的偏好和收入约束在某个价格水平上与生产经营者达成交易，实现均衡。这一市场格局中，每一个细分市场所形成的不同均衡价格水平将对应不同质量等级的商品。在纯粹寡头市场和完全垄断市场中，企业行为有明显的市场支配力，价格可能会被企业操纵，产生扭曲。处于市场劣势的消费者清楚地知道高价格下商品的质量到底如何，但由于别无选择，他们只能接受生产经营者制定的高价格。

通过以上分析可知，在信息完全的假定下，商品质量更像是一个技术术语，因此被主流经济学所忽略。从新古典经济学分析的框架看，该学派实际上是通过价格信号来研究商品质量的。20 世纪初，微观经济学领域出现的不完全竞争理论，也没有突破新古典经济学信息完全的假定，因此，它对不完全竞争格局下商品质量的研究，主要关注的是价格信号与市场支配力两个因素的经济含义。

二、信息不对称与市场失灵

信息经济学是经济学的一个崭新分支。这一领域的研究突破了新古典经济学中有关信息完全的假设，用更接近现实的逻辑剖析了市场交易中的信息困境，刻画了信息劣势方的行为特点。在商品市场中，信息经济学肇始于旧货市场的质量不确定性及其引起的市场失灵问题，也完美解释了新商品交易中的质量信息搜集成本对消费者行为的影响。

（一）旧货市场的市场失灵

20 世纪初，美国学者理查德（Richard，1906）就意识到，"我们购买几乎所有的产品，但是我们无法了解这些产品的生产过程，而且不具备相应的知识去预判这些产品的质量"。1970 年，经济学家阿克洛夫发表了《旧货市场：质量不确定性与市场机制》一文，首次用信息不对称解释了旧货市场（Lemon Market）中的质量问题，成为信息经济学的经典之作。

他认为，在旧货市场的交易过程中，买卖双方拥有的质量信息是不同的，卖方显然知道更多的质量信息，而买方则知道的较少。由于信息不对称的存在，不具备信息优势的买方并不清楚二手商品的质量好坏，只能按照折中价格来购买。但在这种情况下，那些实际质量超出折中价格水平的商品无利可图，从而导致这部分质量相对较好的商品被市场"挤出"。这样，买方实际面对的必然是质量相对较差的商品，"劣币驱逐良币"现象将在旧货市场上演。随着买方意识到市场商品平均质量在下降并调低报价，市场中的另一部分质量较高的商品将会退出交易。在信息经济学的范畴中，这种现象被称为逆向选择。以上情况循环往复，会导致旧货市场无法交易，出现市场失灵。

正如哲学家康德所言，"理论是灰色的，生命之树常青"。旧货市场的交易制度演进证明了经济研究的局限性。我国有规模巨大的二手车交易市场，2021 年交易量超过 1400 万辆，二手家电、二手家具等耐用品交易也非常活跃。可以看到，市场监管部门实施严格的质量安全监管，交易平台提供专业的质量检测机构，以及设计合理，附加质量承诺和保修条款的交易契约等，都在一定程度上缓解了信息不对称所带来的问题。

（二）商品属性与消费者行为

1970 年出现的另一篇商品质量信息经济学的经典文献，是经济学家纳尔逊（Nelson）在《政治经济学杂志》（JPE）上发表的《信息与消费者行为》一文。文章提出，消费者很难获得有关商品质量的信息，这会影响到其购买行为。根据购买者对质量信息的可获得性，他把商品分为三类：第一类是购买时通过观察少量的样品就可以知道商品质量的搜寻品（Search Goods），第二类是只有消费者购买并使用以后才能获悉商品整体质量的体验品（Experience Goods），第三类是即使消费者购买并使用，但仍无法知道商品整体价值和全部成本、质量等信息的信任品（Credence Goods）。

纳尔逊教授的真知灼见为我们理解商品市场的信息不对称与消费行为

提供了极好的分析框架。在商品市场的实际运行中，消费者不仅需要搜集有关商品价格的信息，也需要获得有关商品质量、性能、安全性的信息。

在搜寻品的购买中，有关价格、质量的信息成本大小会影响消费行为。在互联网技术兴起之前，货比三家的时间、精力等搜寻成本是比较高的。在消费者做出购买决策，实施购买行为之前，搜寻成本的存在会影响到其消费行为。即使是电商时代，购物平台强大的商品检索功能极大地降低了搜寻成本，但与商品质量相关的信息成本仍是一个无法回避的难题。无论是客户评论（好评、差评）对商品质量信息的揭示，还是7日内无理由退货等对消费者权益的保护，都没有完全解决准确获取质量信息的难题。如果考虑电商或直播的虚假宣传、评论区的"水军"等所刻意制造的信息噪声，则极大地增加了消费者获得完整、真实的商品质量信息的难度。

消费者在购买体验品时会面临严重的信息不对称问题。体验品的购买和消费实际上是一种"试错"（Trial-and-error），符合演化经济学的分析逻辑。换言之，在主观主义的时间维度下，购买、使用，然后再根据体验的好坏决定是否重复购买①、这是一个单向、不可逆的序贯决策过程，经济主体在不确定的环境中不断"试错"，慢慢找到适合自己的体验品品牌。在消费者不断积累经验的过程中，学习能力以及与之相关的试错成本的大小，直接影响消费者购买行为。

对于信任品市场而言，消费者不仅面临严重的信息不对称问题，还受到人类认知局限性的制约，存在极高的知识壁垒。由于消费者即使使用后也无法获得有关商品质量的全部信息，因此，商品的品牌、监管者的抽检结果、第三方的评估，以及周围亲朋好友的口碑，都会影响购买决策。要

---

① 主观主义的动态分析方法是基于人类行为学的一种分析方法，它强调时间是单向运动的，经济主体的经验、知识、心态等都会随时间而改变，"试错"是这种场景中必然的学习形式。

理解信任品市场的消费行为，必须研究商品质量的信任机制是如何形成的，哪些外在因素、内在因素在其中起作用，以及这些因素是如何起作用的。

三、消费品的质量规制

根据前文定义的新商经的研究范畴，本书在此只研究消费市场的质量规制问题，而回避了资本品、工业原材料的质量规制问题。按照国际通行的统计口径，居民消费的内容主要分为商品消费和服务消费，其中，商品包括耐用消费品和非耐用消费品。在我国的市场监管工作中，按照质量安全监管的要求，把消费品分为一般消费品和特殊消费品。一般消费品是指用来满足人们在日常生活中的物质和文化需要的各种商品，主要包括服装鞋帽、家用电器、厨房用品、体育健身用品、家具、手表、电脑、手机、珠宝首饰、自行车、儿童玩具及用品、学生用品、床上用品等。特殊消费品是指包括食品、烟草制品、化妆品、药品等在内的有安全监管要求的商品。在此，我们先探讨一般消费品的质量规制。

（一）保护消费者福利是质量规制的主要目标

信息经济学所揭示的因信息不对称所导致的市场失灵现象，是政府介入市场商品质量监管的必要条件。按照规制经济学的理论，这种监管属于社会性规制，即政府出于安全、健康、环境等目的对某些产品、服务的生产和消费进行监督、管理。

在西方经济学中，是否做到消费者利益至上是考量商品市场是否具有效率的基本原则。测度消费者利益的主要指标是消费者剩余的大小，其中似乎暗含了商品质量问题，但并没有清晰指出商品质量好坏对消费者利益的影响。之所以这样，一方面，是因为在信息完全的经济世界中，无所不知的消费者不会选择可能对自己的身体健康或财产等带来危害的商品，或者说，来自消费者的约束机制能够自动识别商品的质量，有质量问题的商品不会有实际的交易。另一方面，由于不同的消费者有不一样的购买力和偏好，没有质量安全问题的不同等级的商品会有不一样的定价，消费者按需购买即可。

然而，正如前文所言，在信息不对称的市场中，质量的重要性甚至要超过经济利益的重要性。因此，实现消费者福利最大化的目标，除了基于价格的消费者剩余的考量，也需要纳入商品质量的福利效应。从这一意义上讲，消费品的质量规制对消费者福利的保障是不可或缺的制度安排。

（二）法律法规是商品质量规制的准绳

经济学中的制度是一整套市场规则，这些制度或规则将确保生产经营活动、市场交易、收入分配、居民消费等经济行为的运行秩序，能有效防范可能给经济主体造成不利影响的机会主义行为。这些市场规则既可以是法律法规等正式制度，也可以是市场自发形成的商业惯例或商业文化。两种制度刚柔相济、相辅相成，让市场经济之船能在正确、合理的航道中运行。

对于存在信息不对称的商品市场来说，相关部门通过出台有关产品质量的法律法规这种正式的制度来规范强势的厂商、平台，以保护弱势的消费者。好的商品是生产出来的，也是监管出来的。

有关商品质量、消费者权益等方面的法律法规要求商品的生产经营者对所售商品质量负责，对因商品缺陷和瑕疵给消费者所带来的危害承担法律责任。这些强制性的法律制度，既是对商品生产经营者事前不负责行为的警示，也是对因质量问题造成危害后对其实施严厉制裁的制度依据，还是相关政府部门进行商品质量监管的基础。

法律制度所具有的权威性和强制执行特征，加大了对问题商品责任人进行惩罚的可信度和力度，提高了违法成本，有助于抑制商品生产经营者的机会主义行为，确保商品质量的安全性。但是，法律并不会强加给生产经营者无限的质量责任。按照著名的汉德法则，只有在预防成本小于预防行为所带来的收益（包括消费者的福利和企业的收益），而生产经营者却未对商品采取必要的质量控制措施，并给消费者带来危害时，生产经营者才将承担由此产生的法律责任。

（三）商品质量最低标准是质量规制的重要手段

交易客体即商品的市场准入是消费市场良性运行的前提。入市的产品必须达到法定的最低质量标准，然而，由于原材料、技术工艺、检测能力等客观条件限制，以及一线操作者责任心不强、部分经营管理者人为因素等主观因素，产品会出现瑕疵，甚至达不到法定标准，有危及使用者健康和生命安全的可能。

依法对商品质量实施监管是政府的一项社会管理职责。例如，1975年，美国颁布了针对商品质量的《马格努森-莫斯质量保证法》（Magnuson-Moss Warranty Act），对生产经营者的保证责任做了明确规定，要求生产经营者对有缺陷的产品承担修复及更换的责任。这一法律与《统一产品责任示范法》（1979）、《产品责任法》（1982）等一起成为美国监管者保护消费者权益的法律基石。

从商品的企业生产、市场交易和最终使用或消费流程看，质量监管的重点在企业生产市场与交易的界面。换言之，在商品质量问题上，政府监管切入点不应该是商品生产者的内部质量监控，因为从监管资源的数量看，政府的力量无法覆盖所有企业的每一个生产环节；从政府和市场的角色分工看，与商品质量相关的经济决策和技术决策都属于企业组织的内部事务，政府不能越俎代庖。所以，政府质量监管的切入点应该是对进入市场的商品实行最低质量标准（Minimum Quality Standards）监管，即在商品进入市场销售时，监管者必须确保商品质量符合最低的质量要求，将不合格产品拒之门外。不合格产品因不能上市交易而产生的损失由生产经营者自行承担，这是市场约束的一个基本规则。

从商品的类别看，体验品和信任品应该是质量规制的重点。因为搜寻品的质量是外在的，容易观察到，消费者购买时不存在信息不对称问题。然而对于体验品和信任品来说，如果没有最低质量标准规制，不合格商品将进入市场，会造成消费者福利水平降低。在体验品和信任品中，那些与消费者的健康乃至生命安全关系密切的商品（如食品、药品、特种设备等）一旦出现质量问题，所造成的危害就不仅仅是经济意义上的，可能有很严重的社会后果，包括危及使用者的健康甚至是生命。因此，事前的风险防控远远比伤害成为事实后的经济补偿更为重要。从这一意义上讲，最低质量标准具有巨大的社会价值。

从福利经济学的角度看，最低质量标准将不合格的产品阻挡在市场的大门之外，有助于提高市场现有商品的平均质量，提高消费者的福利水平；而消费者愿意为高质量的商品支付高价，因此，提供优质商品的生产者也可以获得更高的回报。这样，最低质量规制可以使买卖双方的福利状况都得到改善，是标准的帕累托改进。

需要指出的是，在一些提供专业服务的领域，如医疗、法律、会计等，也存在对服务质量的规制问题。与有形商品市场不同的是，由于专业服务依托从业人员而存在，所以，监管者对服务质量的主要规制之一是对从业人员的资格进行认定。通过严格的培训和考核，获得执照或从业资格是进入这些专业领域的一个前提条件，而从理论上讲，具有从业资格或拿到执照许可的人士所提供的专业服务是符合基本专业水准或质量要求的。可以看出，专业服务市场的执照或从业资格规制与商品市场的最低质量标准规制可谓殊途同归。

（四）声誉机制是信用监管的底层逻辑

我国已经建立了完善的产品质量标准与法律制度体系，但现有制度多以监督交易的客体——产品为主，对其生产主体——企业本身的追责相对较少。例如，依据《产品质量法》，监管者对产品质量不合格的企业可以采取限期改正、公告、责令停业、限期整顿、吊销营业执照等措施；对产品有严重质量问题的企业，则可以勒令停产、罚款、追究刑事责任。需要注意的是，除了在极端的情形下追究相关责任人的刑事责任外，其他制裁均针对企业组织。

借鉴相关领域信用监管的实践，应强化针对企业质量安全相关责任人的信用监管措施，调动关键人员的责任意识和工作主动性，以实现提升产品质量、降低安全风险的监管目标。按照信用机制的逻辑，企业将产品推向市场意味着产品质量达标承诺的履行。一旦上市商品存在质量不达标的情形，就说明企业不守信。对于失信企业，应根据质量问题的严重程度，按照国家构建以信用为基础的新型监管机制的精神，重点限制企业相关责任人获得授信，限制其乘坐飞机、高铁，并进行通报批评和公开谴责。对于这些关键人员来说，限制个人高消费或声誉"拉黑"，可能比对企业的惩戒更"痛"。

不合格的产品是生产出来的。通过适当的信用监管措施，让企业质量安全相关责任人敬畏规则，主动履职，把法律法规的强制要求和企业社会经济目标的内在追求统一起来，自觉强化企业的质量管控，提高检测能力，将问题产品消灭在第一时间、第一环节。

借助市场经济的规则，靠企业的内在机制来保障商品的质量可能是更为重要的方面，是构建长效监管机制的基础。

首先，市场经济的利益机制有助于企业把质量控制内化为一种自觉的行为。因为建立有效的质量控制体系，符合企业实现持续经济利益的内在目标。正如前文所言，在最低质量标准下，不合格商品不能进入市场，由此产生的经济损失是由企业自身承担的。利益独享和风险自担是企业进行质量控制时面临的一个约束机制，它是驱使企业强化质量意识的最重要力量。

其次，对于追求长期繁荣的企业来说，质量是企业的生命。声誉机制是规范企业质量行为，确保质量安全的另一个重要约束。因质量引起的经济纠纷甚至安全事故，都会造成企业的声誉损失，损害企业长期培育的市场。相反，可靠商品质量给企业带来的社会美誉，不仅有利于企业获得富有吸引力的价格，也有利于现有客户忠诚度的提高和吸引更多的优质客户，为企业带来更持久的业绩增长。

最后，在商品质量存在差异的市场中，企业之间的竞争不仅有助于提升市场上销售商品的平均质量，广告、产品演示、试用等营销手段还可以让购买方获知更多的质量信息，缓解信息不对称问题。

第三节　特殊消费品的安全规制

特殊消费品是指食品、烟草制品、化妆品、药品等商品。从前文提到的纳尔逊教授的商品分类看，这类商品均属于信息不对称最为严重的信任品。由于这类商品直接关乎消费者的健康、生命安全，所以有特殊的安全规制要求。

按照规制经济学的分类，健康规制（H）、安全规制（S）、环境规制（E）属于社会性规制。特殊消费品的规制实际上涉及消费者健康和产品质量安全两个层面，受篇幅所限，本节仅以食品为例，简单探讨一下特殊消费品的安全规制问题。[①]

---

① 2008年，三鹿奶粉事件爆发后，食品安全及其规制已经成了规制经济学的热点问题，学界诸多学者出版或发表了非常多的成果。考虑到本书的逻辑结构，在此只做简单探讨。

一、信任品与安全规制

食物是人类获取营养的唯一途径，所以食物是人类社会存在的第一物质基础。现代社会中，即使是农民也只能解决自己的部分食物需求，城市人则需要完全依靠市场获得食用农产品和加工类食品。如果把经由市场交易得到的食物称之为食品，那么这种生产与消费分离的食品就会存在安全规制问题。[①]

食品是对消费者身体健康、生命安全有着至关重要影响的商品，所以食品的质量与安全对食品市场的正常运行至关重要。但正如前文所言，食品属于在买卖之间存在严重信息不对称问题的信任品。除了食品外观可见的杂质、腐败成分外，消费者很难观察到加工制成品中所含的风险因子（如残留农兽药、食品添加剂甚至非食用物质等），不具备营养、医学知识来判断食品中是否存在危害人体健康的潜在危险（如某类食品会增加人类罹患特殊疾病的可能性）。当人们出现食物中毒或罹患疾病时，往往不能准确、清晰地将这种不利结果与食用了何种食物联系起来。消费者获取食品安全信息的高搜寻成本，以及个人认知能力的局限性，弱化了问题食品生产者的责任，往往导致食品市场"劣币驱逐良币"。例如，近十几年来，我国屡次曝光的农药残留超标的蔬菜水果、注水肉、瘦肉精猪肉牛肉、红心鸭蛋等。食品市场上逆向选择的存在严重扭曲了价格机制的信号功能，最终导致食品市场失灵。

面对作为信任品的食品，消费者即使是在食用后也无法准确、完整获得其质量安全信息。对于消费者而言，食品是一种具有"信任"特征的产品。所谓信任特征是指在缺乏具体形式的信号提示的情况下，消费者即便

[①] 农民自己生产、自己食用的农产品没有现代意义上的食品安全问题，如果出现食物中毒问题，则可能是缺乏科学知识或过于节俭，食用了腐败食物所致。

在消费后也不能检查或评价的特征。因此，需要严格的政府规制，不能让消费者以生命健康为代价去"试错"。

二、食品安全的信息规制

安全规制的必要性来自食品市场生产商与消费者之间的严重信息不对称，以及由此产生的市场失灵问题。从缓解信息不对称问题入手，食品安全规制中的信息逻辑大致如下：

首先，食品标签的基础性作用。标签是消费者获取食品安全相关信息的一个直接来源。按照现有的制度设计，食品生产者必须在标签上标明食品的营养成分含量、配料表、保存方法、保质期等，包括标注生产过程中在技术上确有必要，并且经过风险评估证明安全可靠的食品添加剂。提升食品标签的全面性、真实性是缓解信息不对称的第一步，有助于帮助消费者在购物时根据自己的需求挑选食品，避开自己容易过敏的食品。如果没有政府规制，食品生产商可能会选择不在标签上标明其产品对人体健康有潜在负面影响的成分，误导消费。

其次，食品追溯体系的关键作用。科学的追溯体系是食品的身份管理，涵盖了食品生产基地、食品加工企业、食品终端销售等整个产业链。消费者可以通过扫码等手段实现信息查询，获得食品的生产、加工、运输、仓储等链条的相关信息，如食品的身份（如产地标签）、原料信息（原材料名称、生产者、重量、投入顺序、原材料号码）等。该体系将采集、留存的生产经营信息向消费者公开，可以为消费者购买决策提供重要的支撑。

再次，抽检结果公开。食品标签和信息追溯体系是食品企业按照法律法规的要求，以企业为食品信息提供主体形成的。这些信息如果存在工作疏忽导致的纰漏，或者人为故意弄虚作假，则需要外部的力量进行矫正。

市场监督管理者的抽检制度就是重要的一项矫正措施。我国监管部门推行"双随机一公开"，抽检人员和抽检对象随机确定，抽检结果对社会公开，可以有效完善食品安全信息体系，确保消费者及时、全面了解风险信息。

最后，媒体曝光、消费者投诉、业内人士举报等多主体的监督机制也可以提升食品安全信息的披露程度，缓解消费者面临的信息不对称问题。

食品安全的规制体系是一个非常复杂的体系，包括法律法规、监管制度、食品标准、生产经营许可、风险评估和预警、风险交流、消费者教育等，国内外学术界诸多学者出版或发表了丰富的成果。考虑到本书的主题，这里不再赘述。

第十章 新发展格局下的新商经

党的十九届五中全会通过的《中共中央关于制定国民经济和社会发展第十四个五年规划和二〇三五年远景目标的建议》，提出要加快构建以国内大循环为主体、国内国际双循环相互促进的新发展格局。这是把握我国社会主要矛盾发展变化带来的新特征新要求，是着眼中国经济中长期发展所做出的重大战略部署。本章将在新发展格局背景下，探讨基于国内大循环为主体的商业经济理论创新问题。

第一节　双循环新发展格局

一、提出的背景

为适应社会不同阶段的发展需求，国家战略的调整和优化是必不可少的。中华人民共和国成立以来，我国经济发展战略从主要依靠国内循环到国际循环不断融入，再到国内国际双循环相对平衡，这与我国不同时期的社会发展需求也是对应的。

（一）内需重要性与居民消费的表现

改革开放前，我国处于计划经济体制下的对外贸易统一管理阶段，为迅速恢复国民经济、扭转长期贸易逆差，实施了发展国内自循环为主体、对外统制贸易的政策。1978 年改革开放后，我国明确了对外贸易对当时经济发展的重要作用，确定了出口为主、进口为辅、保护与促进国民经济发展的方针，本质上从中华人民共和国成立初期的贸易调剂转变为贸易推动。21 世纪之初我国加入 WTO，自此开始快速融入国际循环，贸易、资本、技术等诸多要素逐步融入国际循环中，贸易政策也调整为出口和进口并重的方向，内外部环境得到了极大优化。

2008 年全球金融危机爆发后，当年年底的中央经济工作会议就提出，把经济增长的基本立足点放在扩大国内需求上，利用这次国际经济结构调整的时机，加快形成主要依靠内需特别是消费需求拉动经济增长的格局。2012 年，我国首次提出扩大进口，彰显了我国在建设强大国内市场的同时，致力于更高水平的对外开放的决心。尽管参与国际循环的模式和深度存在差异，但国内循环和国民经济发展始终是我国的战略基点。

进入 21 世纪 20 多年来，尽管外贸的重要性不言而喻，但由最终消费和国内投资构成的国内需求才是拉动我国经济增长的最重要力量（见图 10-1）。

从图 10-1 可以看出，在 2000~2021 年的 22 个年份中，有一半的年份外需对经济增长的贡献为负数。即使是外需对经济增长贡献为正的年份中，内需仍然是拉动经济增长的第一功臣。从某种意义上说，这是我国内循环重要性的一种体现，也是新发展格局中强调以内循环为主体的现实基础。

在内循环中，包括公共投资和政府消费在内的非市场需求不是我们关注的对象，市场需求中的居民消费是商业经济理论研究的重点。然而，我国居

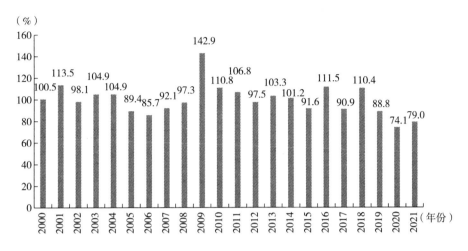

图10-1 2000~2021年内需对我国经济增长的贡献率

资料来源：国家统计局。

民消费数据一直乏善可陈。从反映居民实物消费的全社会消费品零售总额增速来看，2011年以来，该指标整体上呈现不断下滑趋势（见图10-2）。

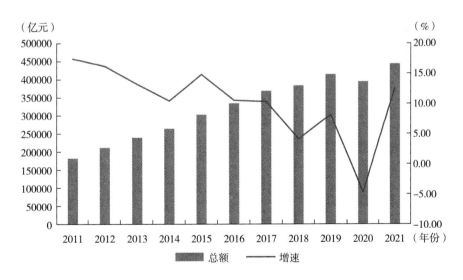

图10-2 2011~2021年我国社会消费品零售总额与同比增速

资料来源：国家统计局。

除了消费品交易数据的表现欠佳，居民消费的另一个重要部分——服务消费也存在隐忧。我国服务消费占居民总消费的比例约为 50%，而日本、韩国的服务消费占比达到 60% 左右，我国与之相比仍有一定差距。2021 年底，我国人均 GDP 超过 1.25 万美元，已经超过了世界人均 GDP 水平。从前文第七章表 7-1 中的数据可以看出，随着居民收入的提高，消费升级的趋势愈加明显。一方面，服务消费占比会不断扩大；另一方面，按照国家统计局统计口径，总体消费中的居住类消费、交通通信类消费、教育文娱类消费和医疗保健类消费的占比呈现不断上升态势。可以肯定的是，人民对美好生活的需要必然引发消费需求的结构性变革，商业领域如何进行理论创新和实践探索，是新发展格局下要完成的一项重要任务。

（二）新发展格局的提出

2020 年 5 月 14 日，在中共中央政治局常务委员会会议上，习近平指出，要深化供给侧结构性改革，充分发挥我国的超大规模市场优势和内需潜力，构建国内国际双循环相互促进的新发展格局，首次提出了双循环新发展格局。在随后的全国政协十三届三次会议（2020 年 5 月 23 日）、十二届陆家嘴论坛（2020 年 6 月 18 日）、企业家座谈会（2020 年 7 月 21 日）当中，习近平总书记多次提出加快构建以国内大循环为主体、国内国际双循环相互促进的新发展格局。2020 年 7 月 30 日，中共中央政治局会议提出，当前经济形势仍然复杂严峻，不稳定性不确定性较大，我们遇到的很多问题是中长期的，必须从持久战的角度加以认识，加快形成以国内大循环为主体、国内国际双循环相互促进的新发展格局。2020 年 10 月 29 日，党的十九届五中全会通过了《中共中央关于制定国民经济和社会发展第十四个五年规划和二〇三五年远景目标的建议》，提出要加快构建以国内大循环为主体、国内国际双循环相互促进的新发展格局。这是对"十四五"和未来更长时期我国经济发展战略、路径做出的重大调整完善。2020 年 12

月 11 日，中共中央政治局会议首次提出需求侧改革，意味着新发展格局下我国必须打通国内循环的痛点，实现与供给侧改革相辅相成，充分释放我国国内市场的消费潜力（见图 10-3）。

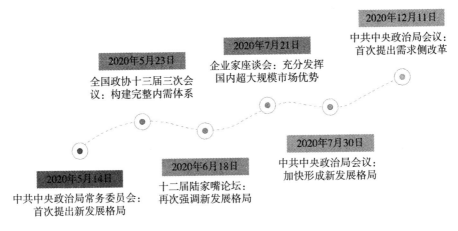

图 10-3 双循环新发展格局的有关政策梳理

二、双循环内涵

准确深刻地把握双循环的内涵是商业经济开展创新性研究的基础。按照官方权威的表述，双循环首先明确是以国内大循环为主体。正如图 10-3 所刻画的那样，这些政策是在深刻分析我国经济发展规律、依托国内巨大市场需求的基础上提出的。我国有 14 亿人口，其中，中等收入群体超过 4 亿，高收入人口数以千万计，这种市场规模体量巨大，可以在促进国内经济发展方面扮演重要角色。国内大循环不仅是国民经济活动的循环，也是我国各区域的空间循环，是商品实物的循环。从这一意义上讲，国内的经济循环大致等同于马克思政治经济学中的"流通"，也是西方主流经济学中的封闭经济模型。

显然，新发展格局战略并非闭关锁国，而是更高层次的开放。双循环以国内分工体系和市场体系为载体，在强调充分挖掘国内超大市场发展潜力的同时，依然需要国际市场体系和国际化分工的支持。例如，在调整出口结构方面，将优质商品供应国内市场，同时扩大进口，优化商品结构。国际大循环是以国际分工和国际市场为基础，以国际产业和价值链为载体，各国通过彼此间的贸易、投资和金融往来而相互竞争和依存的经济循环体系。国际大循环必然包含各个参与国的各环节经济活动，并且是更高水平地参与到国际经济循环体系中。

双循环顺利实施的前提是打通堵点，使二者能相互促进、相辅相成，并实现国际收支的基本平衡。国内大循环为主体也不是简单地以数量多少来衡量，而是在关键领域、重要时点，国内循环体系能支撑我国的高质量发展和平稳发展，缓解国际市场不利冲击的负面影响。

另外，在实现双循环发展战略的过程中有一个无法绕开的关键环节，即如何在宏观意义上促成供给与需求的动态平衡。我国"十三五"时期的供给侧改革取得了显著成效，基本解决了经济运行中的结构性问题，为供求关系的改善起到了重要的作用。然而，长期以来以扩张性宏观经济政策应对经济冲击的做法，不仅给产业结构带来了不利影响，也导致以政府为主导的非市场需求更受关注，市场需求（居民消费和民间投资）多多少少容易被忽略。基于市场力量的需求侧改革受制于经济体制，包括收入分配、就业环境、营商环境和消费环境等，改革难度巨大。例如，消费不足可能是由于居民具有较高消费意愿但居民收入水平有限，从而无法进行消费，而居民收入的提高是一个短期内无法实现的事情，其中涉及产业竞争力、经济盈利能力、收入分配状况、人力资本水平等诸多因素。另外，需求侧改革不是仅仅解决需求层面的问题，也需要进一步结合供给层面，以实现需求牵引供给、供给创造需求的动态平衡。

基于双循环的新发展格局不是对过去发展战略的否定，而是在新发展阶段对发展战略的深化和提升。双循环战略与国内外市场运行、商品交易、消费升级等密不可分，也给商业经济理论的发展提出了新命题。

第二节　新发展格局下的商业经济理论创新

传统的流通理论是以马克思主义经济学为基础的，其中包含了资本流通、货币流通、商品流通等多重含义。从消费品市场和生活性服务市场的交易来看，产品和服务由生产者向消费者的所有权转移和空间移动，是商业经济学研究的焦点。按照国内学者有关流通概念的界定，狭义的流通仅指国内商品从生产到消费的转移过程，而广义的流通也称之为"大流通"，包含国内和国际两个市场，与现代国际化分工和全要素全开放的流通过程相一致。双循环发展战略与广义的大流通相对应，而内循环中的国内统一大市场接近于狭义的流通概念。

一、双循环背景下商业经济理论创新的迫切性

根据本书的创作逻辑，我国更加关注双循环中的国内大循环，尤其是与居民生活密切相关的消费品市场和生活性服务市场的运行问题。按照国内的经济体制，消费品市场和生活性服务市场的行业主管部门是商务部门，涉及物流的领域归交通部门主管，市场秩序方面的管理则归市场监管部门主管。

2021 年底，商务部等 22 部门制定了《"十四五"国内贸易发展规划》①。按照这一文件，商业经济理论所关注的国内贸易，事关新发展阶段

---

① 需要注意的是，"十四五"规划名称与"十三五"规划名称——《国内贸易流通"十三五"发展规划》有所差别，前者去掉了"流通"二字。国内贸易领域最权威规划的命名是否可以理解为淡化"流通"？这一点有待进一步观察。

如何建设统一、强大的国内市场，直接影响到新发展格局的构建。从宏观经济的角度来审视国内消费市场发展的重要性，把提高流通效率、提升产销衔接、满足消费升级等议题融入商业经济的理论研究中，这是双循环背景下对商经理论创新提出的新要求。

2020年，中央经济工作会议提出："要紧紧扭住供给侧结构性改革这条路线，注重需求侧管理，打通赌点，补齐短板，贯穿生产、分配、流通、消费各个环节，形成需求牵引供给、供给创造需求的更高水平动态平衡，提升国民经济体系整体效能。"完善现代化流通体系是构建国内统一大市场的关键，对提升国内贸易体系的运行效率至关重要。

西方主流经济学研究是建立在较为严格的假设之下，如在完全竞争、完全信息、市场自动出清等条件下探究相关问题，显然，在真实的商品市场中，流通环节的多少、流通时间的长短会直接影响消费者获得效用的大小和快慢。随着年青一代消费者对购买商品中的及时性、便利性的日益重视，流通环节的运行效率变得非常重要。在此背景下，学界在开展商业经济理论研究时需要对传统思维进行反思，依托现代经济理论进行创新。

首先，传统的商业经济理论或流通理论注重经济循环中的价值创造、价值分配，对商品市场交易中的具体问题，如交易方式、商业组织的运行模式、消费行为等关注度较低。以流通理论作为分析框架的研究，在解读商业企业行为如企业创新、自有品牌建设、纵向约束、并购等方面存在一定的困难，对消费行为如渠道黏性、品牌溢价、流动性约束等方面的探究也力不从心。这些困难的客观存在，需要研究者走出传统流通经济学的研究范式，整合新思想、新范式。

其次，商业模式的不断创新推动了理论的创新。在传统的流通经济理论下，商业的主要功能是促进商品交换的中介，生产为供应链的起点，流通过程从商品流通开始。随着全球经济的不断发展、信息技术的不断创新和应用，运行模式发生了根本改变，个性化定制、全渠道融合等新型商业模式对流通的要求不再局限于中介交易功能，商贸流通业的边界和职能也发生了根本变化：一方面，线上线下全渠道融合的零售模式确定了现代商贸流通业发展的方向，从批发和零售等多环节缩短化为以零售为主；另一方面，不再集中于分销和实体购物功能，生产性服务和生活性服务功能日益重要，平台和服务提供商成为流通业的转变方向。在新发展格局下，市场经济运行模式的诸多变化表明，许多经济行为是以需求为起点的。需求在交易过程中扮演的角色更加重要，呈现出主动性、主导性等特点。如何从需求决定供给或引导供给的角度出发，进行商业经济理论的研究，是当下必须面对的一个历史挑战。

当然理论的革新并不是完全推翻传统理论，而是有所扬弃，在继承的基础上创新。对于经典的马克思主义流通理论应给予科学化解析，注重其对我国商贸流通业实践的指导意义，在充分结合发达国家发展经验、我国双循环新发展格局的政策方向以及商贸流通业现状的情况下，对其进行丰富和优化。

二、双循环背景下的商贸流通体系

在双循环新发展格局下，商贸流通体系体现出了不同的特征。一是空间层面，国内外循环的相互促进，国内市场和国际市场的一体化发展，国内贸易和国际贸易的相互交融和支撑，使得国内外流通关系更加紧密。我国的内贸流通是外贸流通的基石，而外贸流通是内贸流通的外延和拓展。二是要素层面，新发展格局下的现代流通体系相对要素更为全面，不仅包括有形的人流、商流、物流，也包括信息流、资本流、知识流、服务流等，在全球步入数字化经济的背景下，数据流的爆炸式效应显而易见。三是环节层面，马克思的《资本论》将生产与流通定义为社会再生产的两个阶段，而现代化流通无疑是与生产、分配、消费各个环节相融合的全流程体系。四是周期性角度，双循环不仅是宏观层面的国内和国际循环，微观的流通业层面也体现为产业链循环，消费不再代表产业链条的结束，不是商品价值和使用价值的最终环节，可以通过转化进入下一个链条，从而实现再循环。

现代商贸流通体系的构建和完善是形成双循环新发展格局的关键，这需要从需求侧和供给侧共同发力。相对以生产为起点的传统流通，现代流通以需求为起点，消费者的多样化需求催生并决定着生产端的供给。"十四五"规划纲要明确提出，要立足国内大循环，协同推进强大国内市场和贸易强国建设。这说明了新发展格局下需求端的重要性，但这并不代表与供给侧的脱离，供给侧改革能推动居民消费结构升级，刺激新需求、新业态、新模式的出现，二者相辅相成。

我国实体经济加速扩大，内需潜能进一步释放，现代化经济体系逐步完善，亟须与之匹配的现代流通体系，以实现供给和需求、生产和消费的衔接，从而满足人民对美好生活日益增长的需求。与此同时，我国也具备构建现代流通体系的基础：全国统一大市场逐步完善，现代物流运输体系快速发展且承载能力持续提高，商贸产业经济拉动作用日益凸显。

2022 年 1 月，国家发改委印发了《"十四五"现代流通体系建设规划》（简称《规划》）。作为现代流通领域第一份五年规划，它聚焦制约现代流通体系建设的突出瓶颈和堵点问题，对"十四五"时期现代流通体系建设做出了全面部署，是今后一段时期推动现代流通体系建设的统筹设计和系统指引，对于培育完整内需体系，促进形成强大国内市场，加快构建新发展格局具有重要意义[①]。

《规划》明确了"十四五"时期现代流通体系建设的主要目标，即到 2025 年现代流通体系加快建设，2035 年现代流通体系全面建成。《规划》

---

① 资料来源于国家发改委经济贸易司副司长张国华在《"十四五"现代流通体系建设规划》新闻发布会上的讲话。

围绕深化现代流通市场化改革、完善现代商贸流通体系、加快发展现代物流体系、增强交通运输流通承载能力、加强现代金融服务流通功能、推进流通领域信用体系建设等多个方面提出了具体措施。这无疑是一项重要的战略任务。《规划》着眼于加快形成现代流通统一大市场，发展现代商贸流通和现代物流两大体系，强化交通运输、金融和信用三方面支撑，搭建"一市场、两体系、三支撑"总体发展框架①。从这项重要战略部署中，我们可以看出现代流通体系建设并不是单一领域或产业建设，而是一项综合复杂的系统工程，需要各个组成部分协同并进，尤其是商贸和物流的协同发展，具体商贸问题将在下一节进行详细阐述。

　　与此同时，现代流通体系也应具备"一体化、市场化、数字化、低碳化"的特征，这与《规划》的要求一致。现代流通体系作为系统工程，要求其与现代综合交通运输系统一体化，如《规划》中一体化物流组织模式、一体化枢纽干支仓储、一体化城乡交通网络等；流通体系市场化是建立现代化社会主义市场经济体制的重要一环，且我国现有流通体系市场化程度与发达国家相比还存在一定差距，有序推进并加速现代流通体系市场化进程也是《规划》中的重要内容，《规划》提出，将从推进商品和要素高效流通和配置、完善流通市场准入和公平竞争制度两大方向发力，塑造市场化、法治化、国际化营商环境，打通经济循环堵点，构建商品和要素自由流动的国内统一大市场。现代流通体系的"现代"只有与数字经济相匹配，才能发挥其流通效率，因此，供应链需要与数字通信技术充分融合，实现数字化升级，同时，还需要将数字技术应用到交通基础设施建设中，推进智慧物流快速发展。

---

① 详细内容可参见《"十四五"现代流通体系建设规划》。

第三节　消费需求与商业经济理论创新

一、扩内需中的消费

"以内循环为主体"符合我国当前发展阶段的特征，是双循环新发展格局的关键。在改革开放前我国就已采取了以内循环为主的国家战略，但由于当时的国民经济发展阶段不同，严重不足的内需使得大量产品出现滞销，为了解决产能过剩问题必须实行改革开放，从中可以看出不同阶段的国内循环为主的政策差异。现阶段我国是从高速发展到高质量发展的过渡阶段，应以消费升级作为实现人民美好生活愿望的重要抓手，进一步激发消费潜力，提升消费质量，优化消费环境。同时，我国消费市场还是一个发展中的市场，拥有非常大的提升空间。但内需不足一直是我国国民经济增长所面临的关键问题，其从广义上包括消费和投资，但相比投资而言，我国消费的长期不足更为显著，且根据发达国家的发展经验和规律，随着经济水平的不断提升，投资驱动会逐渐被消费驱动所取代，因此，本章基于商贸角度探究消费问题。随着全球疫情的反复，世界经济衰退风险的加剧，国际需求已呈现出明显的持续下滑趋势。在此背景下，扩内需是我国缓冲外部负面冲击、提升经济发展可持续性的理性选择。对于居民消费，"十四五"规划明确提出要全面促进消费，顺应消费升级趋势，提升传统消费，培育新型消费。

尽管我国消费水平快速增长，但目前与美国、日本等国家相比仍存在一定差距，相比发展中国家而言，印度和巴西的消费率也远高于我国。根据凯恩斯消费倾向分析，随着居民收入的增加其消费会有所增加，但也存在边际消费倾向递减规律，贫富差距的拉大使得更富裕人群拥有更多财富，但其消费倾向又相对较低，国内有效消费不足；与此同时，我国消费对我国国民经济增长的贡献率也处于较低水平，供需矛盾也依然存在，离供给和需求相辅相成的动态平衡还有一定差距，因此，在构建双循环新发展格局中，释放能量拉动消费是非常必要的举措。

当然消费不足必然与我国居民储蓄水平息息相关，我国居民储蓄率相对美国、日本、印度等国家而言均较高，这与各国文化及居民的消费习惯有关：一是我国居民倾向于应对未来收入不确定而进行预防性储蓄，比如用于离职、疾病等未来消费；二是越发突出的住房储蓄，这主要是由于我国房价涨势较为凶猛，进一步对居民其他非住房消费形成了较强的挤压效应，针对我国居民的消费刺激政策效果并不明显。那么，从新商经角度，如何释放我国居民的消费潜能，拉动我国有效需求，是本章将讨论的又一项重要内容。

二、提升消费的政策选择

2021 年是"十四五"规划的开局之年，我国消费市场也进入了一个全新的发展阶段。这一年消费再次回到经济增长第一拉动力的位置，对经济增长的贡献率稳步提升，对经济增长的贡献率为 65.4%，拉动 GDP 增长 5.3 个百分点。然而，居民收入增速放缓仍是制约消费的最重要因素。

从消费结构来看，存在明显的分化态势：在整体消费升级的趋势下，服务型消费逐渐进入居民视野并被广泛接受，但反复的疫情给服务型消费的增长带来了持续制约，如餐饮、交通、住宿等增速均低于疫情前；不同收入群体的修复分化也较为严重，高收入群体侧重于消费国内升级类产品，如通信器材、化妆品、娱乐用品等增速显著提高，而中低收入群体侧重于生活类产品的消费，这是由于对未来预期的不确定性而带来的消费降级；消费模式逐步分化，疫情催化更多业态，线上消费从放缓的瓶颈期再次发力，增速明显有所加快。

在构建双循环新发展格局的背景下，拉动内需是一项长期的战略任务，不仅是为了满足经济发展需求，更是适应我国经济发展的阶段性要求。就增进消费对经济发展的基础性作用而言，本书认为可以在以下几个方面做好工作：

第一，推动传统消费升级，满足居民消费需求。新发展阶段下的中国消费市场中，以线下消费、传统消费模式为主的传统消费产业仍占据主导地位，如传统消费下的"四大金刚"：家电、家具、汽车和餐饮，占据社会零售总额的1/4左右，消费潜能巨大，因此传统消费提档升级是我国释放消费需求的一大重要推力。因此，应采用完善传统产业消费管理、提升服务层次和质量、实现文化创新和传承、促进梯次消费或循环消费等诸多手段，尽快完善消费软环境和硬环境，推进消费模式和消费业态升级，以满足居民消费需求。

第二，催生新型消费模式，促进居民消费扩容。新一代信息技术与社会经济的深度融合，深刻改变了居民消费习惯，应积极培育信息消费、数字消费、绿色消费等新型消费模式，鼓励智能消费、定制消费、体验消费、时尚消费等新业态发展，不断拓展消费边界，为居民提供更大的消费"空间"。

第三，多渠道促进居民收入，提高居民消费能力。提高居民消费能力是释放消费需求的关键，新商经的发展离不开政府支持，国家也陆续出台了一系列政策，如推进资本市场改革、优化消费环境、强化社会保障等。但提升居民收入水平是提高其消费能力的根本：一方面，要确保中等收入群体的收入持续增长，同时加大对低收入群体的转移支付；另一方面，要补齐医疗卫生、社会保障、公共教育等领域短板，同时收入分配体系的深化改革也不可或缺。

第四，全面提振消费信心，增强居民消费意愿。疫情反复在一定程度上影响了消费信心和消费欲望，且相比收入和消费场景的短期修复，消费意愿的恢复属于长期过程。各地也在纷纷发力，一系列稳主体、保供应、促消费的政策密集出台，提振市场信心的积极信号，有助于鼓励各地充分挖掘消费潜力，助力经济稳增长。但究其根本，消费意愿不高是因为提供的产品不够有吸引力，尤其是一二线城市消费者的消费阈值较高，差异化的优质供应是提高居民消费意愿的长期策略。

第五，构建县域商业体系，释放农村消费潜力。县域乡村消费连年高速增长，即使在疫情冲击下也表现出较强的韧性，成为拉动我国消费增量的重要引擎。多项中央政策文件也着重指出，实施县域商业建设行动，促进农村消费扩容提质升级，加速释放农村消费潜力，是畅通国内大循环、构建新发展格局的重要支撑。国家有关部门和各地区应积极构建县域商业体系，尤其是要完善县域及乡镇农村的商贸基础设施建设、延伸优化供应链体系、促进耐用品升级、提升农产品上行能力等，以增强县域居民的消费体验，同时为其提供更多的就业创业机会，推动县域居民生活品质的提高以及农村经济的发展。

第六，注重供需动态平衡，内需带动外需推进新发展格局。供给侧管理和需求侧管理是宏观调控的两个基本抓手，供给侧主要通过调节税收、财政支出、货币信贷等手段影响需求波动，而需求端多是通过优化生产要素配置与调整生产结构提升供给效率，两者共同作用于经济高质量发展的过程。因此，必须把实施扩大内需战略同深化供给侧结构性改革有机结合起来，以创新驱动、高质量供给引领和创造新需求；与此同时，国内和国际市场的需求本质均是高质量的商品和服务，应加大力度引导并支持企业创新产品与服务，颠覆传统供给模式，提高产品与服务质量，优化消费结构，在满足国内需求的同时提高对国外消费者的吸引力和国际市场竞争力。这也要求我国企业积极拓展海外市场，提高在国际市场上的竞争能力，从而进一步推进我国双循环新发展格局的构建。

第十一章 绿色低碳下的商业发展

绿色发展是经济可持续发展的前提。商业经济的研究也应置于绿色发展的大背景下，探讨如何降低资源浪费，实现绿色可持续发展。本章将围绕绿色发展的挑战展开论述，对资源能源节约目标下的商业发展，以及商业经济理论研究的边界拓展进行详细介绍。

第一节　商业发展中对绿色低碳模式的偏离

现实中商贸流通业的发展，也可能会带来新的环境问题，不利于实现节能减排和绿色发展。

一、电子商务带来的能源消耗和环境污染

数字经济和商业融合发展后成绩斐然，但电子商务也会带来不必要的资源能源消耗，其中一个突出的表现就是过度包装问题。物流包装一般都比传统商业消耗更多的塑料制品，且包装能够满足消费者追求高质量服务的心理要求。比如电商服装业，在传统的纸袋基础上，一般都附加有包装盒，而且包装盒外面仍然有包装袋，这些都造成了额外的碳消耗以及随之

而来的环境污染。

电商领域的服装业消费者退货频繁的问题，导致物流业低效运营。由于消费者不能试穿，因此退货率非常高，甚至30%的退货率都属于正常范围，高退货率不仅造成了物流损耗，也造成了包装的浪费。物流配送需要消耗大量的能源，这是因为物流配送需要消耗较多的包装材料，如包装袋、包装盒、泡沫等填充物、胶带等，以确保商品在配送途中完好无损，但是这些包装耗材都将产生巨大的碳排放。

另外，食品电商行业存在很大的资源浪费。随着人们生活节奏的加快，以及年轻人生活方式的改变，预包装食品近几年来发展迅猛。在抖音等平台上，存在着大量的吃播博主，直播带货等销售方式日益流行，形成了潜在万亿市场规模，这些商品所带来的物流包装材料也造成了大量的资源浪费。比如近几年流行的螺蛳粉，打开包装你会发现各种小料如酸笋、豆角、酱料包等极为丰富。实际上这些包装材料从生产到加工等各个环节都会耗费很多的资源，并且这些包装材料由于极难被回收而必须被销毁，这些都造成了巨大的资源浪费。与此同时，电商包装存在攀比现象，消费者普遍存在一种认知，即精致和高档的包装意味着更高质量的商品，因此商家为了使商品看起来更上档次，往往选择在包装上增加不必要的投入。

鉴于成本和可得性，这些包装材料大多数并不是可降解的，回收处理也存在诸多困难，尤其是食品包装，因此回收率并不高。这些材料进入垃圾处理过程后，主要处理方式是焚烧和填埋。焚烧会带来严重的空气污染，虽然垃圾处理站有末端净化装置，但是有毒有害气体仍然被大量释放到空气中，会对人们的健康造成不可逆的伤害。填埋在土里的聚氯乙烯要经过很长时间，甚至是上百年才能自然降解，对土壤和水源都会造成很大的破坏和污染。

二、零售行业低碳理念的缺失和相关政策的匮乏

我国对碳排放的控制多集中于能源密集型行业和大型企业，缺乏对其他行业的低碳政策约束。实际上，商贸流通业的能源消耗和碳排放问题也迫切需要解决。

目前的低碳政策仍然主要是针对高能耗行业，针对零售业、物流业的规定较少。我国的低碳政策分为命令控制型环境政策与市场型环境政策，而无论是命令控制型环境规制，还是市场型环境规制，大多针对的都是大型企业及高能耗企业。具体而言，命令控制型环境规制指的是依靠行政规制手段来进行调控，通常是政府层层下达行政命令，这些行政命令多集中于高能耗行业。实际上，流通业和商业也产生了大量的能源消耗和碳排放。市场型环境规制通过市场化手段来控制碳排放总量，然而市场上进行碳交易的多为高能耗行业的碳排放大户，商业和流通业并没有纳入碳交易的市场中，所以无法对商业及流通业的碳排放总量进行有效控制，也无法通过市场化手段来实现优胜劣汰。

此外，低碳的理念还没有被民众广泛理解和接受。虽然政府在近几年来一直在大力宣传低碳，然而，民众对于低碳的理解不够，大部分仅仅停留在多乘用公共交通工具、多骑自行车、少用塑料制品等方面。在实际生活中，民众在消费习惯上也未能坚持低碳的理念，比如对于获得了低碳认证的产品，大部分消费者并没有表现出一定的偏好性，一些使用环保的简易纸质包装的商品并不受消费者欢迎。因此，民众低碳观念的缺乏导致市场并没有形成良好的激励机制，这也就导致市场不能够对低碳产品进行有效筛选，也无法对生产厂商进行低碳化的有效激励。

加强商品的回收利用能够提高资源利用效率，从总体来看，有助于实现减碳的目标，但是由于缺乏低碳环保的理念，消费者对二手商品的接纳

度普遍不高。消费者在消费中更关注产品价格、品牌等，对于循环回收产品普遍不感兴趣，甚至对可循环利用的产品持排斥态度，这些都不利于实现低碳的商业模式。

第二节　未来商业的绿色发展

商业作为国民经济中重要的服务业之一，其发展需要契合绿色低碳理念，需要积极采用绿色低碳技术。与之相关的消费经济发展模式，也需要践行绿色发展理念，倡导节约资源。

一、新商业对绿色发展的积极影响

作为现代服务业的一个重要领域，发达的商业不仅可以扩大就业，创造 GDP，也有助于优化地区经济结构，降低单位 GDP 的资源、能源消耗。相对于以制造业为主的地区，商贸业发达的地区有助于让产业结构变得更"轻"，从而降低总体的环境污染和能源消耗。

近些年来，网络经济的盛行不仅改变了传统商业的运行模式，也改变了消费者的购物习惯，越来越多的消费者习惯于通过互联网和智能手机进行网络购物，这在无形中推动了社会的绿色发展。例如，网购可以有效节约实体商铺的能源消耗。互联网的发展带来了网购比例的增加，电子商务通过互联网即可进行买卖活动，卖方不需要通过实体店铺来进行销售，买方也不需要去实体店铺购物，通过网络和终端设备即可浏览和挑选商品，并实现商品的流通。并且，实体店铺在经营过程中通常需要消耗大量的电力来实现照明取暖、降温等，与实体店铺的交易相比，网购在实现买卖的过程中能够节约大量的能源。近年来，无人超市、机器配送等商业模式日益成熟和完善，减少了大量的人工成本，同时也节约了大量的资源，有利于实现低碳目标。又如，流通环节的缩短可以节约仓储、物流中的能源消耗。网购实现了生产者与消费者的直接对接，避免了传统商业中批发、零售的多次交易和货物转运；网购过程中基于信息技术的动态管理，减少了流通环节所需的时间，降低了仓储库存等成本，节约了大量建筑用地及电力资源。

另外，电商平台在信息化方面的绝对优势也让相关商品的技术指标更易获得，更易对比。在平台进行网购时，消费者可以轻易看到家电产品的节能指数，这显然会引导消费者更多地选择能效较高的产品。

二、新商业绿色发展的目标

为促进商贸流通产业的绿色发展，我国进行了科学的规划和设计。我国先后制定了《"十四五"国内贸易发展规划》和《"十四五"现代流通体系建设规划》，两个规划均提出了创新驱动、绿色发展的基本目标。

为促进商贸流通产业绿色发展，应当采用数字技术，加快商贸流通产业的转型升级，加大产业链节能减排力度；除此之外，还应引导绿色消费，通过消费端的生活方式改变来倒逼商贸流通业绿色发展。

首先，提升商贸流通绿色发展水平。《"十四五"国内贸易发展规划》提出："引导流通主体应用绿色节能设备和技术，推进流通领域节能减排，鼓励仓储企业使用绿色建筑材料、产品和设备，执行建筑节能标准。推行绿色物流，支持电商企业使用绿色包装。推进快递包装减量化、标准化、循环化。发展城市共同配送和城市绿色货运配送，推广新能源城市物流配送车应用，鼓励发展集约化配送模式，合理组织、配置物流配送路径，提高车辆利用率。创建绿色商场，加强商务领域塑料污染治理，落实行业管理责任，做好配套制度建设，构建长效治理机制。"另外，商贸流通企业要对标绿色发展的国际先进标准，提高企业自身的绿色发展管理水平。

其次，引导生产企业绿色发展。商贸企业应利用自己的渠道优势和信息优势，主动向上游生产企业传递绿色发展理念，引导企业开展绿色设计，促进低碳化、标准化、品牌化生产，限制和拒绝高耗能、高污染、过度包装产品，减少包装物印刷面积和颜色种类，推动包装印刷减量化。

再次，重视全产业链的循环经济建设。例如，利用商务部门的行业优势，完善壮大再生资源新型回收体系，持续推进包装物的重复使用，加强对塑料包装制品的限制使用。再如，鼓励二手货交易，提高旧货的使用效率，不仅可以满足部分消费者的需求，也可以减少商品制造中的资源能源消耗。

最后，引导绿色消费，积极宣传、普及低碳消费观念。加强绿色低碳宣传，推广节能家电、绿色家具等低挥发性有机物（VOCs）含量绿色产品。一旦低碳消费理念成为市场需求端的主流诉求，生产企业自然会正面响应，为市场提供更多低能耗的绿色产品。引导餐饮行业绿色、安全、健康发展，强化油烟治理，推动贯彻落实《反食品浪费法》，持续深化厉行勤俭节约，坚决制止餐饮浪费。

三、新商业绿色发展的策略选择

第一，通过财税政策引导商业绿色发展。新商业经济中，电商物流发展的过程中，存在包装品严重浪费的问题，在生活中我们可以看到，在电商产品中，无论是服装的包装还是食品包装，都使用了大量的发泡塑料盒、塑料袋等不可降解包装品，这些塑料制品不容易回收，焚烧会产生大量的有害气体。反观一些国际品牌，大多使用牛皮纸袋这种容易降解的包装品。究其原因，塑料包装的成本低于纸质包装成本，所以商家普遍选择性价比更高的塑料包装。然而实际上，环境是公共品，如果考虑到塑料制品回收以及其对环境破坏所需要付出的成本，将其以"环境税"的方式纳入产品的非绿色包装环节，增加塑料包装的成本，可以减少塑料制品的使用，从而降低对环境造成的破坏，减少资源浪费。

第二，普及环保、低碳等理念。目前，民众对于低碳环保的认识还停留在骑自行车去上班、少使用一次性筷子等方面，而在生产和生活中，人们其实应该以实际的行动去推进低碳环保。生产者在生产的过程中应考虑后续回收的难度，将包装及产品设计成更容易回收的类型，并将不同材质严格区分，以便于后续分类回收；同时，还可通过改善店面、仓储结构和屋顶采光建筑设计，减少电力消耗。对于民众而言，可以更多的行动参与到低碳环保过程中，例如：在垃圾分类方面，可进行更加细致的分类，以便于后续回收，其实这就是对低碳环保的支持；在商品选择方面，对绿色环保产品的偏好，其实就是对绿色发展的支持。

第三，健全法律法规和行业规范。我国目前在低碳领域的法律法规仍然非常不完善，我国的环境规制以命令控制型环境规制为主，中央政府根据总减排目标层层下达减排任务，根据排放基数来制订减排目标，环境准则多集中于高能耗行业和大型企业，而实际上很多中小型企业是污染排放的主要源头；此外，减排激励机制也非常不健全，中小型企业缺乏减排动力。因此，应当健全和完善相关法律法规。行业协会也可以通过推行碳标签的方法来强制信息披露，碳标签是指将商品在生产、运输等过程中所排放的温室气体量（主要为二氧化碳）用专业、统一的方法进行量化，并将量化的结果以标签的形式标注出来，清楚地告知该产品的碳排放量信息（许蔚，2011）。将碳排放及环境污染信息做成主流财务报告附表进行定期披露，也可以起到监督企业碳排放的效果。

第四，借助数字化技术推进绿色发展。将数字化应用到商业经济的生产过程，能够实现全程的精细化控制，从而减少资源浪费，实现低碳目标。处于产业链下游的零售业，能够精准快速把握市场动向，在生产的过程中，能够根据市场需求量快速调整生产量。在企业内部，数字化技术的运用可促进部门之间更好地分工和合作。比如，售后部门将客户意见汇总后，迅速反馈给生产部门，从而实现企业资料在管理平台中的实时共享。这些都有利于促进整体工作效率的提升。在供应链方面，新时代的商业经济可以通过闭环方式实现减碳，即将产品卖给消费者，在产品即将报废时再回收利用。比如，现在旧空调回收非常方便，消费者通过手机操作即可轻松预约旧家电回收。报废的产品是上一个周期的终点，同时也将是下一个周期的起点。

第五，以共享经济模式提升商业绿色发展水平。共享经济不仅能提高城市公共服务水平，还能提高食品、服装、住房、交通等各个领域的资源利用效率，从而大幅提升城市商业的绿色发展水平。比如，结合大数据和互联网技术的拼车出行模式，可在缓解城市拥堵、减少城市碳排放和为居民提供健康的生活方式方面发挥重要作用。

参考文献

［1］ Abel A. B. Optimal Taxation when Consumers Have Endogenous Benchmark Levels of Consumption ［J］. The Review of Economic Studies, 2005, 72 (1): 21-42.

［2］ Akerlof G. A. The Market for "Lemons": Quality Uncertainty and the Market Mechanism ［J］. Quarterly Journal of Economics, 1978, 84 (3): 237-251+235.

［3］ Alvarez-Cuadrado F., Casado J. M., Labeaga J M. Envy and Habits: Panel Data Estimates of Interdependent Preferences ［J］. Oxford Bulletin of Economics and Statistics, 2016, 78 (4): 443-469.

［4］ Baron D., Myerson R. Regulating a Monopolist with Unknown Costs ［J］. Econometrica, 1982, 50 (4): 911-930.

［5］ Baydas M. M., Meyer R. L., Aguilera A. N. Discrimination against Women in Formal Credit Markets: Reality or Rhetoric? ［J］. World Development, 1994, 22 (7): 1073-1082.

［6］ Belk R. You Are what You Can Access: Sharing and Collaborative Consumption Online ［J］. Journal of Business Research, 2014, 67 (8): 1595-1600.

［7］ Bogue D., Beale L. C. Economic Areas of the United States ［M］. New York: The Free Press of Glencoe, 1961.

[8] Boskov T., Drakulevski L. Global Development Trend in Managing: Do Financial Strategies Offer Hopes Recovery? [J]. IJIBM International Journal of Information, Business and Management, 2018, 10 (4): 13-22.

[9] Botsman R., Rogers R. Whats Mine is Yours: The Rise of Collaborative Consumption [M]. New York: Harper Business, 2010: 12-13.

[10] Browning M., Collado M. D. Habits and Heterogeneity in Demands: A Panel Data Analysis [J]. Journal of Applied Econometrics, 2007, 22 (3): 625-640.

[11] Bukht R., Heeks R. Defining, Conceptualizing and Measuring the Digital Economy [Z]. GDI Development Informatics Working Papers, No. 68, 2017.

[12] Campbell J. Y., Mankiw N. G. Consumption, Income, and Interest Rates: Reinterpreting the Time Series Evidence [J]. NBER Macroeconomics Annual, 1989 (4): 185-216.

[13] Campbell J., Deation A. Why is Consumption so Smooth? [J]. The Review of Economic Studies, 1989, 56 (3): 357-373.

[14] Carree M., Thurik R. The Dynamics of Entry, Exit and Profitability: An Error Correction Approach for the Retail Industry [J]. Small Business Economics, 1994, 6 (2): 107-116.

[15] Carroll C. D., Slacalek J., Sommer M. International Evidence on Sticky Consumption Growth [J]. Review of Economics and Statistics, 2011, 93 (4): 1135-1145.

[16] Casado J. M., Alvarez C. F., Labeaga J. M., et al. Envy and Habits: Panel Data Estimates of Interdependent Preferences [J]. Oxford Bulletin of Economics and Statistics, 2016, 78 (4): 443-469.

[17] Charles K. K., Hurst E., Roussanov N. Conspicuous Consumption

and Race [J]. The Quarterly Journal of Economics, 2009, 124 (2): 425-467.

[18] Chen K., Wang X. X., Song H. Y. Food Safety Regulatory Systems in Europe and China: A Study of How Co-regulation Can Improve Regulatory Effectiveness [J]. Journal of Integrative Agriculture, 2015, 14 (11): 2203-2217.

[19] Childers T. L., Rao A. R. The Influence of Familial and Peer-based Reference Groups on Consumer Decisions [J]. Journal of Consumer Research, 1992, 19 (2): 198-211.

[20] De Giorgi G., Frederiksen A., Pistaferri L. Consumption Network Effects [J]. The Review of Economic Studies, 2020, 87 (1): 130-163.

[21] Duesenberry J. S. Income, Saving, and the Theory of Consumer Behavior [J]. Review of Economics and Statistics, 1949, 33 (3): 111.

[22] Dynan K. E. Habit Formation in Consumer Preferences: Evidence from Panel Data [J]. American Economic Review, 2000, 90 (3): 391-406.

[23] Einav G. The New World of Transitioned Media: Digital Realignment and Industry Transformation [M]. New York: Springer, 2015.

[24] Feder G., Lau L. J., Lin J. Y., et al. The Relationship between Credit and Productivity in Chinese Agriculture: A Microeconomic Model of Disequilibrium [J]. American Journal of Agricultural Economics, 1990, 72 (5): 1151-1157.

[25] Filer L., Fisher J. D. Do Liquidity Constraints Generate Excess Sensitivity in Consumption? New Evidence from a Sample of Post-bankruptcy Households [J]. Journal of Macroeconomics, 2007, 29 (4): 790-805.

[26] Foster L. S., Haltiwanger J. C., Krizan C. J. The Link between Aggregate and Micro Productivity Growth: Evidence from Retail Trade [Z]. NBER Working Papers 9120, National Bureau of Economic Research, Inc., 2002.

［27］Fraiberger S. P., Sundararajan A. Peer-to-Peer Rental Markets in the Sharing Economy Working Papers 15-19 ［Z］. NET Institute, 2015.

［28］Friedman M. A. Theory of the Consumption Function ［M］. Princeton: Princeton University Press, 1957.

［29］Fuhrer J. C. Habit Formation in Consumption and Its Implications for Monetary-policy Models ［J］. American Economic Review, 2000, 90（3）: 367-390.

［30］Gomber P., Koch J. A., Siering M. Digital Finance and FinTech: Current Research and Future Research Directions ［J］. Journal of Business Economics, 2017, 87（5）: 537-580.

［31］Guiso L., Jappelli T., Terlizzese D. Income Risk, Borrowing Constraints, and Portfolio Choice ［J］. The American Economic Review, 1996, 86（1）: 158-172.

［32］Guttentag D. Airbnb: Disruptive Innovation and the Rise of an Informal Tourism Accommodation Sector ［J］. Current Issues in Tourism, 2015, 18（9-12）: 1192-1217.

［33］Hall A. D. Three-dimensional Morphology of Systems Engineering ［J］. Transactions on Systems Science and Cybernetics, 1969, 5（2）: 156-160.

［34］Hall R. E. Stochastic Implications of the Life Cycle-permanent Income Hypothesis: Theory and Evidence ［J］. Journal of Political Economy, 1978, 86（6）: 971-987.

［35］Hall R. E., Mishkin F. S. The Sensitivity of Consumption to Transitory Income: Estimates from Panel Data on Households ［J］. Econometrica, 1982, 50（2）: 461-481.

［36］Hamari J., Sjoklint M., Ukkonen A. The Sharing Economy: Why

People Participate in Collaborative Consumption [J]. Journal of the Association for Information Science and Technology, 2016, 67 (9): 2047-2059.

[37] Hayashi F. The Effect of Liquidity Constraints on Consumption: A Cross-sectional Analysis [J]. The Quarterly Journal of Economics, 1985, 100 (1): 183-206.

[38] Hayashi F. The Permanent Income Hypothesis and Consumption Durability: Analysis Based on Japanese Panel Data [J]. The Quarterly Journal of Economics, 1985, 100 (4): 1083-1113.

[39] Henten H. A., Windekilde M. I. Transaction Costs and the Sharing Economy [J]. Info, 2016, 18 (1): 1-15.

[40] Holm M. B. Consumption with Liquidity Constraints: An Analytical Characterization [J]. Economics Letters, 2018 (167): 40-42.

[41] Hubbard R. G., Judd K. L., Hall R. E., et al. Liquidity Constraints, Fiscal Policy, and Consumption [J]. Brookings Papers on Economic Activity, 1986 (1): 1-59.

[42] Jappelli T. Who is Credit Constrained in the US Economy? [J]. The Quarterly Journal of Economics, 1990, 105 (1): 219-234.

[43] Jarmin R. S., Klimek S. D., Miranda J. Firm Entry and Exit in the US Retail Sector, 1977-1997 [M]. US Census Bureau: Suitland, 2004.

[44] Jiao F. A., Qin L. B. How to Ensure Vaccine Safety: An Evaluation of China's Vaccine Regulation System [J]. Vaccine, 2021, 39 (37): 5285-5294.

[45] Johnson K. W., Li G. The Debt-payment-to-income Ratio as an Indicator of Borrowing Constraints: Evidence from Two Household Surveys [J]. Journal of Money, Credit and Banking, 2010, 42 (7): 1373-1390.

[46] Kang Y. Food Safety Governance in China: Change and Continuity

[J]. Food Control, 2019 (106): 106752.

[47] Knickrehm M., Berthon B., Daugherty P. Digital Disruption: The Growth Multiplier [R]. Accenture, Dublin, 2016.

[48] Kohara M., Horioka C. Y. Do Borrowing Constraints Matter? An Analysis of Why the Permanent Income Hypothesis Does Not Apply in Japan [J]. Japan and the World Economy, 2006, 18 (4): 358-377.

[49] Kon Y., Storey D. J. A Theory of Discouraged Borrowers [J]. Small Business Economics, 2003, 21 (1): 37-49.

[50] Ling C., Zhang A., Zhen X. Peer Effects in Consumption among Chinese Rural Households [J]. Emerging Markets Finance and Trade, 2018, 54 (10): 2333-2347.

[51] Loeb M., Magat W. A Decentralized Method for Utility Regulation [J]. Journal of Law and Economics, 1979, 22 (2): 399-404.

[52] Malhotra A., Alstyne M. V. The Dark Side of the Sharing Economy and How to Lighten It [J]. Communications of the ACM, 2014, 57 (11): 24-27.

[53] Malone T. W., Yates J., Benjamin R. I. Electronic Markets and Electronic Hierarchies [J]. Communications of the ACM, 1987 (30): 484-497.

[54] Mariger R. P. A Life-cycle Consumption Model with Liquidity Constraints: Theory and Empirical Results [J]. Econometrica, 1987, 55 (3): 533-557.

[55] Mariger R. P. Consumption Behavior and the Effects of Government Fiscal Policies [M]. Cambridge: Harvard University Press, 1986.

[56] Martin E., Shaheen S., Lidicker J. Impact of Carsharing on Household Vehicle Holdings: Results from North American Shared-use Vehicle

Survey [J]. Transportation Research Record: Journal of the Transportation Research Board, 2010 (2143): 150-158.

[57] Mesenbourg T. L. Measuring the Digital Economy [R]. US Bureau of the Census, Suitland, 2001.

[58] Modigliani F., Brumberg R. Utility Analysis and the Consumption Function: An Interpretation of Cross-section Data [J]. Journal of Post Keynesian Economics, 1954, 41 (5): 1258-1291.

[59] Moretti E. Social Learning and Peer Effects in Consumption: Evidence from Movie Sales [J]. The Review of Economic Studies, 2011, 78 (1): 356-393.

[60] Nelson Phillip. Information and Consumer Behavior [J]. Journal of Political Economy, 1970, 78 (2): 311-329.

[61] Oi W. Y. Productivity in the Distributive Trades: The Shopper and the Economies of Massed Reserves [M] //Output Measurement in the Service Sectors. Chicago: University of Chicago Press, 1992: 161-193.

[62] Ozili P. K. Impact of Digital Finance on Financial Inclusion and Stability [J]. Borsa Istanbul Review, 2018, 18 (4): 329-340.

[63] Parsons L. J. Productivity Versus Relative Efficiency in Marketing: Past and Future? [M] // Research Traditions in Marketing. Dordrecht: Springer, 1994: 169-200.

[64] Richards E. H. Food Materials and Their Adulterations [M]. Boston: Whitcomb and Barrows, 1906.

[65] Roberts M., Lin C. China Food Law Update: The 2015 Food Safety Law and Social Governance on Food Safety [J]. Journal of Food Law and Policy, 2016, 12 (2): 238-263.

[66] Shaw S. A., Dawson J. A., Blair L. M. A. The Sourcing of Retailer

Brand Food Products by a UK Retailer [J]. Journal of Marketing Management, 1992, 8 (2): 127-146.

[67] Smets F., Wouters R. Shocks and Frictions in US Business Cycles: A Bayesian DSGE Approach [J]. American Economic Review, 2007, 97 (3): 586-606.

[68] Stephany A. The Business of Sharing: Making It in the New Sharing Economy [M]. New York: Palgrave Macmillan, 2015.

[69] Stiglitz J. E., Weiss A. Credit Rationing in Markets with Imperfect Information [J]. The American Economic Review, 1981, 71 (3): 393-410.

[70] Sturgeon T. J. Modular Production Networks: A New American Model of Industrial Organization [J]. Industrial and Corporate Change, 2002, 11 (3): 451-496.

[71] Vigdor J. L. Liquidity Constraints and Housing Prices: Theory and Evidence from the VA Mortgage Program [J]. Journal of Public Economics, 2006, 90 (8-9): 1579-1600.

[72] Wosskow D. Unlocking the Sharing Economy: An Independent Review [R]. Department for Business, Innovation and Skills, London, 2014.

[73] Yamashita T. House Price Appreciation, Liquidity Constraints, and Second Mortgages [J]. Journal of Urban Economics, 2007, 62 (3): 424-440.

[74] Zeldes S. P. Consumption and Liquidity Constraints: An Empirical Investigation [J]. Journal of Political Economy, 1989, 97 (2): 305-346.

[75] Zhang Man, Qiao Hui, Wang Xu, et al. The Third-party Regulation on Food Safety in China: A Review [J]. Journal of Integrative Agriculture, 2015, 14 (11): 2176-2188.

[76] Zhao Y., Dutkowsky D. H., Dunsky R. M. Liquidity Constraints with Endogenous Income [J]. Economic Inquiry, 1999, 37 (4): 692-705.

［77］阿瑟・塞西尔・庇古. 福利经济学［M］. 朱泱等译. 北京：商务印书馆，2020.

［78］埃梅克・巴斯克. 零售与分销经济学手册［M］. 吕洁译. 北京：经济管理出版社，2018.

［79］艾春荣，汪伟. 习惯偏好下的中国居民消费的过度敏感性——基于 1995~2005 年省际动态面板数据的分析［J］. 数量经济技术经济研究，2008，25（11）：98-114.

［80］艾青，向正军. 企业并购的动因与理论分析［J］. 中南财经政法大学学报，2004（2）：113-117.

［81］奥利弗・E. 威廉姆森. 资本主义经济制度：论企业契约与市场契约［M］. 段毅才，王伟译. 北京：商务印书馆，2002.

［82］北京商学院志编纂委员会. 北京商学院志：1950—1998［M］. 北京：北京商学院志编纂委员会，1998.

［83］波斯纳. 反托拉斯法［M］. 北京：中国政法大学出版社，2003.

［84］蔡斯・罗宾. 共享经济：重构未来商业新模式［M］. 杭州：浙江人民出版社，2014.

［85］蔡霞. 新零售视野下零售业"无界营销"发展前瞻［J］. 商业经济研究，2019（6）：63-66.

［86］曹裕，俞传艳，万光羽. 政府参与下食品企业监管博弈研究［J］. 系统工程理论与实践，2017，37（1）：140-150.

［87］晁钢令，万广圣. 农民工家庭生命周期变异及对其家庭消费结构的影响［J］. 管理世界，2016（11）：96-109.

［88］车平，王宁. 试论我国食品安全监管中的吹哨人制度［J］. 法制博览，2015（26）：218-220.

［89］陈兵. 平台经济领域相关市场界定方法审视——以《国务院反垄断委员会关于平台经济领域的反垄断指南》第 4 条为中心的解读［J］.

法治研究, 2021 (2): 89-101.

[90] 陈晨. 浅谈从"三鹿奶粉事件"看商品质量检验 [J]. 企业技术开发, 2010, 29 (9): 113-114.

[91] 陈静. "新零售"时代传统零售企业商业模式创新研究 [J]. 经济论坛, 2018 (3): 65-68.

[92] 陈林, 张家才. 数字时代中的相关市场理论：从单边市场到双边市场 [J]. 财经研究, 2020, 46 (3): 109-123.

[93] 陈明明, 张文铖. 数字经济对经济增长的作用机制研究 [J]. 社会科学, 2021 (1): 44-53.

[94] 陈微波. 互联网平台用工关系治理的理论建构：三种理论视角的比较与反思 [J]. 社会科学, 2021 (10): 80-86.

[95] 陈文玲. 现代流通基础理论原创研究 [M]. 北京：经济科学出版社, 2006.

[96] 陈曦, 孟先彤, 周蓉蓉. 传统零售企业向新零售模式转型的升级路径研究 [J]. 商业经济研究, 2021 (7): 44-48.

[97] 陈毅, 上野光平. 驳"批发商无用论" [J]. 北京商学院学报, 1981 (2): 70.

[98] 戴克清, 陈万明, 李小涛. 共享经济研究脉络及其发展趋势 [J]. 经济学动态, 2017 (11): 126-140.

[99] 邓涛涛, 胡玉坤, 杨胜运, 马木兰. 农村家庭收入来源、家庭特征与旅游消费——基于中国家庭追踪调查 (CFPS) 数据的微观分析 [J]. 旅游学刊, 2020, 35 (1): 47-62.

[100] 狄蓉, 焦玥, 赵袁军. 新零售背景下零售企业供应链整合创新机制 [J]. 企业经济, 2019 (8): 60-67.

[101] 电子商务课题组. B2C 模式电子商务发展的现状与前景分析 [J]. 财贸经济, 2000 (12): 48-53.

［102］电子商务课题组. 关于 B2B 商业模式的研究［J］. 财贸经济，2000（10）：57-62.

［103］丁俊发. 以零售业为突破口的中国流通变革——关于"新零售"的几点看法［J］. 中国流通经济，2017，31（9）：3-7.

［104］董成惠. 共享经济：理论与现实［J］. 广东财经大学学报，2016，31（5）：4-15.

［105］董成惠. 共享经济法律机制的嬗变［J］. 学习与实践，2016（12）：31-37.

［106］董灵，李俊，迟蕙雨. 论市场经济条件下的产品质量观［J］. 河南社会科学，2021，29（3）：32-41.

［107］都阳，王美艳. 中国城市居民家庭的消费模式——对老年家庭的着重考察［J］. 人口研究，2020，44（6）：20-34.

［108］豆大帷. 需求侧管理双循环格局下中国经济新动能［M］. 北京：中国经济出版社，2021.

［109］樊自甫，郎璐米，万晓榆. 共享经济评价指标体系的构建［J］. 统计研究，2018（9）：4-15.

［110］范增民，路健，王立坤. 社交网红电商风口下新零售的消费驱动因素与模式创新［J］. 商业经济研究，2021（8）：42-44.

［111］房晶，黄昕. 全渠道背景下新零售的消费驱动与演化路径［J］. 商业经济研究，2019（12）：12-15.

［112］费尔斯·艾伦. 行政垄断的规制——中国、澳大利亚、美国和欧盟之比较［M］. 北京：社会科学文献出版社，2010.

［113］傅秋子，黄益平. 数字金融对农村金融需求的异质性影响——来自中国家庭金融调查与北京大学数字普惠金融指数的证据［J］. 金融研究，2018（11）：68-84.

［114］甘犁，赵乃宝，孙永智. 收入不平等、流动性约束与中国家庭

储蓄率 [J]. 经济研究, 2018, 53 (12): 34-50.

[115] 高铁生. 充分发挥流通产业的先导作用 [J]. 中国流通经济, 2011, 25 (11): 21-23.

[116] 高孝平. 网络经济对居民消费影响分析 [J]. 人民论坛, 2015 (20): 94-96.

[117] 桂学文, 杨小溪. 信息经济学 [M]. 北京: 科学出版社, 2020.

[118] 郭正权. 基于产业组织理论的我国煤炭产业整合研究 [M]. 北京: 知识产权出版社, 2012.

[119] 韩春霖. 横向并购反垄断审查中的效率与反竞争效应权衡 [J]. 经济与管理研究, 2017, 38 (6): 74-83.

[120] 韩莹, 陈莹. "十四五"时期中国平台经济发展展望与策略选择 [J]. 经济研究参考, 2020 (12): 68-75.

[121] 杭斌, 闫新华. 经济快速增长时期的居民消费行为——基于习惯形成的实证分析 [J]. 经济学 (季刊), 2013, 12 (4): 1191-1208.

[122] 何勤, 杨宜勇, 程雅馨, 杨泽坤. 共享经济下平台型灵活就业劳动者就业选择影响因素差异研究——以"微工网"为案例 [J]. 宏观经济研究, 2019 (8): 142-155.

[123] 何宗樾, 宋旭光. 数字金融发展如何影响居民消费 [J]. 财贸经济, 2020, 41 (8): 65-79.

[124] 贺珊, 杨超. 企业并购类型及绩效研究 [J]. 中国集体经济, 2020 (5): 72-73.

[125] 侯晓东, 程恩富. 基于产权视角的平台经济反垄断治理研究 [J]. 管理学刊, 2021, 34 (2): 10-20.

[126] 胡继晔, 杜牧真. 数字平台垄断趋势的博弈分析及应对 [J]. 管理学刊, 2021, 34 (2): 38-54.

[127] 黄国雄. 关于推进我国现代流通体系建设的几点建议 [J]. 财

贸经济，2011（3）：5-10+136.

［128］黄国雄. 国计与民生——论中国商品流通理论创新和实践的发展［M］. 北京：中国商业出版社，2014.

［129］黄国雄. 论流通产业是基础产业［J］. 财贸经济，2005（4）：61-65+97.

［130］黄国雄. 论流通产业是基础产业［J］. 财贸经济，2005（4）：61-66.

［131］黄浩，周清杰. 食品市场中的市场失灵与政府规制［J］. 河南商业高等专科学校学报，2007（2）：28-31.

［132］黄浩. 数字金融生态系统的形成与挑战——来自中国的经验［J］. 经济学家，2018（4）：80-85.

［133］黄娅娜，宗庆庆. 中国城镇居民的消费习惯形成效应［J］. 经济研究，2014，49（S1）：17-28.

［134］黄泽群，时小依. "零售新物种"发展模式探讨——从盒马鲜生、超级物种谈起［J］. 商业经济研究，2019（1）：26-29.

［135］纪宝成，谢莉娟，王晓东. 马克思商品流通理论若干基本问题的再认识［J］. 中国人民大学学报，2017，31（6）：60-70.

［136］纪宝成. 商品流通渠道分析［J］. 中国社会科学，1991（6）：105-124.

［137］贾宸. 企业并购动因、方式及后果研究［D］. 苏州：苏州大学，2015.

［138］贾男，张亮亮，甘犁. 不确定性下农村家庭食品消费的"习惯形成"检验［J］. 经济学（季刊），2012，11（1）：327-348.

［139］江积海，王若瑾. 新零售业态商业模式中的价值倍增动因及创造机理——永辉超级物种的案例研究［J］. 管理评论，2020，32（8）：325-336.

[140] 姜德波. 商业经济学：回顾、反思与重构 [J]. 商业经济与管理，1996（6）：17-21.

[141] 姜奇平. 共享经济从理论到实践的发展 [J]. 互联网周刊，2015（16）：70-71.

[142] 荆林波. 中国流通领域：从研究回溯到未来方向 [J]. 财贸经济，2021，42（3）：5-13.

[143] 坎特伯里. 经济学简史——处理沉闷科学的巧妙方法 [M]. 陈叶盛译. 北京：中国人民大学出版社，2013.

[144] 兰虹，赵佳伟. 新冠疫情背景下新零售行业发展面临的机遇、挑战与应对策略 [J]. 西南金融，2020（7）：3-16.

[145] 雷钦礼. 财富积累、习惯、偏好改变、不确定性与家庭消费决策 [J]. 经济学（季刊），2009，8（3）：1029-1046.

[146] 李崇光，肖小勇，张有望. 蔬菜流通不同模式及其价格形成的比较——山东寿光至北京的蔬菜流通跟踪考察 [J]. 中国农村经济，2015（8）：53-66.

[147] 李丹，臧明伍，王守伟，周清杰，李笑曼，张凯华，张哲奇. 中、美食品安全法律法规演进之路 [J]. 科技导报，2019，37（5）：6-16.

[148] 李芳. 中国食品安全的网络化治理研究——以婴幼儿奶粉安全治理为例 [D]. 济南：山东大学，2019.

[149] 李飞. 全渠道零售的含义、成因及对策——再论迎接中国多渠道零售革命风暴 [J]. 北京工商大学学报（社会科学版），2013，28（2）：1-11.

[150] 李飞. 全渠道营销理论——三论迎接中国多渠道零售革命风暴 [J]. 北京工商大学学报（社会科学版），2014，29（3）：1-12.

[151] 李海舰，魏恒. 新型产业组织分析范式构建研究——从 SCP 到 DIM [J]. 中国工业经济，2007（7）：29-39.

［152］李俊，董灵．社会管理创新中的质量安全问题与对策［J］．东方法学，2013（1）：93-111．

［153］李璐．淮安市H区食品安全"三合一"监管模式研究［D］．南昌：江西财经大学，2018．

［154］李牧南，黄槿．我国当前共享经济发展障碍与相关政策启示［J］．科技管理研究，2020，40（8）：237-242．

［155］李然，王荣．实体商业创新转型下的"新零售"运营模式深度研究［J］．管理现代化，2020，40（1）：93-96+120．

［156］李奕柯．企业并购动因及效应分析［J］．商场现代化，2021（22）：67-69．

［157］李玉志，赵炳盛．互联网金融背景下新零售行业发展战略研究［J］．商业经济研究，2018（24）：13-15．

［158］李智．论流通产业技术装备化内生趋向［J］．财贸经济，2012（6）：97-104．

［159］李子文．我国平台经济的发展现状和规制问题［J］．中国经贸导刊，2018（4）：64-67．

［160］梁莹莹．基于"新零售之轮"理论的中国"新零售"产生与发展研究［J］．当代经济管理，2017，39（9）：6-11．

［161］林庆泉．产品质量监督抽查制度优化研究［D］．泉州：华侨大学，2018．

［162］林文益．按照市场经济需要　改造和发展商业经济学　创建贸易经济学［J］．商业经济研究，1995（1）：62-64．

［163］刘国华，吴博．共享经济2.0［M］．北京：企业管理出版社，2015．

［164］刘鹤．加快构建以国内大循环为主体、国内国际双循环相互促进的新发展格局［J］．资源再生，2021（9）：51-54．

［165］刘蕾，鄢章华. 区块链体系下的产业集群融资信任机制［J］. 中国流通经济，2017，31（12）：73-79.

［166］刘向东，何明钦，米壮. 全渠道零售系统：基于中国的实践［J］. 北京工商大学学报（社会科学版），2021，36（3）：1-13.

［167］刘兴汉，钟晓敏. O2O 视角下的共享经济商业模式研究［J］. 现代商业，2017（29）：51-52.

［168］刘秀生. 中国近代高等商学教育［J］. 北京商学院学报，1994（3）：58-63+42.

［169］刘彦文，樊雲. 我国家庭生命周期消费和投资决策模拟研究［J］. 商业研究，2016（7）：65-72.

［170］刘雨. 产业结构升级背景下新零售业发展趋势研究［J］. 商业经济研究，2022（3）：177-179.

［171］龙志和，王晓辉，孙艳. 中国城镇居民消费习惯形成实证分析［J］. 经济科学，2002（6）：29-35.

［172］芦彩梅，王海艳. 数字金融、收入差距与居民消费——基于中国 280 个地级市的实证研究［J］. 金融与经济，2021（7）：22-30.

［173］路友华，王炳翔，王家林等. 中国居民 1990—2019 年肺癌及其危险因素疾病负担变化趋势分析［J］. 中国公共卫生，2022，38（5）：513-517.

［174］罗格·R. 贝当古. 零售与分销经济学［M］. 刘向东，沈健译. 北京：中国人民大学出版社，2009.

［175］罗丽娟，陈甬军. 数字平台反垄断规制的挑战与建议［J］. 当代经济管理，2021，43（12）：25-30.

［176］罗永明，陈秋红. 家庭生命周期、收入质量与农村家庭消费结构——基于子女异质视角下的家庭生命周期模型［J］. 中国农村经济，2020（8）：85-105.

[177] 骆正林. 舆论监督呼唤食品安全的制度保障——以奶粉危机事件为例 [J]. 浙江传媒学院学报, 2016, 23 (4): 33-40.

[178] 马九杰, 吴本健. 互联网金融创新对农村金融普惠的作用: 经验、前景与挑战 [J]. 农村金融研究, 2014 (8): 5-11.

[179] 马龙龙. 流通产业政策 [M]. 北京: 清华大学出版社, 2005.

[180] 孟昌, 曲寒瑛. 算法合谋及其规制研究进展 [J]. 经济学动态, 2021 (6): 128-143.

[181] 苗文龙, 周潮. 人口老龄化、金融资产结构与宏观经济波动效应 [J]. 管理评论, 2020, 32 (1): 56-67.

[182] 闵玉琴. 横向并购与运作绩效关系的实证研究 [D]. 北京: 北京理工大学, 2016.

[183] 倪红福, 冀承. 中国平台反垄断政策的过去、现在与未来 [J]. 改革, 2021 (11): 82-94.

[184] 牛晓帆. 西方产业组织理论的演化与新发展 [J]. 经济研究, 2004 (3): 116-123.

[185] 庞毅. 中国经济经典的文化逻辑 [M]. 郑州: 大象出版社, 2008.

[186] 乔洪武, 张江城. 共享经济: 经济伦理的一种新常态 [J]. 天津社会科学, 2016 (3): 93-98.

[187] 秦海涛. 共享经济商业模式探讨及在我国进一步发展的建议 [J]. 商业经济研究, 2016 (24): 124-126.

[188] 庆丽. 实现平台经济公平竞争的挑战与对策分析 [J]. 理论探讨, 2022 (1): 146-151.

[189] 邱晗, 黄益平, 纪洋. 金融科技对传统银行行为的影响——基于互联网理财的视角 [J]. 金融研究, 2018 (11): 17-29.

[190] 曲创, 王夕琛. 互联网平台垄断行为的特征、成因与监管策略

[J]. 改革, 2021 (5): 53-63.

[191] 任翔. 产品质量监管法治化研究 [D]. 广州: 华南理工大学, 2020.

[192] 邵鹏, 胡平. 电子商务平台商业模式创新与演变的案例研究 [J]. 科研管理, 2016, 37 (7): 81-88.

[193] 沈重耳, 涂品. 基于流通理论与流通经济学科发展的思索 [J]. 商场现代化, 2020 (11): 5-7.

[194] 史普博·丹尼尔. 管制与市场 [M]. 上海: 上海人民出版社, 1999.

[195] 宋逸群, 王玉海. 共享经济的缘起、界定与影响 [J]. 教学与研究, 2016 (9): 29-36.

[196] 宋泽, 邹红. 增长中的分化: 同群效应对家庭消费的影响研究 [J]. 经济研究, 2021, 56 (1): 74-89.

[197] 孙方江. 数据垄断视角下金融业和互联网平台的共生发展问题研究 [J]. 西南金融, 2021 (3): 28-38.

[198] 孙晋. 数字平台的反垄断监管 [J]. 中国社会科学, 2021 (5): 101-127+206-207.

[199] 孙晋. 数字平台垄断与数字竞争规则的建构 [J]. 法律科学 (西北政法大学学报), 2021, 39 (4): 63-76.

[200] 汤天波, 吴晓隽. 共享经济: "互联网+" 下的颠覆性经济模式 [J]. 科学发展, 2015 (12): 78-84.

[201] 唐红涛, 陈欣如, 张俊英. 数字经济、流通效率与产业结构升级 [J]. 商业经济与管理, 2021 (11): 5-20.

[202] 唐琦, 夏庆杰. 中国农村家庭消费行为研究 (1995—2013) [J]. 社会科学战线, 2019 (11): 43-55.

[203] 唐晓华, 高鹏. 中国先进制造业海外技术并购的创新效应分析

[J]. 辽宁大学学报（哲学社会科学版），2019，47（3）：42-54+2.

[204] 唐亚汇. 中国共享经济的实践与规制研究 [D]. 上海：上海社会科学院，2019.

[205] 梯若尔·让. 产业组织理论 [M]. 北京：中国人民大学出版社，1997.

[206] 田晶晶，杨海丽，杨建安. 新零售：动因、特征、现状及趋势 [J]. 郑州航空工业管理学院学报，2018，36（3）：57-64.

[207] 汪全胜，宋琳璘. 现代治理视野下食品质量安全监管机制的完善路径 [J]. 宏观质量研究，2021，9（1）：58-68.

[208] 王国刚，张扬. 互联网金融之辨析 [J]. 财贸经济，2015（1）：5-16.

[209] 王吉谭，孙小强，薛长辉. 食品企业内部"吹哨人"制度的建立和实施 [J]. 质量与认证，2021（2）：69-71.

[210] 王俊豪. 现代产业组织理论与政策 [M]. 北京：中国经济出版社，2000.

[211] 王鹏飞. 网络经济对我国居民消费的促进作用研究 [D]. 北京：中共中央党校，2014.

[212] 王淑翠，俞金君，宣峥楠. 我国"新零售"的研究综述与展望 [J]. 科学学与科学技术管理，2020，41（6）：91-107.

[213] 王图展. 农民合作社议价权、自生能力与成员经济绩效——基于381份农民专业合作社调查问卷的实证分析 [J]. 中国农村经济，2016（1）：53-68.

[214] 王先林，方翔. 平台经济领域反垄断的趋势、挑战与应对 [J]. 山东大学学报（哲学社会科学版），2021（2）：87-97.

[215] 王先林. 平台经济领域垄断和反垄断问题的法律思考 [J]. 浙江工商大学学报，2021（4）：34-45.

［216］王小锋. 基于 M-SCP 范式的物联网产业组织研究 ［D］. 泉州：华侨大学，2014.

［217］王晓东，武子歆，王诗桪. 国有体制、民营机制、先进企业家意识与流通企业效率实现：超市发的案例研究 ［J］. 商业经济与管理，2020（12）：5-14.

［218］王晓东，谢莉娟. 统筹推进现代流通体系建设的政策思考 ［J］. 财经智库，2020，5（6）：15-27+140.

［219］王学真，刘中会，周涛. 蔬菜从山东寿光生产者到北京最终消费者流通费用的调查与思考 ［J］. 中国农村经济，2005（4）：66-72.

［220］王岩，高小涵. 中国新零售业的发展现状与对策研究 ［J］. 经济师，2018（11）：50-52.

［221］王彦伟. 家庭资产选择、地区经济特征与居民消费水平 ［J］. 北京工商大学学报（社会科学版），2020，35（3）：113-126.

［222］王晖，张铭洪. 网络经济学（第三版）［M］. 北京：高等教育出版社，2019.

［223］王宇. 食品安全事件的媒体呈现：现状、问题及对策——以《人民日报》相关报道为例 ［J］. 现代传播（中国传媒大学学报），2010（4）：32-35.

［224］王正沛，李国鑫. 消费体验视角下新零售演化发展逻辑研究 ［J］. 管理学报，2019，16（3）：333-342.

［225］威茨曼·马丁. 分享经济 ［M］. 北京：中国经济出版社，1986.

［226］吴光菊. 基于共享经济与社交网络的 Airbnb 与 Uber 模式研究综述 ［J］. 产业经济评论，2016（2）：103-112.

［227］吴小节，陈小梅，谭晓霞，汪秀琼. 企业纵向整合战略理论视角研究述评 ［J］. 管理学报，2020，17（3）：456-466.

［228］吴雨，李成顺，李晓，弋代春. 数字金融发展对传统私人借贷

市场的影响及机制研究［J］. 管理世界，2020，36（10）：53-64+138+65.

［229］吴志刚. 流通理论在我国商贸流通业发展中的应用分析［J］. 商业经济研究，2018（11）：11-13.

［230］吴宗奎. 消费升级背景下零售类上市公司并购效应及趋势分析［J］. 商业经济研究，2020（6）：168-171.

［231］夏龙，王雪坤. 产业和消费"双升级"的耦合协调：机理、时空演化与驱动力［J］. 商业经济研究，2021（15）：172-176.

［232］肖峰. 新零售背景下我国零售业态发展前瞻［J］. 商业经济研究，2018（9）：11-13.

［233］肖水清，叶彩虹，王松波等. 新零售模式的缘起、影响及应对［J］. 岭南师范学院学报，2018，39（6）：131-137.

［234］谢家智，吴静茹. 数字金融、信贷约束与家庭消费［J］. 中南大学学报（社会科学版），2020，26（2）：9-20.

［235］谢莉娟，王晓东. 马克思的流通经济理论及其中国化启示［J］. 经济研究，2021，56（5）：20-39.

［236］谢璐，苗苗. 线上线下零售业态"新零售"逻辑与助力发展的政策建议［J］. 商业经济研究，2019（21）：16-19.

［237］谢绚丽，沈艳，张皓星，郭峰. 数字金融能促进创业吗？——来自中国的证据［J］. 经济学（季刊），2018，17（4）：1557-1580.

［238］邢惠淳. "新零售"背景下生鲜电商商业模式比较分析——以盒马鲜生和每日优鲜为例［J］. 商业经济研究，2019（4）：85-87.

［239］熊彼特. 熊彼特经济学［M］. 北京：台海出版社，2018.

［240］熊鸿儒. 我国数字经济发展中的平台垄断及其治理策略［J］. 改革，2019（7）：52-61.

［241］徐春秋，刘凤致. "新零售"下低碳供应链线上线下融合策略研究［J］. 价格理论与实践，2021（9）：151-154+203.

［242］徐从才. 流通经济学：过程、组织、政策［M］. 北京：中国人民大学出版社，2012.

［243］徐俪凤，梅莉. 消费升级背景下新零售业核心竞争力及提升路径［J］. 商业经济研究，2022（2）：31-34.

［244］徐顽强，王剑平，王文彬. 中国传媒产业的融合实践及趋势［J］. 中国出版，2018（13）：30-33.

［245］徐晓慧. 流通产业政策与规制研究［M］. 北京：中国经济出版社，2008.

［246］徐妍，安磊. 中国房价上涨抑制了家庭消费吗？——房价影响消费的多渠道机制分析［J］. 中央财经大学学报，2019（12）：90-105.

［247］徐印州，林梨奎. 新零售的产生与演进［J］. 商业经济研究，2017（15）：5-8.

［248］徐颖. 中介型分享经济平台运营法律规制研究［D］. 北京：对外经济贸易大学，2019.

［249］徐振宇. 国外鲜活农产品流通"经验"之再审视［J］. 经济与管理，2015，29（3）：85-90.

［250］徐振宇. 现代流通体系基本结构初探——基于关键术语的考证与概念界定［J］. 北京工商大学学报（社会科学版），2021，36（6）：90-100.

［251］许荻迪. 共享经济与泛共享经济比较：基于双边市场视角［J］. 改革，2019（8）：48-60.

［252］许金杏. 基于消费心理变化的新零售业态整合问题研究［J］. 商业经济研究，2021（5）：62-64.

［253］晏维龙. 马克思主义流通理论当代视界与发展［M］. 北京：中国人民大学出版社，2009.

［254］杨思静，谢志华. 市场结构、市场行为与审计市场绩效［J］.

中央财经大学学报，2015（4）：58-63.

［255］杨松，庄晋财，孟祥海，王爱峰. 不同奖惩机制下食品企业行为与政府监管演化博弈［J］. 管理评论，2022，34（3）：314-324.

［256］杨香品. 中美产品质量监管比较研究［D］. 广州：华南理工大学，2012.

［257］杨艳萍. 近代中国商学兴起研究［M］. 北京：经济科学出版社，2012.

［258］杨永芳，张艳，李胜. 新零售背景下实体零售数字化转型及业态创新路径研究［J］. 商业经济研究，2020（17）：33-36.

［259］杨志宏，翟印礼. 超市农产品供应链流通成本分析——以沈阳市蔬菜市场为例［J］. 农业经济问题，2011，32（2）：73-78+112.

［260］易纲，樊纲，李岩. 关于中国经济增长与全要素生产率的理论思考［J］. 经济研究，2003（8）：13-20+90.

［261］易行健，周利. 数字金融的发展是否显著影响了居民消费——来自中国家庭的微观数据［J］. 金融研究，2018（11）：44-67.

［262］尹振涛，陈媛先，徐建军. 平台经济的典型特征、垄断分析与反垄断监管［J］. 南开管理评论，2022，25（3）：213-226.

［263］尹志超，宋全云，吴雨，彭嫦燕. 金融知识、创业决策和创业动机［J］. 管理世界，2015（1）：87-98.

［264］尹志超，岳鹏鹏，陈悉榕. 金融市场参与、风险异质性与家庭幸福［J］. 金融研究，2019（4）：168-187.

［265］尹志超，张号栋. 金融可及性、互联网金融和家庭信贷约束——基于 CHFS 数据的实证研究［J］. 金融研究，2018（11）：188-206.

［266］于凤霞等. 共享经济［M］. 北京：电子工业出版社，2019.

［267］于海龙，武舜臣，张振. 供应链视角下鲜活农产品流通模式比较——兼论环节多、链条长的流通难题［J］. 农村经济，2020（2）：

89-97.

[268] 袁国宝. 双循环：构建以国内大循环为主体、国内国际双循环相互促进的新发展格局 [M]. 北京：中国经济出版社，2021.

[269] 翟天昶，胡冰川. 农村居民食品消费习惯形成效应的演进研究 [J]. 中国农村经济，2017（8）：61-74.

[270] 詹承豫. 中国食品安全监管体制改革的演进逻辑及待解难题 [J]. 南京社会科学，2019（10）：75-82.

[271] 张朝华. 家庭生命周期、保障策略与农户消费行为 [J]. 农业技术经济，2017（11）：38-48.

[272] 张敦力，张琴. 并购类型、产权性质与承诺业绩增长率 [J]. 财经论丛，2021（1）：54-63.

[273] 张帆. 新零售模式下的零售边界与零售创新 [J]. 商业经济研究，2018（14）：30-32.

[274] 张桂平. 中国商业文化实践与理论 [M]. 北京：经济科学出版社，2020.

[275] 张红凤. 西方规制经济学的变迁 [M]. 北京：经济科学出版社，2005.

[276] 张慧珍. 新零售发展模式探究——以盒马鲜生为例 [J]. 广西质量监督导报，2020（10）：236-237.

[277] 张娟. 新零售时代智慧物流生态体系的建设与转型 [J]. 商业经济研究，2021（24）：126-129.

[278] 张骏，时玉欣. 平台经济领域反垄断监管价值取向的流变与反思 [J]. 海峡法学，2021，23（4）：72-79.

[279] 张磊，王娜，吴金超. 中国蔬菜批发行业结构、行为及绩效研究——以山东寿光到北京的蔬菜流通为例 [J]. 农业经济问题，2018（2）：115-126.

［280］张瓅. 基于 SCP 理论的我国互联网支付产业分析［J］. 西南金融, 2014（7）：61-64.

［281］张曼婕. 新零售背景下我国智慧物流的特征、现状及策略［J］. 商业经济研究, 2021（4）：43-45.

［282］张明玉, 尹超, 王树祥, 邬文兵. 基于资源整合的连锁超市混搭配送优化研究［J］. 管理评论, 2017, 29（8）：223-233.

［283］张淑芳. 食品药品市场监管中数字法治运用的必要与可能［J］. 苏州大学学报（哲学社会科学版）, 2021, 42（6）：68-77.

［284］张天洋.“新零售”企业的比较与分析——以苏宁和亚马逊为例［J］. 全国流通经济, 2021（17）：26-28.

［285］张卫东. 欧盟平台经济领域的反垄断监管及其借鉴［J］. 电子政务, 2022（3）：77-87.

［286］张晓明, 闫申. 中国光伏产业市场势力与并购绩效的实证研究［J］. 中央财经大学学报, 2015（7）：98-105.

［287］张新红, 于凤霞等. 共享经济 100 问［M］. 北京：中共中央党校出版社, 2019.

［288］张勋, 万广华, 张佳佳等. 数字经济、普惠金融与包容性增长［J］. 经济研究, 2019（8）：71-86.

［289］张勋, 杨桐, 汪晨, 万广华. 数字金融发展与居民消费增长：理论与中国实践［J］. 管理世界, 2020, 36（11）：48-63.

［290］张蕴萍, 栾菁. 数字经济平台垄断治理策略研究［J］. 经济问题, 2021（12）：9-15.

［291］张泽吉. 以“Amazon Go”为例浅谈人工智能对零售业的影响［J］. 中国战略新兴产业, 2018（8）：83-84.

［292］赵连霞, 张小峰, 岳超楠, 王芳晴, 尤建新. 供应商生产违规下政府与核心企业审查策略研究［J］. 运筹与管理, 2021, 30（11）：

203-210.

[293] 赵庆明，郭孟暘. 我国股市财富效应对居民消费影响的实证检验——基于生命周期—持久收入理论扩展模型的新视角 [J]. 证券市场导报，2020 (1)：31-37.

[294] 赵树梅，徐晓红. "新零售"的含义、模式及发展路径 [J]. 中国流通经济，2017，31 (5)：12-20.

[295] 赵晓飞，李崇光. 农产品流通渠道变革：演进规律、动力机制与发展趋势 [J]. 管理世界，2012 (3)：81-95.

[296] 郑联盛. 共享经济：本质、机制、模式与风险 [J]. 国际经济评论，2017 (6)：45-69+5.

[297] 郑巧云. 零售业横向并购绩效研究 [D]. 武汉：中南财经政法大学，2020.

[298] 郑志来. "互联网+" 视角下普惠金融发展路径和对策研究 [J]. 经济体制改革，2016 (4)：145-149.

[299] 植草益. 微观规制经济学 [M]. 北京：中国发展出版社，1992.

[300] 周清杰，于冬瑶，侯艺凡，苗天顺. 我国网购进口食品安全监管的难题与应对 [J]. 食品科学技术学报，2021，39 (6)：14-21.

[301] 周清杰. 经济学视角下的商品质量监管 [J]. 中国工商管理研究，2009 (9)：4-7+1.

[302] 朱桂银，尹增华. "新零售时代"商业模式的发展与突破 [J]. 商业经济研究，2018 (9)：31-33.

[303] 朱文忠，尚亚博. 我国平台企业社会责任及其治理研究——基于文献分析视角 [J]. 管理评论，2020，32 (6)：175-183.

[304] 祝合良. 现代商业经济学 [M]. 北京：首都经济贸易大学出版社，2017.

后 记

本书是北京工商大学商业经济研究团队的集体之作，是在北京工商大学党委书记黄先开教授的提议下展开写作的。

经济学院吕素香书记、倪国华院长对书稿的立项、团队的组织、主要思路的确立等提供了最有力的支持，庞毅教授、冯中越教授、胡俞越教授、郭馨梅教授、卢奇教授、李丽教授、李书友副教授对书稿大纲设计、初稿内容提出了富有建设性的意见，贸易经济系梁鹏主任、曹刚副主任，学院科研秘书王赛男、科技处王沈南等老师对书稿的撰写和出版提供了各种支持。新商经研究院徐芬老师、向南博士、杜明月同学在书稿汇总、格式修改等方面做了细致的工作。

本书是北京工商大学商业经济研究所更名为新商业经济研究院之后的一本奠基之作，也是商业经济研究领域的一次大胆尝试。这本书的创作目的是为商业经济理论的创新发展提供一个可能的分析框架。本书以马克思主义经济学为基础，更多地融入了现代经济学相关理论成果，将数字经济、双循环、绿色发展等时代维度作为背景，高度关注商业领域的新模式、新业态，把消费市场的运行和市场秩序的规范等纳入研究范围。

我们在写作中意识到，所有的创新都必然蕴含着巨大的风险，但不创新就一定会被时代淘汰。在书稿写作思路整理的过程中，我们始终抱着开放包容、虚心求教的心态，聆听来自各个领域专家的意见，同时坚守商业经济的学术研究传统，厘清商业经济的关键概念和底层逻辑，不脱离商业发展的历史和现代经济学的主流。期待学界同人批评指正！

北京工商大学新商经研究院执行院长周清杰教授负责本书的大纲设计、写作统筹和初稿的审阅。各章节的写作分工如下：第一、第二及第九章由周清杰撰写，第三章由周珺撰写，第四章由田坤撰写，第五章由吴优撰写，第六章由于海龙撰写，第七章由岳鹏鹏撰写，第八章由向南和周清杰撰写，第十章由徐芬和周清杰撰写，第十一章由周倩玲和周清杰撰写。

本书的出版得到了北京工商大学经济学院出版基金和周清杰教授课题组的共同资助，在此深表感谢！